# "人工智能+"企业转型

## 策略、路径与典型案例

段积超 著

AI+ ENTERPRISE
TRANSFORMATION

Strategies,
Pathways and Practical Cases

机械工业出版社
CHINA MACHINE PRESS

**图书在版编目（CIP）数据**

"人工智能＋"企业转型：策略、路径与典型案例 /
段积超著 . -- 北京：机械工业出版社，2025.9（2025.9 重印）.
ISBN 978-7-111-78787-7

Ⅰ. F272.7

中国国家版本馆 CIP 数据核字第 2025RD4292 号

机械工业出版社（北京市百万庄大街 22 号　邮政编码 100037）
策划编辑：孙海亮　　　　　　　　　　责任编辑：孙海亮
责任校对：张勤思　张慧敏　景 飞　　责任印制：常天培
北京联兴盛业印刷股份有限公司印刷
2025 年 9 月第 1 版第 2 次印刷
170mm×230mm · 17.5 印张 · 1 插页 · 283 千字
标准书号：ISBN 978-7-111-78787-7
定价：89.00 元

电话服务　　　　　　　　　　网络服务
客服电话：010-88361066　　　机 工 官 网：www.cmpbook.com
　　　　　010-88379833　　　机 工 官 博：weibo.com/cmp1952
　　　　　010-68326294　　　金 书 网：www.golden-book.com
**封底无防伪标均为盗版**　　机工教育服务网：www.cmpedu.com

## 智能时代，不进则退的生存法则

当广州 SHEIN 的人工智能系统每天生成 6 万款时装设计，当美的机器人 30 分钟造出一台工业机器人，当云南宝妈为 18 套人工智能穿搭豪掷千金时——这个世界的游戏规则正以量子级速度改写。此刻摆在我们面前的不是选择题，而是一道生死证明题：要么构建人工智能加速度，要么被时代车轮碾碎。

### 敏锐的读者看过来

本书更适合谁来看呢？

- **就职于大型央国企、大型民企、中型企业、小微企业和初创企业的奋斗者**。本书分别介绍了 5 类企业实施"人工智能+"的方法论和路径，无论是企业管理者还是基层员工都能找到想要的"武功秘籍"。
- **政府与相关协会工作者**。本书提供了产业政策、行业洞察和"人工智能+"等方面的解析，可以帮助大家更好地为企业的全面智能化转型护航。
- **人工智能专业人士与研究人士**。本书不仅破译了当前的人工智能技术密码，还探讨了这些技术如何与实际应用场景相结合，为大家提供不一样的思考视角。
- **对人工智能技术与商业感兴趣的读者**。历史上从来没有一个商业模式像智能商业这样将技术与商业完美融合，因此阅读本书大家会感受到技术的神奇与商业的精彩。

从"新智人"到"人机团队"，从人工智能商（AIQ）到组织的人工智能智慧，从全员算法思维七字诀到企业家 LAST 思维，从外挂内置的"智脑"到智能涌现的"企业大脑"，从基于微颗粒度与敏捷化的微战略管理到打造人机协同的自学习型组织，从制造即服务到机器人即服务，以及"人工智能+"下的企业战略、组织、商业模式和运营系统重构……本书均有介绍。若本书能让你读得酣畅淋漓，让你找到企业与个人的发展之路，那将是我最大的荣幸。

## 觉醒时刻：5 面镜子照见未来

### （1）央国企之镜：守卫国脉的生死时速

北国的冰原上，某油田用 17 秒完成 3 天的勘探任务：人工智能系统让油井定位的准确率从 62% 飙升至 91%，因故障预警而避免的损失达 3.6 亿元。如今，这支曾濒临关停解散的队伍正在中东建造智慧油田。

**核心启示**：人工智能技术助力央企实现油气勘探技术自主可控，降低国际技术依存风险，构建战略资源竞争力。

### （2）民企巨头突围：美的的 8 年豪赌

当美的用 292 亿元收购库卡被指"天价败笔"时，没人料到 8 年后的智能制造基地每小时下线 2 台机器人。300 亿元营收证明：工业皇冠上的明珠，终将属于既敢砸钱更会磨剑的长期主义者。

**核心密码**：大型民企跨越人工智能鸿沟的关键是在战略定力中淬炼技术消化能力，用天价学费换取技术定价权。

### （3）中型企业绝地反击：53 家药房的 28 秒奇迹

当 200 万元月亏损即将压垮某连锁药店时，一套基于大模型二次开发的人工智能用药系统让客单价暴增 47%——药店借助开源框架整合 2.8 万患者数据，基于 Excel 在 3 个月内构建人工智能用药体系，初步形成精准诊疗数据壁垒。

**生存法则**：中型企业要放弃对完美模型的执念，要学会用现成的工具解燃眉之急，在业务出血点上实施人工智能急救术。

### （4）小微企业的洪荒之力：268 元逆袭沃尔玛

广州 5 人外贸公司用翻译 App + TikTok 数字人，在被砍 60% 订单后逆袭签下跨国大单。当老板亮出年费 268 元的"人工智能军火库"时，所有"缺钱转型"的借口瞬间被粉碎。

**草根智慧：** 小微企业的人工智能密码藏在场景创新而非技术攻坚中，用到极致的便宜工具才是对抗巨头的"核武器"。

**（5）创业者的降维打击：5 颗苹果 198 元的秘密**

3 个大学生用手机拍照的方式测苹果甜度，让滞销果变身 198 元 /5 颗的奢侈品。当他们把日照时长变成溯源二维码时，传统农业开始流淌数字黄金。

**创业真经：** 智能时代最大的商机往往藏在"土得掉渣"的行业中，这些企业会用技术将祖传手艺变成稀缺体验，这就是最好的商业护城河。

## 人工智能加速度的三大核心引擎

**引擎一　构建全域智能中枢系统。**某德国车企耗资近 9.8 亿欧元得到结论：数字化转型必须构建全公司级智能管理平台。生产线数据要实时同步给高管，重大决策必须参考人工智能模拟的极端风险预案。传统层级结构正在进化为实时联动的智能协作体系，"金字塔组织"已悄然进化为"数字生命体"。

**引擎二　解剖式用户洞察。**某日化品牌在 2.4 亿条社交数据里发现：部分"00 后"买洗衣凝珠是为了看凝珠融化的那一瞬间以获得治愈感，部分"85 后"退货是因为滴管气泡声不够清脆。人工智能打造的"欲望显微镜"，正在终结传统的抽样调研时代。

**引擎三　人工智能重构新商业价值。**中山某淋浴品生产工厂用人工智能扫描生产数据，意外发现原本被视为次品的浇注纹路，可以提升 18% 节水效果。于是它们马上调整生产工艺参数，把之前的误差转变为设计亮点并申请了专利。这一举措将次品率降低 27%，产品售价提高 31%。这不是精益管理，而是用数字炼金术重构价值公式。

## 给 5 类企业的限时警告

月明星稀之夜，某沿海城市的五金加工厂里，老板正和供应商通过电话吵架："再降价 10% 不可能！我们的利润才 8%！"而他永远不会知道，在 200 公里外，使用人工智能排产系统的对手，加工成本比他的工厂低 24%。用人工智能降本增效是超越内卷式竞争的"核武器"。DeepSeek 预测，未来 18 个月，中国企业应用人工智能的差距将出现断层式分化。

下面是我给 5 类企业的重点自查清单。

- **大型央国企**：3 年内能否完成 30% 关键智能设备国产化替代？
- **大型民企**：3 年内能否通过数据中台激活 40% 沉睡数据资产？
- **中型企业**：3 年内能否拿出年营收的 2% 构建智能竞争力防线？
- **小微企业**：3 年内能否借力省级产业云实现"零成本智能化"？
- **初创企业**：商业计划书是否体现人工智能技术应用，并显示创始团队的人工智能原生基因？

若回答是"否"，那么说明你的企业已站在悬崖边缘，这绝不是危言耸听！

就在你读这段话的 90 秒内，可能正在发生这些事：某个大型服装厂因应用人工智能裁床刚刚省下 72 卷布料；某火锅连锁店的人工智能营养师正在劝客人少吃辣；某县城超市的智能货架自动补了 83 瓶矿泉水……而你打开这本书的此刻，恭喜你：你已经成为破局者。翻开下一页，就是向旧时代宣战的号角。

不妨记住这个改变世界的公式：

$$加速度 = （人工智能决策力 - 传统决策力）/ 犹豫的时间$$

## 感谢

感谢杨福川、孙海亮、孙大米、赵乐成、袁岳等老师的专业洞察和对本书写作的指导。

感谢陈沛、金泓言、杨尚东、刘海龙、管星、杨晓东、王璞、雷家骕、吴震寰、周中华、杜鹏、吕书海、艾德国、陈东、付强、邓中华、原烽、张朝旭、李志民、李雪梅、路涛、周洋、黄文平、邓伟、王向上、桂艳顺、徐兴昌、熊小熊、刘玉、王东东、孟妮娜、刘紫薇、赵彦伟、陶华、闫敏、应雪华、华忠义、方明、尹立志、王彦芳、谢伟、夏语、李儒雄、王霞、陈东生、陈汝君、唐顺苹、易福、孙文杰、曹磊、武吉友、林沂蒙、陈瑞杰、谢智威、周国强、刘亚、李兴、黄超达、刘旭洋、贺拥军、刘健、吴鼎伟、余登兵、颜东成、周小龙、朱丽、王海山、孙振、魏传涛、储全国、龚相宇、伏学虎、张帅、赵德印、罗杰、张智勇、陈艳、余磊、吴垠、张周平、秦叶舰、谢利平、聂韵、张萍、秦超、崔俊、邹建勇、李文波、司马姣、师晓燕、顾创伟、刘进华、刘小娟、张延峰、吴凯、肖利华、林惠春、赵成、李华、郭振东、梁亚文、徐益平、朱学军、赵秋语、李秀芹、傅雷、王海燕、储昭兵、王先法、庄智涛、薛洁、黄婷婷、刘娟、刘雪娟、刘莹、杨秀梅、魏军、蒋凡、陈文星等老师与朋友为本书提供的宝贵案例与资源支持。

特别致敬蒋锡培、梁昭贤、胡爱英、徐忠民、邱红阳、伏治鑫、郭怀君、张剑波、罗剑春、周越、王龙体、周世喜、李凌寒、杨学君、王飞、程江江、饶富欣、肖文军、殷武伦、刘金红、李鹏云，以及新质生产力产业联盟与新咖会的企业家伙伴杨叶梁、陈良明、牛登林、王珩、刘建党、李芳、袁小磊、花仙子、李顶、刘燕飞、姚丽萍、陈晓庆、陈丽君、战俊峰、周敏、张显军、刘爱国、刘洪志、郝新宇、周松、张海鹏、陆澍澍、孙源、王欣平、袁志平、潘易、潘定林、段天伦、段素素、谢帮奎、彭海生、李龙、珍妮花、杜娟、胡连霞、陈鸿鹏等，你们的一线真知是本书的根基。

感激崔伟和蒯黎明等挚友字斟句酌地审校本书，以及提出的 300 余条修改意见。

感恩家人的无私支持，你们的支持让我在创作中心无旁骛。

这本书的油墨还没干透，新的商业世界已被人工智能撕开裂缝——你是钻过去抢跑，还是等着被旧时代的车轮卷走？

现在，倒计时已经开始，10、9、8、7、6……

# 目录

前言 智能时代，不进则退的生存法则

**第 1 章**

# "人工智能 +"：企业腾飞加速度

数字鸿沟正在扩大！中国企业正呈现两极分化：一些企业虽完成了数字化却困于"数据孤岛"，一些企业尚未完成数字化还在传统泥潭里挣扎；而率先打通"数据—算法—场景"闭环的企业，其行业平均利润率较滞后者高出 4.2 个百分点。随着"人工智能 +"正式纳入国家战略，企业智能化能力已从"技术牌"升级为"生死牌"——这不再是技术选择题，而是企业生存能力基线。

本章旨在构建企业智能转型的四维坐标：基于政策演进揭示国家战略深意，用智能经济规律解构增长必然性，以 LAST 思维模型重塑决策逻辑，将算法思维提炼为全员可用的七字实践法则。当人工智能质检精度突破 0.01 毫米、私域大模型部署周期压缩至 18 天时，经营者的认知差已成为未来的竞争力差——这是一场由数据要素重构产业规则的加速度之战！

## 1.1　"人工智能 +"的内涵与政策演进

"人工智能 +"不仅是一场深刻的技术革命，更是一场产业结构与经济发展的系统性变革。大家需要从概念定义、政策背景、历史沿革以及经济价值 4 个维度出发，深入理解"人工智能 +"的本质、边界与应用场景，从而在智能化转型中精准定位、把握机遇。

### 1.1.1　什么是"人工智能＋"

#### 1. 内涵与核心特征

"人工智能＋"是指通过人工智能（AI）技术与产业经济多场景、全流程的深度融合，实现企业经营效率和商业模式的系统性升级，其本质在于数据驱动的决策优化、算法支持的流程改进以及场景适配的价值创造。"人工智能＋"本质如图1-1所示。

图1-1　"人工智能＋"本质示意图

企业"人工智能＋"具有以下核心特征。

（1）**数据驱动**：企业决策与经营依靠的是数据，而非靠传统的经验与试错。例如，某央企通过设备运行数据优化维护计划，年维护成本降低20%；某大型家电企业利用用户维修记录训练故障预测模型，成功将上门服务频次降低37%；浙江某年产值1.5亿元的童装品牌基于历史客户投诉数据开发人工智能质检模型，退货率由6.4%降至1.8%；有6家门店的沈阳某汽修连锁公司使用App端用户评价数据训练潜在故障识别模型，让紧急救援服务响应时间缩短22分钟；深圳母婴用品创业团队通过社交媒体评论构建用户需求图谱，让新品研发周期压缩至14天。

（2）**场景聚焦**：从具体业务痛点切入，用技术适配业务场景，而非盲目追求技术先进性。例如，某物流企业针对装卸工效瓶颈，开发了人工智能机械臂分拣系统，单仓日处理量提升了230%；某小微制造企业通过人工智能视觉质检系统，质检效率提升 150%。

（3）**持续进化**：模型能够随业务反馈实时更新，避免了交付后失效的风险。例如，某银行的反欺诈模型每月迭代 3 次，误拦率从 18% 优化至 5%；某中型零售企业通过用户行为数据优化推荐模型，转化率提升 12%。这些都充分展现了持续进化的重要性。

### 2. 人工智能 + 什么

（1）**+ 产业**：即"人工智能 +"的行业维度。人工智能赋能千行万业，为这些行业带来显著的变革。例如，在制造业中，人工智能视觉质检系统解决了人工质检效率低、成本高的问题，某汽车企业因此年质检成本下降了 4 200 万元；在农业领域，无人机巡田结合人工智能图像识别技术，有效减少了农药的使用量，河南某小麦产区农药用量减少了 28%；金融业则通过纳税数据信用评估模型，解决了小微企业风控数据缺失的问题，某城商行小微企业贷款不良率从 2.1% 降至 0.7%；某创业公司通过人工智能算法优化供应链，库存周转率提升 30%。

（2）**+ 管理**：即"人工智能 +"的管理维度。人工智能赋能企业经营全链路的智能优化，包括战略管理、组织管理、商业模式和运营系统，涉及智能决策、流程自动化和风险控制等多个方面。比如，某央企通过人工智能优化采购流程，采购周期缩短 40%；某跨国企业在全球报销流程中部署了 RPA（机器人流程自动化），处理时长从 48 小时缩短至 15 分钟；某保险公司利用 NLP（自然语言处理）技术扫描合同条款，法律纠纷案件数量下降了 65%；某连锁快餐企业基于天气、时段、库存数据动态定价，单店日均营收提升了 9%。

"人工智能 + 产业"与"人工智能 + 管理"的融合就是人工智能的应用场景，无论是大企业，还是中小微初企业（即"中型企业、小型企业、微型企业、初创企业"的简称）都需要通过"产业"和"管理"两个维度的融合来找到人工智能具体的应用场景。比如，蒙牛集团将人工智能与企业运营系统的"研、产、供、销"等各个价值链管理相结合，产生了多种应用场景。因此，"人工智能 +"在企业的应用公式就是：

$$（人工智能 + 产业）\times（人工智能 + 管理）= 人工智能 + 场景$$

## 1.1.2　什么是"人工智能 +"行动

从 2017 年"人工智能"首次写入政府工作报告到 2019 年政府工作报告提

出"智能 +"，再到 2024 年，政府工作报告首次提出"人工智能 +"行动，再到 2025 年，政府工作报告再次提到实施"人工智能 +"行动，并将它作为新质生产力的重要组成部分，"人工智能 +"行动正式上升为国家战略经历了近 10 年的筹划与蓄势。这种筹划与蓄势，构建了中国人工智能产业基础，也提供了人工智能赋能千行万业的政策洼地与生态环境。

自 2017 年至今，我国人工智能战略经历了从技术突破到产业落地的阶梯式推进，大致可以分为以下 3 个阶段。

（1）**技术研发主导期（2017 年—2018 年）：** 以《新一代人工智能发展规划》发布为标志，该阶段主要目标是突破基础算法、芯片等核心技术短板。在此期间，头部企业纷纷进行技术卡位，例如，百度"飞桨"深度学习平台累计开发者超过 477 万。然而，有些企业因忽视人工智能芯片二次开发而付出了代价，某手机厂商旗舰机型的市场份额因此下降了 16%。

（2）**应用场景探索期（2019 年—2023 年）：** 2019 年政府工作报告中首次提出"智能 +"，这标志着人工智能技术开始向医疗、教育、交通等民生领域渗透。比如，截至 2023 年 6 月 30 日，通过平安家庭医生的精准连接与专业导诊，用户随时可享受 7×24 小时在线、60 秒内响应、全国 249 城 1 小时送药的高效服务。与平安健康合作的医院有近 4 000 家，合作的药店有 22.6 万家，合作的健康服务供应商有近 10.3 万家，合作的体检机构超 2 000 家。自 2024 年 5 月 1 日起，杭州开放全市八城区（上城区、拱墅区、西湖区、滨江区、萧山区、余杭区、临平区、钱塘区）和桐庐城区共计 3 474 平方公里作为智能网联车辆测试应用区域，服务人口数量超 1 000 万，为智能网联车辆在杭测试应用提供了多层次、全方位的应用场景。

（3）**全产业链融合期（2024 年至今）：** 随着 2024 年国家提出"人工智能 +"行动以来，我国进入全产业链融合的新阶段。国家层面，"十五五"规划征求意见稿对重点行业智能化发展进行了规划。地方政府也出台了相应政策，比如东部某地区对未达到智改数转标准的企业实行了差别化电价政策。

为了支持企业"人工智能 +"的发展，国家提供了丰富的政策工具包和资源获取路径。大型央国企可承接国家算力网络节点建设任务，如某电信集团建设区域智算中心项目因此获批并获得专项补贴 12 亿元；大型民企既可以进行生产性的智能化更新改造，又可以通过"以旧换新"政策促进产品销售；中小微初企业则可通过申报省级"专精特新"培育项目获得支持，如某包装材料厂用政策资金改造了人工智能视觉品控系统后客户投诉率下降了 72%。具体内容后面会详细阐述。

### 1.1.3 "人工智能 +"与信息化、"互联网 +"及数字化的关系

中国政府非常重视新一代信息技术在产业领域的应用，先后提出了信息化、"互联网 +"、数字化和"人工智能 +"。它们之间有什么区别与关联呢？

#### 1. 概念内涵区隔

信息化、"互联网 +"、数字化和"人工智能 +"作为不同阶段的技术发展模式，在技术核心、实施重点以及企业价值创造上存在显著差异。信息化侧重于业务流程的电子化，目标是提高数据录入与传输效率；"互联网 +"则强调连接与平台构建，目标是提升供需匹配效率；数字化的目标是通过数据采集与分析实现业务可视化与监测；而"人工智能 +"更进一步，目标是通过数据驱动的自主决策实现智能优化与经营效率提升。

#### 2. 发展阶段衔接

从纵向关系来看，信息化、"互联网 +"、数字化和"人工智能 +"构成了技术发展的连续谱系。某银行的发展历程就是一个典型的例子：从完成信息化（核心系统上线）到"互联网 +"（手机银行 App）再到数字化（客户画像构建）最终迈向"人工智能 +"（智能投顾服务），其资产管理规模突破了 2 万亿元。从横向差异来看，"人工智能 +"实现了从"流程优化"到"智能创造"的质变。比如，某物流公司在数字化阶段使用卫星定位服务追踪车辆位置仅能实现基础监控，而实施"人工智能 +"方案后基于历史路况构建 AI 动态调度系统，将配送成本降低 19%。

### 1.1.4 "人工智能 +"与新质生产力的关系

新质生产力与"人工智能 +"行动在 2024 年和 2025 年都被写入了政府工作报告，很多企业对它们之间的关系感到困惑和不解。

#### 1. 新质生产力的内核解析

新质生产力是由技术革命性突破、生产要素创新性配置、产业深度转型升

级而催生的先进生产力质态。其核心特征是数据要素、科技创新、产业创新以及组织创新的乘数效应。这个效应具体表现为要素重组和效率跃迁。在要素重组方面，新质生产力从劳动力、资本等传统生产要素主导转向数据、算法等新生产要素主导。例如，某纺织企业通过引入人工智能排产系统成功将设备利用率从 65% 提升至 89%，相当于新增了 3 条生产线。在效率跃迁方面，新质生产力突破了传统生产力的线性增长瓶颈。有关数据显示，人工智能可使制造业劳动生产率提升 20%～25%。

### 2. "人工智能+"是新质生产力的重要引擎

"人工智能+"是新质生产力的重要引擎，这主要表现在 3 个方面。

（1）**数据要素价值化**："人工智能+"通过挖掘和利用数据要素的价值为企业创造新的增长点。例如，某电商平台通过交易脱敏后的用户行为数据实现了年授权收益超 3 亿元。

（2）**生产函数重构**："人工智能+"帮助企业引入了智能技术和数据要素。例如，某化工企业引入人工智能工艺优化模型后单位产值能耗下降了 13%。

（3）**产业链韧性增强**："人工智能+"通过构建动态风险预警系统降低了产业链断裂的风险。例如，某汽车集团通过识别二级供应商风险将替代响应时间缩短至 7 天，从而增强了产业链的韧性。

有关数据显示，完成"人工智能+"改造的企业平均利润率高出行业均值 4.2 个百分点；智能产线投资回报周期从 5 年缩短至 2.8 年。这些数据充分证明了"人工智能+"在提升企业竞争力和经济效益方面的显著作用，是企业发展新质生产力的重要引擎。

认知是企业转型的第一道门槛。在技术浪潮与政策红利的交汇点上，企业经营者需要正确理解"人工智能+"的本质与发展逻辑。只有这样才能避免盲目投入，实现精准卡位，在激烈的市场竞争中脱颖而出。

5 类企业"人工智能+"行动认知突破点及可选行动目标参考如表 1-1 所示。

表 1-1 "人工智能+"行动认知突破点及可选行动目标

| 企业类型 | 认知突破点 | 可选行动目标 |
| --- | --- | --- |
| 大型央国企 | 从管理人工智能技术转向治理人工智能生态 | 建立不少于 3 个重点行业的人工智能伦理治理标准 |

（续）

| 企业类型 | 认知突破点 | 可选行动目标 |
|---|---|---|
| 大型民企 | 打破部门或者行业数据壁垒 | 实现核心经营数据实时在线融合度≥90% |
| 中型企业 | 改造传统成本核算体系 | 将人工智能投资收益评估纳入财务报表科目 |
| 小微企业 | 聚焦垂直场景深度应用 | 在关键业务环节实现人工智能模型调用覆盖率100% |
| 初创企业 | 确立人工智能优先理念 | 团队掌握至少 3 种以上人工智能工具的应用能力，或者低代码人工智能工具的开发能力 |

## 1.2 企业为什么需要"人工智能＋"

数字化转型已使中国企业沉淀海量数据，但仅有部分企业能有效挖掘数据的深层价值。当传统分析遭遇数据爆炸式增长时，超六成管理者坦言无法从庞杂信息中提取有效洞察。与此同时，人工智能技术正以几何级数进化，这种进化不仅关乎技术迭代，更是数据要素价值释放的必由之路。国家实施"人工智能＋"行动也为企业带来千载难逢的机遇。企业如何乘势完成从"数字化生存"到"智能化引领"的跨越？企业为什么需要"人工智能＋"？答案将在本书慢慢揭晓。

### 1.2.1 企业实施"人工智能＋"是数字化转型后的必然路径

在数字化转型浪潮中，企业通过信息化、"互联网＋"建设积累了海量数据资源。然而，数字化仅完成了数据的采集与存储，对数据价值的挖掘仍处于初级阶段。随着市场竞争加剧与技术迭代加速，企业需通过"人工智能＋"深化数据应用，释放数据要素的乘数效应。这不仅是技术演进的必然，更是企业实现高质量发展的核心路径。

#### 1. 数据积累与价值挖掘的鸿沟

数字化转型后，企业普遍实现了业务流程的线上化与数据化。例如，浙江某制造企业通过数字化改造后积累了大量数据，但此类数据仅用于基础统计，如这些数据让库存准确率提升20%，周转效率提高20%。数据的深层规律与预测价值尚未被充分挖掘。研究表明，我国企业数据利用率不足15%，大量数据沉淀为"负资产"——据 IDC 测算，仅数据的存储运维成本就占企业 IT 总支出的 17%。究其原因，传统数据分析依赖人工经验，难以应对数据规模大、维度多、关联性复杂的挑战。而人工智能技术（如机器学习、大模型等）能够通过算法自动识别数据中的隐藏模式，例如金融领域的风险评估模型、制造业的工艺优化模型等。因此，从"数据可用"到"数据赋能"，实施"人工智能＋"行动是跨越鸿沟的必然选择。

### 2. "人工智能＋"的技术优势

人工智能的核心能力在于将数据转化为生产力。一方面，生成式 AI（AIGC）可快速生成代码、报告等结构化内容，提升脑力劳动效率；另一方面，人工智能通过深度分析可实现精准决策，例如预测市场需求、优化供应链调度。以四川长虹为例，其通过"5G+AI 视觉检测"技术，将家电制造良品率提升至99.5% 以上，这正是数据与人工智能深度融合的典型案例。此外，人工智能还能突破传统要素限制，例如在资源紧缺时通过数据建模找到最优解，实现数据要素乘数效应。

数字化转型为企业积累了数据"金矿"，而人工智能是开采"金矿"的工具。无论是大型企业构建智能中枢，还是中小微初企业借力共享平台，人工智能与数据的融合都成为不可逆的趋势。唯有主动拥抱这种趋势，企业才能在智能化竞争中占据先机，真正实现从"数字生存"到"智能化引领"的跨越。

## 1.2.2　企业实施"人工智能＋"可以获得指数级增长

在探讨企业如何通过"人工智能＋"实现指数级增长时，我们首先要理解技术加速度的底层逻辑。人工智能驱动的增长源自技术投入的边际效益递增效应，其实现路径包含 3 个不可逆趋势。

### 1. 数据资产的复用效应

在传统模式下，数据孤岛现象严重，导致数据价值被严重浪费。在"人工智能＋"模式下，数据得以串联，可打通生产、销售、客服等多个环节的数据链条。例如，某零售企业的历史会员数据利用率不足 10%。实施"人工智能＋"之后，该零售企业通过用户投诉数据优化供应链，使售后成本下降了 22%。此外，数据价值还可以被进一步放大，如某银行将原本休眠的 ATM 机交易数据用于反洗钱模型，风险识别准确率提升了 40%。

### 2. 算法边际成本趋零

算法模型具有显著的规模经济特征，其复制成本几乎为零。以某物流公司为例，该公司训练了一套人工智能路径规划模型后，全国 2000 个网点同步调用，单网点研发成本下降了 98%。相比之下，传统 IT 系统（如 ERP 系统）需要逐个网点定制开发，成本随规模线性上升。

### 3. 自学习能力让产品迭代速度倍增

传统规则系统与机器学习模型存在本质差异。传统规则系统依赖人工修订核心参数，迭代周期通常需 3 到 6 个月，边际成本集中于规则设计的人力投入。而具备在线学习能力的机器学习模型可通过实时数据反馈进行自动优化，边际成本主要体现在算力资源消耗方面。例如，A 保险公司采用传统精算模型，每年人工调整一次核保规则，错判率达 15%；B 保险公司则部署了基于流式数据训练的 XGBoost 风控模型，每日增量更新权重参数，将错判率压缩至 3%。

还有很多案例可进一步证明"人工智能 +"赋能企业指数级增长的潜力。比如，在生产效率方面，某汽车配件厂部署了人工智能视觉质检系统后，14 条生产线仅需 2 名巡检员（原需 28 人），质检效率却提升了 350%，年均节省人力成本 600 万元。在农业领域，云南某咖啡种植基地应用人工智能虫情监测系统后，杀虫剂用量减少了 45%，产量却增加了 18%，3 年内利润率从 12% 升至 29%。

此外，"人工智能 +"还推动了商业模式的重构。例如，某工程机械企业通过人工智能设备预警系统，将销售模式从"卖设备"转变为按工作时长收费（RaaS 模式），客户续费率从 65% 提升至 92%。某化工企业则基于人工智能供应链模型构建了行业撮合平台，交易佣金收入占比从 0% 增至 37%，企业估值翻了 4 倍。

## 1.2.3  企业实施"人工智能 +"可以获得政策红利

国家政策对"人工智能 +"的支持具有先发优势锁定效应，早期参与者的收益显著高于后期跟进者。政策红利主要体现在资源倾斜和补贴退坡两个方面。

### 1. 政策红利的不可再生性

为了帮助企业更好地实施"人工智能 +"行动，政府推出了很多政策福利包。这里重点介绍五大福利包：数据资产增值福利包、算力普惠福利包、税赋优化福利包、财政补贴福利包和人才培养福利包。

（1）**数据资产增值福利包**：数据是人工智能发展的核心要素之一。国家允许企业将开发或者交易获得的数据资产计入资产负债表，这对企业资产重构与价值增值方式都产生了巨大影响。数据资产化的核心抓手在于抛弃针对传统实物资产的人为包装与评估方式，转由基于物联网、人工智能等技术与平台做好数据采集、清洗、开发等基础工作，并通过一定的算法对数据的价值进行智能评估。基于算法的数据资产交易会让交易价格更加接近数据资产的实际价值。

（2）**算力普惠福利包**：算力是人工智能发展的基础支撑。通过对比自建成本和国家平台价（含补贴）可以看出，使用国家平台在算力成本上具有明显优势。例如，图像训练平台的自建成本为 2.3 元 / 小时，而某地方政府通过算力券补贴，让最终价格仅为 0.18 元 / 小时。同时，企业可以优先选用国产芯片服务器以享受更多优惠，并在夜间算力价格降至更低的时段进行长周期模型的训练。例如，东莞某五金厂利用夜间算力训练质检算法，年成本从 97 万元降至 21 万元。

（3）**税赋优化福利包**：税赋是企业经营成本的重要组成部分。政府通过提高人工智能研发费用、提高计扣除比例和购买国产人工智能芯片设备可抵扣增值税等措施，为企业减轻了税赋负担。企业需要准备好相关文档，如《研发项目立项书》、设备购置发票复印件和产学研合作协议等以申请相关优惠。

（4）**财政补贴福利包**：国家出台了针对各类企业的人工智能方面的财政补贴。比如，2024 年，相关部门启动新一轮"专精特新"中小企业财政奖补政策，首批支持 1 039 家"小巨人"企业，全面提升中小企业数字化水平，其中有相当一部分是人工智能方面的。另外，在推动大规模设备更新和消费品以旧换新行动中，有相当一部分是智能设备和智能产品。

（5）**人才培养福利包**：人才是决定企业发展的关键因素。政府通过提供入职补贴、在职培训补贴等方式鼓励企业培养人工智能人才。例如，东部某市，人工智能算法工程师的入职补贴为 3.6 万元 / 人，在职培训补贴为 8 000 元 / 年。企业可以选择与本地人社部门签订《人才联合培养协议》并通过政府指定平台发布招聘信息以享受相关补贴。同时，企业也可以设立人工智能培训中心并选送员工参加国家职业认证考试以提升人才素质。

### 2. 补贴退坡的代价测算

随着时间的推移，政策补贴力度将逐渐减弱。例如，在智算中心建设补贴方面，某地区 2024 年的补贴力度为总投资额的 30%，而到 2026 年预计仅为 15%。这意味着，如果企业延迟 2 年行动，一个 1 亿元的项目将多支出 1 500 万元。在人工智能人才培养资助方面，某地区 2024 年每人次补贴 2 万元，而到 2026 年预计仅为 1 万元。对于一个 100 人的团队来说，培训成本将增加 100 万元。在行业试点资格方面，早期企业可享受免租金入驻产业园 3 年的优惠，而到后期可能仅免 1 年。若某创业公司延迟行动，2 年场地成本则可能增加 200 万元。

需要指出的是，大型央国企在承接国家级项目和获取数据要素开发权方面具有显著优势，这关乎国家安全，需要大型央国企主动承担重任。例如，某能源集团凭借自主训练的火电优化模型，中标了国家智慧能源基地项目，合同额高达 12 亿元。而某建筑央企因未提前布局 BIM（建筑信息模型）+ 人工智能技术，2023 年竞标失利率增加了 40%。在数据要素开发权方面，某些省级政府授权相关企业运营公共数据。例如，某交通类央企基于路网数据开发了物流调度 SaaS（软件即服务）服务，年营收超过 5 亿元。

同时，中小微初企业无论大小，同样可以从政策红利中受益。例如，某地区政府采购人工智能开发平台供中小微初企业免费使用。浙江某小微服装企业通过政府云平台训练版型优化模型，研发成本节省了 90%。

## 1.2.4  企业为什么必须立即行动

为什么必须立即行动呢？原因在于技术加速度的触发临界点和政策窗口的收缩压力。

### 1. 技术加速度的触发临界点

随着技术的不断进步，算力成本显著降低。例如，训练 10 亿参数模型的成本从 2018 年的 300 万元降至 2024 年的 15 万元，这使得中小微初企业应用"人工智能 +"变得切实可行。同时，数据规模的质变也起到了关键作用。例如，某零售企业在用户行为数据量突破 500 万条时，通过特征分层训练实现推荐模型

ROI（投资回报率）从初始 0.8 跃升至 3.6，表现出明显的临界点效应。

### 2. 政策窗口期的倒逼

政策窗口的关闭时间对企业来说至关重要。例如，在制造业智改数转方面，某地的政策窗口将于 2026 年 6 月关闭。如果企业未能及时行动，将失去相关补贴资格。此外，在数据资产贷款方面，2024 年、2025 年相对宽松，2026 年之后将越来越严。

**在不确定的时代，政策是最大的确定性。**相关数据显示，某地区提前布局政策红利的 3.7 万家企业平均利润增速达 19.3%，是未行动企业的 4 倍。企业只需进行三步操作即可享受政策红利。第一步是对照政策福利包勾选适用条款。第二步是设立专职政策研究岗。第三步是建立政策执行台账，并将相关工作纳入高管绩效考核。同时，企业也需要注意政策申报截止时间等细节问题以确保顺利享受政策红利。

### 3. 竞争格局的不可逆重构

人工智能用好了，它就能成为新技术、新产品、新服务、新模式诞生的"孵化器"，成为拓展科研、生产、消费等场景的"放大器"，成为提升产业效率的"加速器"。

"快鱼吃慢鱼"仍然是人工智能时代的不二法则。敏锐的企业已经通过"人工智能 +"实现了快速发展。例如，某电池厂商通过人工智能优化电解液配方，研发周期从 24 个月压缩至 8 个月，专利数从 28 项增至 53 项，反超原龙头企业的 35 项。相反，未能及时部署"人工智能 +"的企业则面临生存威胁。例如，某传统商超因未能部署动态定价系统，2023 年客单价被竞争对手反超 31%，被迫关闭了 23% 的门店。

## 1.3 LAST 思维："人工智能 +"落地的企业家思维

"人工智能 +"的落地，本质上是一场关于企业家思维的深刻变革。尽管技术可以购买，数据可以积累，但若缺乏底层思维范式的升级，所有的投入最终只会沦为成本而非资产。我提出"企业家 LAST 思维模型"，从长期、应用、战略、技术 4 个维度，为企业构建"人工智能 +"的生存法则。

### 1.3.1  长期主义思维：从速胜论向持久战转型

企业家不要把"人工智能 +"当成一种风口，不要用投机思维而是用投资思维来实施"人工智能 +"行动。

无论是中央政府还是地方政府，都将"人工智能 +"视为长期战略。比如，北京市设立了总规模 1 000 亿元、存续期 15 年的政府投资基金，重点支持人工智能、机器人等未来产业。政府设立耐心资本昭示长期主义，企业家更要有长期主义思维（Long-Termism Thinking）。

长期主义思维要求企业在"人工智能 +"投入上坚持 3 年底线原则，即规划期 ≥ 3 年，资源锁定 ≥ 3 年，评价周期 ≥ 3 年。

长期主义思维的落地重点如下。

（1）投入耐心曲线管理。企业家需了解"人工智能 +"投入的耐心曲线。前 12 个月为成本显性化阶段，主要包括技术采购和数据治理；第 13 个月到第 24 个月为效益爬坡阶段，局部场景开始见效；第 25 个月到第 36 个月为规模化增值阶段，ROI 转正。例如，某商业银行的人工智能风控系统在部署初期（前 24 个月）累计投入算力成本及数据治理费用约 800 万元，自第 28 个月实现完整业务周期运行后，年化坏账损失减少 3.12 亿元，动态投资回报率（D-ROI）达 290%。经第三方审计验证，该模型通过迁移学习复用至消费贷场景后，边际维护成本下降 67%。

（2）长期 KPI（关键绩效指标）设计。为引导企业坚持长期主义，需设计合理的 KPI 体系。短期指标如人工智能项目数量应被长期指标（如自主算法模型占比）取代；组织层面，培训人次应转向跨部门协同项目成功率；财务层面，当年成本节约额应被技术资产对毛利的贡献增长率替代。

> 物美集团对多点 App 培育了 20 年。物美集团在 1994 年创立之初就引入了 MIS 系统和 POS 系统，这些系统为多点 App 的后续发展奠定了基础。2005 年，物美集团正式推出多点 App，旨在为顾客提供更便捷的购物体验和更高效的物流服务。2014 年前后，开启了多点 DMALL（多点数智）＋ 物美的数字零售新商业模式，为 7 个国家超过 500 家实体零售企业提供了数字化升级服务。通过全链条联通，多点 App 帮助传统实体零售企业实现数字化转型，解决了物流效率、货物管理和成本控制等一系列零售业的痛点和难

题。在人工智能方面，多点DMALL有很多"黑科技"，比如人工智能防损系统可以精准打击故意偷盗行为。系统通过深度学习和大数据分析，可以识别多种复杂购物场景中的异常行为，例如遮挡条码、多件商品一次性扫描单件等。系统会自动上报异常事件，并在平台上进行集中化处理，方便管理和分析。2024年12月6日，"多点数智"正式登陆港交所。资料显示，2023年按收入和商品交易总额两个维度计算，多点DMALL均是中国最大的零售数字化解决方案服务商。

### 1.3.2　应用创新思维：从单点试错到体系复制

当企业家具备了长期主义思维之后，就需要寻找人工智能在企业的应用场景，进行应用创新，这就是应用创新思维（Applied Innovative Thinking）。应用创新思维强调以最小的代价验证技术可行性与商业价值，通过标准化流程实现从经验到能力的转化。

应用创新思维的落地重点如下。

（1）三阶创新验证法。企业在进行人工智能应用创新时，应遵循三阶创新验证法。首先，选择1到2个高频率、强痛点场景进行验证；其次，建立基线指标与目标值，量化价值；最后，将解决方案标准化为可复制模块，包括数据接入规范、算法调用接口和运维手册等。

（2）创新复制系数评估。为评估创新复制的效果，可引入创新复制系数（RC），其计算公式为已成功复制场景数除以总场景数再乘以100%。我们可以设定RC＝70%为健康阈值。例如，某制造企业通过标准化质检系统让RC达到了83%。

某工程机械企业首先在10台挖掘机上部署故障预警系统，维修成本下降35%。随后，企业形成"数据采集—模型训练—报警推送"标准工具包，并在3年内覆盖全系2.4万台设备，年节约维保费用6亿元。

### 1.3.3　战略思维：从机会主义到生态占位

找到实际应用场景进行应用创新之时，需要从战略上进行系统规划，这就是战略思维（Strategic Thinking），它旨在定义应用创新的战略方向和系统规划。战略思维要求企业将"人工智能 +"视为系统性能力进行建设，而非短期的盈利工具。这需要企业家回答两大核心问题：为何必须做"人工智能 +"（明确"人工智能 +"在主业竞争中的不可替代性）及如何差异化（构建壁垒以阻止竞争对手快速复制）。

战略思维的落地重点如下。

（1）三级战略匹配评估。企业家在进行战略决策时，应从业务、产业和生态三层进行匹配评估。在业务层，评估当前场景的人工智能增效空间，如替代成本是否低于人力成本的 30%；在产业层，考察供应链上下游的协同效应，如是否能通过数据共享降低全链条成本；在生态层，考虑技术输出能否创造第二增长曲线，如算法授权收入占比是否能超过 10%。具体的我们在后文探讨。

（2）资源动态再平衡机制。企业家需建立资源动态再平衡机制，根据"人工智能 +"战略的需求调整资源配置。例如，某家电企业将每年营销预算的 15% 转投人工智能研发，3 年后智能产品线的毛利占比从 18% 提升至 45%。

某化工集团战略性放弃短期价格战，投入 20 亿元构建全产业链人工智能协同平台。通过供应商排产优化模型，该集团原料采购成本降低了 8%；同时，向中小工厂开放排程算法服务，年营收增加 3.2 亿元。该集团还累计申请了 47 项工艺优化专利，使竞争对手的进入成本提升 5 倍。

## 1.3.4　技术驱动思维：从成本项到资产项重构

如果说战略思维是"顶天"，那么技术驱动思维（Technology-Driven Thinking）就是"立地"，它旨在构建企业的技术经济能力。技术驱动思维要求企业将人工智能技术投入视为可增值资产，关注技术沉淀带来的复利效应，而非单纯的成本削减。

技术驱动思维的落地重点如下。

（1）技术资产化三要素。企业在推进人工智能技术资产化时，需关注数据、算法和算力三大要素。短期内应完成核心业务数据标准化，实现关键场景模型可用，并构建可满足当前需求的性价比最优算力；长期则需构建跨场景数据融合能力，形成自主训练的模型迭代体系，并支持未来 3～5 年的算力弹性扩展。

（2）**技术增值比计算公式。** 为衡量技术投入的效果，可引入技术增值比（VAR）这个概念，其计算公式为技术授权收入加成本节约折现的和除以累计研发投入。我们可以设定 VAR ≥ 1.5 时为优质技术资产。例如，某物流企业 2024 年的 VAR 达到了 2.3。第 7 章将探讨更多与技术资产化相关的方法论。

> 某零售企业持续投入人工智能推荐算法研发，初期累计投入 4.5 亿元。随后，该算法服务对外授权年收入达到 1.8 亿元，内部用户转化率提升 22%，利润年增 3.7 亿元。同时，企业的 PE（市盈率）估值也从 15 倍升至 28 倍。

## 1.3.5　LAST 思维模型的协同效应

我将长期主义思维、应用创新思维、战略思维和技术驱动思维简称为 LAST 思维，这就是"人工智能＋"落地的"企业家 LAST 思维模型"（见图 1-2）。我也将这个思维称为"笑到最后（last）思维"。如果说企业家只要一个思维，那一定是"笑到最后思维"——人工智能时代，企业需要可持续性发展，笑到最后。

图 1-2　企业家 LAST 思维模型

LAST 思维构成了一个闭环的思维链：长期主义思维旨在避免出现短期行为，保障可持续发展；应用创新思维旨在指导实际应用，实现经营价值；战略思维旨在定义应用方向系统规划；技术驱动思维旨在构建技术经济能力。每阶段的成果都会反向验证并修正战略假设。

其实，企业不分大小，若想在人工智能时代立于不败之地，就要秉持 LAST 思维。LAST 思维的本质是用确定性的认知框架对抗技术不确定性的迷雾。当行业因短期试错而疲惫时，坚持 LAST 思维的企业终将穿透周期，赢得智能化转型的终极红利。

## 1.4 算法思维七字诀："人工智能 +"落地的全员思维

就像互联网时代必须掌握互联网思维一样，在智能时代，企业若想立于不败之地，必须掌握一种全新的思维方式——算法思维（Algorithmic Thinking）。正如瓜迪奥拉教练通过数据分析优化球员跑位和传球路线，使球队在 2009 年创下史无前例的"六冠王"伟业，算法思维能让企业在复杂的市场环境中挖掘运营数据中的价值，从而作出更为精准的决策，找到最具竞争力的发展策略。

### 1.4.1 算法思维的定义与核心逻辑

通俗地说，算法思维就是人类像人工智能一样分解问题，并配合人工智能通过人机协同解决问题的思维方式。它是一种以数据为核心的决策方法论。它的核心逻辑在于通过系统性分析数据、自动构建模型并持续优化，在复杂环境中提取规律、预测结果并为决策提供支持。这个逻辑的实现依赖于 3 个关键技术环节：数据价值挖掘、模式识别建模和动态优化迭代，它们共同构成了从数据到决策的完整技术链。只要刻意训练，算法思维人人都可以具备，它是智能时代的"通关秘诀"。

#### 1. 数据价值挖掘：从沙子里淘金

数据价值挖掘是算法思维的第一个技术环节，也是最为关键的环节。它的核心目标是将原始数据转化为可被机器学习模型理解的高价值特征，从而提升模型对业务问题的刻画能力。这好比在浩瀚的沙海中淘金，需要仔细筛选、提炼才能得到真正的"金子"。具体而言，企业需要清洗数据，给那些不完整或错误的"脏数据"洗个澡，确保数据的准确性和完整性。在此基础上，生成特征，即找出影响企业运营的关键因子。例如，"客户复购频率"往往比"总销售额"更能准确预测未来的收益。最后，通过价值验证，确保这些规律能够解决实际问题。如某服装品牌根据"北方客户购买羽绒服的时间比南方早2周"的规律，调整物流计划，成功减少了35%的库存积压。

### 2. 模式识别建模：找到隐形的连接线

模式识别建模是算法思维的第二个关键环节。它的核心挑战在于真实业务中变量关系复杂，需要通过高阶模型解析非线性规律。算法思维的核心能力在于发现肉眼看不见的关联性。这如同在错综复杂的城市中找到隐藏在街道背后的秘密通道。企业可以利用算法，识别出用户行为、市场趋势等之间的隐藏关系。例如，某电商平台发现同一用户"深夜下单＋选择货到付款"的行为模式与退货率上升之间存在关联，于是采取相应措施降低了退货率。更进一步，高阶的算法应用，如人工智能自动学习复杂规律，使企业在市场竞争中占据先机。例如，某超市通过人工智能预测假日爆款商品，供货准确率提升40%。

### 3. 动态优化迭代：让机器学会自我进化

在快速变化的市场环境中，企业需要具备快速适应和优化的能力。算法思维通过动态优化迭代，使企业能够像机器一样学会自我进化。例如，某银行通过信用评分系统自动根据经济环境调整风控规则，在特殊时期收紧或放宽企业贷款限制，帮助企业渡过难关。某工厂通过设备管理系统实时预测故障时间，将维修效率提升60%，大大降低了生产成本。

算法思维是人类向人工智能学习，然后将所学内容用于人类决策的一种思维模型，掌握它并用于日常经营决策，必将让企业领先一步，事半功倍。反之，不掌握算法思维则让企业落后被动，事倍功半。

那么该如何掌握算法思维呢？有没有一套像互联网思维七字诀"专注极致口碑快"一样的秘诀呢？

## 1.4.2 从人工智能算法到企业经营管理的认知迁移

当我们把企业经营问题解决路径与人工智能的核心算法逻辑一一对应、深度耦合，就可以洞见算法思维的秘诀。从人工智能算法到企业经营管理的认知迁移如表1-2所示。

表 1-2　从人工智能算法到企业经营管理的认知迁移表

| 步骤 | 企业经营问题（分步解构） | 人工智能算法设计 | 算法思维映射 |
|---|---|---|---|
| 1 | 问题分解与需求澄清 | 数据输入与清洗 | 问题结构化分解 |
| 2 | 定量分析与定性洞察 | 特征工程与模式挖掘 | 模式识别与关联分析 |
| 3 | 逻辑框架设计 | 模型构建与训练 | 数学建模 |
| 4 | 策略优化与持续改进 | 动态调优与迭代 | 动态优化与创新涌现 |
| 5 | 方案可行性验证与风险控制 | 模型验证与部署 | 风险辨识与方案验证 |
| 6 | 价值创造 | 跨场景应用与扩展 | 价值创造 |
| 7 | 动态环境适应与危机管理 | 实时监控与响应 | 自适应响应 |

通过表 1-2 就可以推导出"算法思维七字诀"——分、析、模、涌、辨、创、应。以下是"算法思维七字诀"与人工智能算法逻辑的对照。

### 1. 分：问题结构化分解

将问题结构化分解是算法思维的第一步，也是人工智能算法应用的基础。通过将复杂问题分解为若干子问题，可以更加清晰地识别问题的关键要素。这个过程类似于人工智能算法中的数据分类清洗。这就好比炒菜前对食材进行分类处理，确保每一部分都能得到有效利用。例如，某电商将"用户流失"这个大问题拆解为价格、物流、售后三个子问题，通过数据分类清洗，找出导致用户流失的具体原因。

### 2. 析：模式识别与关联分析

模式识别与关联分析是算法思维中的关键环节，旨在从海量数据中提取有价值的信息和规律。在人工智能算法中，这个过程通常通过特征工程和关联规则挖掘来实现。这好比从监控录像中识别小偷的行为模式，通过特征工程与模式挖掘技术——定量分析与定性洞察融合，找出影响业务的关键因素。例如，星巴克通过相关工具分析 10 万条订单数据，发现在 14：00—17：00 这个时间段"咖啡 + 甜品"这个组合的购买率显著提升，这个发现驱动了"午后特惠套餐"的出现，实现了销售业绩的快速增长。

### 3. 模：数学建模

数学建模是算法思维的核心，它将实际问题转化为数学表达式，并通过求解这些表达式来预测或优化结果。在人工智能算法中，数学建模涉及监督学习模型和优化算法的应用等。通俗地说，就是基于发现的数据规律，企业需要制定商业规则，以指导运营决策。这个过程要用数学建模即用公式描述业务流程等商业规则。例如，特斯拉用虚拟仿真系统设计生产线，通过数学建模优化生产流程，使投产周期缩短 60%。

### 4. 涌：动态优化与创新涌现

动态优化与创新涌现强调在不断变化的环境中寻找最优解。在 AI 算法中，这个过程通常通过在线学习、遗传算法和贝叶斯优化等方法来实现。通俗地说就是算法思维通过自动调参技术，使系统能够自动调整参数以优化性能。这就好比汽车通过导航可实时避开拥堵路段，而动态优化与创新可确保企业能够在激烈的市场竞争中保持领先地位。例如，亚马逊每分钟调整 500 万件商品价格，通过自动调参技术实现利润最大化。

### 5. 辨：风险辨识与方案验证

风险辨识与方案验证是确保算法高准确性和高可靠性的重要步骤。在人工智能算法中，这通常涉及交叉验证、对抗性测试和模型可解释性等方面的内容。通俗地说，就是在实施新策略前，企业需要通过多维度测试对新策略进行风险验证。例如，某招聘平台在发现人工智能存在性别偏见后，紧急修正算法以消除潜在风险。

### 6. 创：价值创造

价值创造是算法思维的最终目标。在人工智能算法中，这通常通过生成式人工智能和组合创新等方法来实现。通俗地说，算法思维不仅能够帮助企业优化现有业务，还能创造新的商业模式。通过扩展应用场景，企业可以发现新的增长点。例如，Airbnb 通过协同过滤算法匹配房东与房客，创造了共享经济的新模式，其估值在 7 年内增长了 1 000 倍，成为模式创新与价值创造的杰出代表。

### 7. 应：自适应响应

自适应响应——敏捷执行与反馈迭代是算法思维在应对复杂多变环境时的关键能力。在人工智能算法中，这通常通过强化学习和实时控制系统等方法来实现。通俗地说，算法思维通过构建实时响应系统，使企业能够在危机发生时迅速做出反应。例如，某母婴品牌通过舆情监控系统可保证在谣言事件发生后 2

小时内进行有效处理，这有效维护了品牌形象和市场份额。

"算法思维七字诀"记忆口诀为：

"分"解问题找痛点；

"析"透数据见天机；

"模"型抽象画蓝图；

"涌"现创新造奇迹；

"辨"明真伪验真理；

"创"造价值破棋局；

"应"对变化定乾坤；

"算法思维"掌全局！

综上所述，算法思维七字诀与人工智能算法逻辑之间存在紧密的对应关系。从技术深度层面讲，"分→析→模"对应人工智能训练前中阶段，"涌→辨→创→应"对应模型后端应用，同时通过"涌→应"循环构建抗脆弱系统，增强动态韧性。算法思维七字诀覆盖从数据清洗到模型部署的全流程。从商业广度层面讲，七字诀既可以纵向穿透，解决单个问题，比如优化物流路径；也可以横向扩展，实施生态级创新，比如构建工业互联网平台；同时，算法思维七字诀既涵盖算法设计全流程保留了计算机科学的严谨性，又强调对算法的思辨力与伦理观，形成应对智能时代的认知闭环。

## 1.4.3 企业实践验证

为了验证在企业经营决策方面算法思维七字诀的有效性和实用性，我们以亚马逊的动态定价案例为例进行分析。

亚马逊作为全球最大的电子商务平台之一，其动态定价策略一直备受关注。亚马逊通过运用算法思维，实现了对商品价格的精准控制和优化。

首先，亚马逊通过"分"的步骤，对商品品类和用户进行分层。它将商品按照不同的品类和属性进行分类，并根据用户的购买历史和行为数据将用户划分为不同的群体。这种分层有助于亚马逊更加精准地了解市场和客户需求。

接着，亚马逊通过"析"的步骤，对需求弹性进行建模。它运用数学方法和算法，对商品价格和需求量之间的关系进行定量分析和建模。通过需求弹性建模，亚马逊能够更加准确地预测价格变动对销量的影响。

然后，亚马逊通过"模"的步骤，构建价格博弈模拟模型。这个模型模拟了不同价格策略下的市场竞争情况，并预测了竞争对手的反应和市场份额的变化。通过价格博弈模拟，亚马逊能够制定出更加合理的价格策略。

在优化迭代阶段，亚马逊通过"涌"的步骤，不断收集新的数据和信息，对模型进行更新和调整。它根据市场变化和客户需求的变化，及时调整价格策略，以保持市场竞争力和盈利能力。

在批判性辨伪阶段，亚马逊对数据和模型进行严格的审查和验证，以确保数据的真实性和可靠性。亚马逊还对模型的预测结果进行多次验证和测试。通过批判性辨伪，亚马逊确保了决策过程的透明度和公正性。

在创造性应用阶段，亚马逊将算法思维与电子商务相结合，创新性地推出了动态定价算法。该算法能够根据市场变化和客户需求的变化，自动调整商品价格，以最大化利润和市场份额。

最后，在动态适应阶段，亚马逊通过灵活的经营策略和决策方案，快速适应市场的变化和挑战。它不断调整和优化定价策略，以保持市场竞争力和盈利能力。同时，亚马逊还通过持续创新和技术升级，不断提升自身的竞争力和适应能力。

通过亚马逊的动态定价案例可以看出，算法思维七字诀在实际应用中具有显著的效果和优势。它能够帮助企业实现精准决策和高效运营，提升企业的竞争力和盈利能力。算法思维七字诀企业实践验证案例如表1-3所示。

**表1-3　算法思维七字诀企业实践验证案例表**

| 行业 | 案例 | 七字诀全流程映射 | 成果 |
|---|---|---|---|
| 零售 | 亚马逊动态定价 | 分（商品品类与用户分层）→析（需求弹性建模）→模（价格博弈模拟）→涌（最优定价生成）→辨（合规性审查）→创（动态调价算法）→应（实时调整策略） | 利润率提升23% |
| 制造 | 西门子数字工厂 | 分（设备级参数分解）→析（故障模式识别）→模（数字孪生体建模）→涌（动态排程方案）→辨（供应链断点预警）→创（原生孪生规划）→应（智能控制调参） | 设备停机时间降低76% |
| 医疗 | IBM Watson肿瘤诊疗 | 分（患者数据标签化）→析（治疗方案关联分析）→模（多癌种预测模型）→涌（个性化治疗建议）→辨（基因突变风险）→创（人机协同模式）→应（临床验证迭代） | 诊断准确率提升92% |

（续）

| 行业 | 案例 | 七字诀全流程映射 | 成果 |
|------|------|------------------|------|
| 金融 | 高盛高频交易 | 分（市场数据切片）→析（价差模式检测）→模（统计套利模型）→涌（跨市场机会涌现）→辨（黑天鹅预警）→创（微波塔直连技术）→应（实时风控调节） | 算法交易贡献营收的61% |
| 汽车 | 特斯拉自动驾驶 | 分（传感器数据流处理）→析（驾驶行为关联）→模（神经网络决策模型）→涌（避障策略生成）→辨（Corner Case辨识）→创（影子验证系统）→应（OTA迭代推送） | 事故率降低40% |
| 消费电子 | 小米超级快充 | 分（电池参数解构）→析（热力学衰减规律）→模（多物理场耦合模型）→涌（120W方案涌现）→辨（过热爆炸风险）→创（石墨烯相变技术）→应（量产适配验证） | 充电速度提升300% |
| 餐饮 | 星巴克会员体系 | 分（消费行为分层）→析（生命周期分析）→模（RFM分层模型）→涌（精准促销组合）→辨（高净值客户识别）→创（星星+社交积分）→应（动态规则调整） | 会员复购率提升34% |

算法思维七字诀的本质在于：第一，将企业转变为"算法驱动型组织"，经营中的每个环节都嵌入智能时代的认知基因；第二，构建"问题→数据→价值"的动态认知闭环系统，让决策日臻完善；第三，打破"技术→商业"的二元对立，实现"技术+商业"的雌雄同体。算法思维将教会企业两种能力：一是"望远镜"，帮助企业从数据迷雾中看清未来趋势；二是"显微镜"，帮助企业在复杂问题中找到关键抓手。它不要求经营者懂代码，但需要养成量化思考、系统拆解和敏捷进化的习惯。正如足球教练用录像分析取代经验直觉一样，算法思维将成为智能时代企业的核心生存技能。需要强调的是，LAST思维是"人工智能+"落地中企业家思维，而算法思维则是"人工智能+"落地中人人必备的思维，无论是企业家还是创业者，无论是企业高管还是基层员工都要掌握。

如果说人工智能是未来十年最重要的技术杠杆，那么算法思维七字诀正是帮助企业掌握这个杠杆的思维密钥——用算法的理性之光照亮商业的无限可能。在数据为王的时代，只有掌握算法思维的人，才能在激烈的市场竞争中脱颖而出，才能实现所在企业的可持续发展。

## 1.5  小结

　　"人工智能＋"是企业实现智能化跃迁的必由之路，其本质并非技术堆砌，而是通过数据驱动、算法优化与场景适配实现系统性升级。企业历经了技术研发、场景探索、全链融合3个阶段，已形成资源倾斜与倒逼转型的双重推力。实施中，企业家需坚持 LAST 思维——用长期主义穿越周期，用应用创新验证价值，用战略占位锚定方向，用技术积淀筑牢壁垒。全员要善用算法思维——在复杂环境中挖掘数据、精准决策并动态优化。企业无论规模大小，均需明确：智能化转型非单纯技术升级，而是经营范式的跃迁。政策红利期与技术突破点的交汇窗口正在缩短，把握此刻，即掌控未来10年产业话语权。

# 第 2 章

# 企业"人工智能 +"行动的框架与路径

本章旨在构建企业"人工智能 +"行动路线的三维指南。

（1）目标校准——从部分智能到全面智能跃迁的标准体系，解析超七成企业转型失败的认知陷阱。

（2）路径适配——基于对 500 多家企业的实践案例进行总结得到的分类实施策略，破解大型央国企、大型民企、中型企业、小微企业和初创企业的共性困局。

（3）组织再造——CAIO（首席人工智能官）的能力进化图谱，提供从岗位设置到决策权责的转型密钥。

当行业平均转型周期从 34 个月压缩至 17 个月时，系统性框架的缺失可能让企业错失整个智能时代。大家准备好了吗？

## 2.1 企业"人工智能 +"行动的目标

企业"人工智能 +"行动的目标是什么？是实现全面智能化！这不仅涉及技术升级，还涉及业务模式、管理流程和决策机制等方面的全面革新。

为什么是全面智能化呢？因为企业的智能化并非新生事物。在 2024 年之前，国内进行的智能化改造或者智能化转型都属于智能化，但只是部分智能化。所以，今天的企业"人工智能 +"行动的目标一定是从部分智能化走向全面智能化，是智能化的升级。

### 2.1.1　什么是全面智能化

企业全面智能化是基于现有智能化，通过数据资产重构、智能技术赋能、业务流程重塑，实现全要素生产率提升的新型发展范式。这一过程不仅包括技术的深度应用，还包含企业组织结构、文化理念、人才体系等多方面的协同进化。

全面智能化与传统数字化转型在多个维度上存在显著差异。

（1）**从流程信息化到数据智能化决策**：传统数字化转型侧重于将业务流程信息化，以提高效率和透明度。而全面智能化则进一步强调利用大数据、人工智能等技术手段，实现基于数据的智能化决策，从而提升决策的精准性和时效性。

（2）**从局部工具改进到系统能力进化**：过去，企业往往将智能化视为局部工具的改进，如引入 ERP（企业资源计划）系统、CRM（客户关系管理）软件等。而全面智能化则要求企业将智能化融入企业运营的每一个环节，形成系统性的能力提升。

（3）**从技术应用到人机协同生态构建**：传统模式下，技术应用多被视为辅助工具，而全面智能化则强调构建人机协同的生态系统，使智能技术成为企业运营不可或缺的一部分，推动企业与员工、客户、合作伙伴等利益相关者的深度互动和融合。

### 2.1.2　全面智能化的标准

全面智能化的企业具有一系列显著的特征和标准，这些特征和标准为企业提供了实现全面智能化的具体路径，并为企业评估自身智能化水平提供了参考依据。

#### 1. 全面智能化企业的特征

华为集团副董事长徐直军认为，智能时代的企业应该具备"6 个 A"。

（1）**自适应体验**（Adaptive User Experience）：智能化企业能够感知并理解用户的行为、需求、兴趣、品位和环境变化，主动调整并提供最符合用户需求的服务。这种自适应体验能够适时和同时满足海量个性化独特需求，为客户提供超越预设的确定体验。

（2）**自演进产品**（Auto-Evolving Products）：在智能时代，产品将具备自主学习、持续迭代、适应变化的能力。这些产品能够自优化和自演进，不断提升性能和用户体验。例如，自动驾驶汽车能够通过不断学习和迭代，实现越开越好开的效果。

（3）**自治的运营**（Autonomous Operation）：企业运营将实现高度自治化，从感知、规划、决策到执行，形成端到端的自主闭环。这种自治化的运营模式将显著提升运营效率和管理水平，为企业创造更大的价值。

（4）**增强的员工**（Augmented Workforce）：在全面智能化时代，每个员工都将拥有一个"懂我"的智能助手，帮助员工高效、高质量地完成工作。这种增强的员工体验将提升员工的工作满意度和创造力，为企业的发展注入新的活力。

（5）**全量全要素全连接**（All-Connected Resources）：企业将实现资产、员工、客户、伙伴、生态等的全互连，所有业务对象、过程、规则实现数字化。这种全连接将提升信息的量和质，为企业智能化提供必要的数据和信息基础。

（6）**智能原生基础设施**（AI-Native Infrastructure）：企业的 ICT（信息与通信技术）基础设施将系统化构建，以适应智能化应用的需要。同时，基础设施本身的运维管理和体验保障也将充分智能化，实现 ICT 与智能化的深度融合。

### 2. 全面智能化企业的 6D 特征

有人认为徐直军讲得过于技术化，所以，我提出了全面智能化企业的"（六维）特征"，分别是技术融合（Digital Twin Integration）、业务云化（Distributed Cloud）、人机协同（Dynamic Human-in-the-Loop）、数据驱动（Data-Driven Operation）、自主优化（Deep Optimization），以及自演进创新（Differential Evolution），我把它称为全面智能化 6D 特征。全面智能化 6D 特征示意如图 2-1 所示。

（1）**技术融合**：人工智能与其他信息技术，以及产业技术的耦合深度不断加深，形成了新的技术生态和产业链。例如，在制造领域，三一重工将工业机理模型注入人工智能系统，实现了泵车故障预警准确率的显著提升；在农业领域，极飞科技无人机实现农药喷洒人工智能路径规划，有效减少了单位面积的用药量。

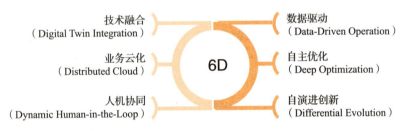

技术融合
（Digital Twin Integration）

业务云化
（Distributed Cloud）

人机协同
（Dynamic Human-in-the-Loop）

6D

数据驱动
（Data-Driven Operation）

自主优化
（Deep Optimization）

自演进创新
（Differential Evolution）

图 2-1　全面智能化 6D 特征

（2）**业务云化**：核心业务系统上云比例与智能化程度不断提升。企业通过将核心业务系统迁移至云端，实现了数据的高效共享和分析利用。例如，蒙牛乳业将 138 套系统迁移至自有云平台，数据分析时效提升了 56 倍；平安银行人工智能信贷审批系统在云端部署后，日均处理贷款申请量突破了 30 万笔。

（3）**人机协同**：智能系统对人类工作效率的增强幅度显著增大。企业通过引入智能系统，实现了人机协作的高效运作。例如，美的集团 AR（增强现实）辅助安装系统使服务工程师效率提升了 220%；顺丰速运人机协作分拣准确率达99.98%，人工干预率不足 0.2%。

（4）**数据驱动**：数据对业务决策的支撑比例不断提升。企业通过建立数据驱动的决策机制，实现了对业务的精准把控和持续优化。例如，国家电网设备监测数据利用率从 32% 提升至 89%；京东零售需求预测模型覆盖 SKU（最小存货单位）超 4000 万，库存周转率提升了 35%。

（5）**自主优化**：系统自主优化能力的覆盖场景不断扩大。企业通过引入智能优化算法和模型，实现了对业务流程和系统的自主优化。例如，青岛港无人码头通过动态调度算法，让作业效率超人工码头 41%；南方电网通过强化学习的输电网损优化模型，使年节电达 13.7 亿度。

（6）**自演进创新**：无须人工干预的技术迭代能力不断增强。企业通过构建自演进创新机制，实现了技术的持续迭代和升级。例如，小鹏汽车自动驾驶系统通过影子模式实现算法日均迭代 3.7 次；字节跳动的 AB 测试平台支持单日

120 万次的策略自动调优。

在传统商业时代，业务和技术是相对分离的两个能力系统，但在人工智能时代，业务和技术是完全融合在一起的，你中有我，我中有你，密不可分。所以，企业实施"人工智能+"行动的目标，本质上就是构建"技术—业务"一体的全面智能化新型能力系统。

## 2.1.3 四阶段能力进阶模型

企业实施全面智能化需要经历一个循序渐进的过程，这个过程可以划分为 4 个阶段：L1 基础级、L2 应用级、L3 体系级和 L4 生态级。每个阶段都有明确的目标和路径指引，帮助企业逐步实现全面智能化。

### 1. L1 基础级（数据筑基）

目标：完成 80% 业务系统数据贯通。

企业案例：九牧厨卫通过数据治理项目打通了 52 套系统，实现了质量问题的实时追溯。这个举措为企业的智能化转型奠定了坚实的数据基础。

### 2. L2 应用级（场景突破）

目标：3 个以上核心场景实现人工智能深度应用。

企业案例：格力电器在空调智能检测线上实现了人工智能的深度应用，使得不良品漏检率降至 0.003%。这个成果不仅提升了产品质量，也为企业赢得了市场竞争优势。

### 3. L3 体系级（全局优化）

目标：关键业务链形成自主优化能力。

企业案例：中联重科通过设备智能运维系统实现了关键业务链的自主优化，年降低停机损失 19 亿元。这个成果显著提升了企业的运营效率和盈利能力。

### 4. L4 生态级（范式创新）

目标：定义行业智能化标准。

企业案例：海尔卡奥斯工业互联网平台输出了 15 项国际标准，为行业的智能化转型提供了重要的参考和指引。

四阶段能力进阶模型如图 2-2 所示。

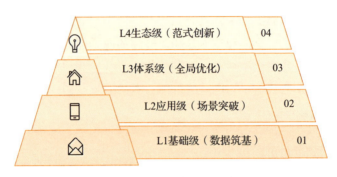

图 2-2    四阶段能力进阶模型

## 2.2    从大型央国企到初创企业的"人工智能 +"分类实施策略

在智能化转型的浪潮中，不同规模的企业面临着不同的资源禀赋、技术基础和应用场景。盲目实施"人工智能 +"往往会导致高投入、低回报，因此，基于技术可行性、政策适配性与经济性的三原则，我提出分类实施策略，旨在帮助不同类型的企业精准匹配资源与需求，高效应用人工智能。

### 2.2.1    大型央国企

大型央国企作为国民经济的支柱，拥有资源高度聚集、产业辐射力强的核心优势。在"人工智能 +"浪潮中，这类企业承担着支撑国家"人工智能 +"行动、构建行业共性技术底座、输出产业级智能标准的历史使命。其布局需兼顾基础研究突破与实体产业赋能，实现前沿技术探索与实体经济场景的深度融合。

#### 1. 核心选择

大型央国企的智能转型绝非单纯地进行 IT 升级，而是以战略高度构建自我强化型创新生态。通过技术基座搭建、算力资源输出、产业生态主导等组合策略，实现生产要素的智能化重组与产业价值链的再定义。

（1）通用技术底座建设：国家级新型基础设施、行业级基础设施的搭建是大型央国企发挥龙头效应的核心抓手。这里所说的基础设施主要包括超算中心、数据资产平台、算法平台和行业大模型等。

● 超算中心：建设超算中心，通过算力输出创造收益。某运营商超算中心承接了四省制药企业的药物分子模拟业务，年营收达到 12 亿元。

- **数据资产平台**：整合国家授权的公共数据，以及行业内外部数据资源，形成可交易的数据资产。某交通类央企数据资产平台年授权收入达 3.7 亿元，为企业带来了新的增长点。
- **算法平台**：大型央国企应搭建行业级人工智能模型训练平台，通过复用算法模型，降低重复开发成本，提高行业运营效率。例如，某能源集团自主开发的电力调度算法平台的复用率超过 80%，显著提升了运营效率。
- **行业大模型**：深入垂直领域，利用海量数据进行模型训练，形成专用模型。如中医药大模型、水利大模型、冶金工艺优化模型等，都具备提升行业特定问题的解决能力。

（2）**产业基金布局**：大型央国企可以设立人工智能专项基金，以孵化创新项目，用投资思维布局"人工智能+"赛道。建议基金规模不低于集团年利润的 2%。优先支持能补足自身技术短板的且正处于早期的企业，如某汽车集团用 5 亿元基金主投自动驾驶感知算法公司。

（3）**商业生态搭建**：通过构建共享型平台与开放接口，将单点技术突破转化为产业链协同创新的技术红利，解决行业重复投入与中小企业技术能力不足两大痛点。

- **主导行业联盟**：通过制定标准来降低合作成本，如某银行牵头制定金融人工智能风控接口标准，合作成本降低了 35%。
- **开放技术接口**：吸引开发者加入生态，如某通信集团开放 5G+ 人工智能开发工具包，半年内生态伙伴增加至 1 400 家，加速了技术创新与应用。

## 2.方法论

在既有资源优势上构建可持续进化机制，强调基础科研与产业应用的生态闭环。通过战略级产学研协同与资源调配创新，将制度优势转化为技术引领力，破解大型央国企创新活力不足的顽疾。

（1）**联合科研机构共建研发联盟**：通过签署"联合研发协议"，明确知识产权共享比例与商业化分成机制，实现资源共享与协同创新。例如，某钢铁集团联合中科院自动化所共建冶金人工智能实验室，使热轧良品率提升了 2.3%。

（2）**产业基金孵化垂直领域项目**：采取三阶段操作流程，即筛选期聚焦与主业协同度高的技术领域；培育期提供算力与场景验证支持；退出期通过业务并购或分拆上市实现增值。例如，某石化集团 3 年孵化项目内部平均收益率（IRR）达 28%。

> 某电子信息产业集团投资 15 亿元建立全国首个面板制造人工智能训练平台，并向行业开放缺陷检测算法库。合作企业平均质检人力减少了 60%，缺陷漏检率由 1.2% 降至 0.05%，年算法授权收入达 4.3 亿元，同时带动了上游设备采购订单增长 22%。

## 2.2.2 大型民企

市场化驱动的大型民企，需在"人工智能 +"布局中平衡战略前瞻性与商业落地效率。其核心能力在于利用数据要素重构护城河，通过产业网络协同放大技术应用的边际收益，既保持技术敏感度又破除"创新孤岛"困境。

### 1. 核心选择

大型民企的智能转型需突破单点式创新陷阱，聚焦垂直领域全价值链重构。通过构建行业级技术中台与智能运营体系，将人工智能能力转化为可复用的增长杠杆，在自身升级中带动生态伙伴共同进化。

（1）**行业级全链路平台**：全链条智能化改造是大型民企卡位未来竞争的核心阵地。从智能供应链到动态产销协同，通过数据贯通实现"研发—生产—市场"的精准匹配。

- **智能供应链管理系统**：整合供应商数据，降低采购成本。如某家电企业整合 2 000 家供应商的数据，让采购成本下降了 7%。

- **产销协同平台**：通过人工智能动态调整生产计划，减少滞销库存。例如，某运动品牌通过人工智能动态调整 30 国工厂排产计划，让滞销库存减少了 45%。

- **其他行业级全链路平台**：大型民企应解放思想，大胆创新，从服务全行业的角度出发，提升自身竞争力。比如，卡奥斯工业平台整合 5 000 家中小制造企业云端协同，带动全链条效率提升 63%。

（2）**产业技术中台**：将人工智能能力封装为 API 接口，使行业上下游企业可按需调用，降低开发成本。例如，某家居企业的技术中台年支撑 150 个业务场景，使整个产业链开发成本降低了 70%。

（3）**投资并购，补强短板**：投资并购与企业主业互补的产业链板块，增强企业核心竞争力。比如，海尔集团并购新时达的主要目的是在智能制造和工业自动化领域进行深度布局，并通过协同效应提升双方的竞争力和市场地位。

### 2. 方法论

大型民企侧重生态构建，以商业价值为导向构建行业动态反馈体系，突破组织惯性对技术应用的制约。通过投资并购补齐能力拼图，构建利益共享机制以激发生态活力，实现技术赋能的指数级价值外溢。

（1）**产业链利益共享模型**：建立按数据贡献比例分配人工智能优化收益的价值分配机制，并设立第三方算法监理委员会，该委员会的职责是调解冲突，确保合作顺畅。

（2）**技术中台与业务协同机制**：通过梳理业务部门全年目标（OKR），锁定人工智能改造优先级，技术中台团队提供可行性报告与 ROI 测算，并建立"技术—业务"双负责人制，确保项目快速推进。

（3）**补强能力拼图**：大型民企应通过目标明确的垂直领域技术并购补强能力拼图，加速生态协同。

某乳制品集团投入 8 亿元建设乳业全产业链人工智能平台，从上游奶牛健康监测、中游灌装线质检到下游动态库存管理，全面提升了运营效率。综合收益方面，净利率提升了 2.1%，市值增长了 120 亿元。

## 2.2.3　中型企业

夹缝中突围的中型企业重在效率提升，必须聚焦"一米宽百米深"的战略定力。在细分场景中集中资源打造标杆应用，依托人工智能技术实现从产品创新到服务增值的质变，形成不可替代的行业节点价值。

### 1. 核心选择

中型企业的生存法则在于差异化竞争力建设。集中优势兵力攻克垂直场景的技术瓶颈，通过解决特色客户的"卡脖子"需求，将应用深度转化为议价能力的提升。聚焦垂直行业应用解决方案，优先选择市场需求未被头部企业覆盖且客户付费意愿明确的领域进行深度开发，提升市场竞争力。例如，某包装机厂商聚焦烟草行业设备维护，客单价超过 80 万元／年。

### 2. 方法论

建立"引进—消化—创造"的台阶式进化路径，以场景验证驱动技术适配。通过高频测试降低试错成本，用标杆效应放大创新收益，在垂直领域建立可防御的技术护城河。

（1）**建立"需求—研发—反馈"闭环验证**：通过最小可行版本开发（MVP）、标杆客户免费试用、收集反馈迭代算法等步骤，快速验证并优化产品。

（2）**联合技术供应商进行开发**：采用成本分摊模式，按项目阶段分期支付研发费用，并明确知识产权归属，确保企业利益。

> 某工业传感器厂商专注于解决"卡脖子"芯片的国产替代，通过与高校联合研发"高精度温度监测芯片"和抗干扰算法，突破测温误差小于 0.01℃的技术。这让该企业在国内细分市场中占有率从 7% 提升至 34%，毛利率达 58%，净利率达 26%。

## 2.2.4 小微企业

资源受限的小微企业更需要"刀刃"思维，在最贴近现金流的环节植入人工智能动力。通过轻量化工具应用与场景化服务创新，将技术势能转化为即时的生存保障与发展动能。

### 1. 核心选择

对存量市场的精准切割是小微企业的主战场。通过"微创新＋快迭代"模式，将大企业忽视的细分需求转化为可持续的利基市场，用敏捷性弥补资源劣势。更确切地说就是选择应用场景细分赛道的细分点，找到"1 毫米宽"的应用点，集中优势兵力进行突破。

### 2. 方法论

小微企业的首要目标就是"活下来"，在技术上采用"积木式创新"方法论，在商业上采用"三单突破"方法论。

（1）**"积木式创新"技术方法论**：将复杂的人工智能技术解构为模块化工具包。精准定位商业场景的痛点阈值，以最小技术投入撬动最大价值释放，化解资源瓶颈下的创新困境。

（2）**"三单突破"商业方法论**：实施 "三单突破" 或者 "三单突破组合"，通过需求扫描、技术选型、灰度测试、爆品复制等步骤，快速获取用户。

- **单点突破**：聚焦高频刚需场景的极致优化是突围关键，选择技术可实现且客户需求高频的细分点进行突破。例如，某小程序公司专注订单核销功能，避免了资源分散导致的失败。

- **单族突破**：锁定某一类客户需求，通过精准的客户画像提供个性化或者定制化服务。例如，某 SaaS 服务商只服务 10~20 人的外贸公司，续费率高达 78%。

- **单品突破**：初期只做一个产品，或者选择一个细分品类，精简产品矩阵，推出最小化产品组合，降低研发成本。例如，某财税机器人公司砍掉定制版，仅保留基础版和 VIP 版，研发成本下降了 60%。

> 某服装代工厂采取 "三单突破组合"，专注 "唐朝汉服" 品类，通过单点突破人工智能设计效率（单点）、覆盖汉服电商主播客户（单族）、极致精简 SKU（单品）等方式，月均上新 10 款，净利润率从 3% 提升至 19%。

## 2.2.5 初创企业

初创企业需把握技术平民化的历史机遇，用低代码工具与场景化创新构建不对称优势。通过人工智能赋能的超级个体模式，在细分赛道快速建立技术壁垒，占领用户心智。

### 1. 核心选择

初创企业的战略锚点在于打造可验证的最小价值单元。通过人工智能工具链的创造性使用，突破传统技术门槛，实现产品原型的指数级进化。实施场景化创新突破，深度挖掘特定用户的隐藏痛点，通过数据驱动的微创新构建护城河。例如，某教育类初创团队开发的人工智能作文辅导 App，通过对用户行为的生成式优化，让单月活跃留存率突破 73%。

### 2. 方法论

初创企业强调机会捕捉、聚焦竞争优势的三要素重构——找到技术稀缺性、市场需求高频与垂直数据适配的结合点，通过"预训练模型 + 垂直数据"的微创新策略，在巨头未覆盖的细分场景实现低成本突破，如快速开发轻量化人工智能工具抢占利基市场。

（1）确立人工智能优先理念，在创业项目中要坚持这个理念不动摇。

（2）团队具备至少 3 种以上人工智能工具的应用能力，或者低代码人工智能工具的开发能力。

（3）可以用人工智能工具与新媒体挣钱，先活下来；或者利用免费或者低成本的轻量化人工智能工具做出产品模型，早日获得种子轮或者天使轮资金。

> 据《都市快报》报道：一个不会编程的浙江小伙陈某，为满足女朋友拍照的需求，通过人工智能编程软件 Cursor AI 自制了一款 App，名为"小猫补光灯"。2024 年 11 月，这款仅花 1 小时自制的 App，进入了苹果 App Store 前 20 名，同年 12 月推出的 Pro 版成功登顶付费 App 榜单第一。在过去的一年多里通过人工智能编程，陈某独立开发了 4 款 App。他的年收入接近百万，成为第一批靠人工智能年入百万的年轻人。
>
> 与此同时，他借助人工智能开辟了一条全新的赛道——为了拥有版权，成立了一家"一人公司"——他既是老板，也是自媒体博主、开发者、求职平台签约讲师和企业咨询顾问。

## 2.3　企业"人工智能 +"的组织领导

因发展迅速，人工智能技术在企业中的应用已从边缘辅助转变为核心业务驱动。在这个背景下，设立首席人工智能官（CAIO）岗位成为企业实现智能化转型、提升竞争力的关键步骤。下面将从设立 CAIO 岗位的必要性、可行性，以及 CAIO 的工作职责以及兼任可能性等方面进行详细探讨，以期为不同规模的企业在人工智能时代的组织领导提供有效指导。

### 2.3.1　设立 CAIO 岗位的必要性

不同类型的企业，包括大型央国企、大型民企、中型企业、小微企业和初创企业，设立 CAIO 岗位可能有不同的考量。无论企业规模如何，能否有专人负责，CAIO 岗位的设立都是必要的，原因如下。

（1）人工智能正在成为企业战略发展的核心驱动力。无论是制造业的预测性维护、保险业的智能核保，还是其他行业的智能化改造，人工智能都正在发挥越来越重要的作用。设立 CAIO 岗位，有助于企业从战略层面规划和推动人工智能技术的应用，实现业务与技术的深度融合。

（2）人工智能技术的快速发展和应用，带来了前所未有的商业机会和挑战。企业需要在技术迭代、数据安全、伦理合规等方面做出快速反应和决策。CAIO 作为企业高管层的一员，能够协调各方资源，确保企业在人工智能技术浪潮中保持领先地位。

（3）设立 CAIO 岗位还可以促进企业内部的知识共享和人才培养。通过 CAIO 的引导和推动，企业可以形成一种学习和创新的氛围，提升员工对人工智能技术的认知和应用能力，为企业未来的发展储备人才。

## 2.3.2　CAIO 工作职责详解

CAIO 的职责不仅包括技术管理，更涉及战略、数据、风控、人才等多个方面。以下是 CAIO 工作职责的详细解析。

### 1. 战略架构师：人工智能与业务融合设计

CAIO 需要识别在 3～5 年战略期内，人工智能技术可能对企业哪些业务板块产生颠覆性影响，并据此制定与企业整体战略相一致的人工智能发展路线图。例如，某车企可以规划到 2027 年，将自动驾驶技术的成本占比降至整车 BOM（物料清单）的 2.1%，从而实现产品竞争力的显著提升。

CAIO 还需要建立人工智能项目的量化评估体系，明确人工智能项目的 ROI 测算标准。这可以通过借鉴银行 LTV（客户生命周期价值）模型等方式，量化智能客服等人工智能应用对客户留存率、满意度等指标的提升贡献。同时，CAIO 还应创立人工智能创新沙盒机制，通过设立实验基金等方式，支持高风险、高回报的人工智能项目研发，推动企业持续创新。

### 2. 技术操盘手：人工智能能力体系建设

CAIO 需要评估企业的算力需求，制定混合云战略，合理设定自建 GPU（图形处理器）集群与公有云服务的比例。例如，某电商企业的 CAIO 充分考虑大促期间的算力需求后将公有云服务占比临时提升到 80%，以应对算力峰值需求。此外，CAIO 还需关注边缘计算的部署，通过在工厂车间等场景部署微型数据中心，实现实时响应和数据处理。

CAIO 需要推动算法工程化落地，构建 MLOps（机器学习运维）体系，实现从模型开发到生产环境的一键部署。同时，通过模型量化压缩等技术手段，将算法模型体积压缩至适合工业应用场景的大小，提升算法模型的实用性和部署效率。

### 3. 数据指挥官：驱动数据要素重构

CAIO 需要组织团队实施数据血缘追踪，梳理企业内部各业务系统间的数据流动路径，构建数据资产地图。通过定义数据质量 KPI，如设备传感器数据缺失率必须低于 0.03% 等，确保数据的准确性和完整性。

CAIO 还需推动特征库的建设和运营，开发可复用的特征库，沉淀高价值业务特征。同时，构建在线特征服务，支持毫秒级特征实时提取，为人工智能算法提供高效、准确的数据支持。

### 4. 风控指挥官：构建人工智能治理护城河

CAIO 需要建立算法审计体系，确保人工智能算法的透明性和公平性。例如，通过对信贷审批模型实施 SHAP（沙普利加可解释性，这是一种基于博弈论的模型解释方法）值强制解析等手段，保障模型的可解释性，满足监管要求。同时，在招聘算法等涉及敏感信息时，嵌入公平性测试模块，以消除算法偏见。

CAIO 还需制定灾难恢复方案，确保在人工智能系统出现异常时能够快速恢复。例如，开发模型降级协议，在自动驾驶系统出现异常时自动切换至安全控制器；构建对抗样本检测机制，提高金融反欺诈系统的识别准确率等。

### 5. 人才架构师：重塑组织人工智能基因

CAIO 需要设计人机协作模式，推动数字员工的应用和发展。通过制定人工智能助手使用能力分级标准等方式，引导员工适应并充分利用人工智能工具提升工作效率。同时，创建混生决策小组，将人工智能与人类专家相结合，共同处理复杂业务问题。

CAIO 还需关注人工智能人才供应链的建设，通过开发技能矩阵雷达图等方式，评估员工的人工智能认知能力，并制定针对性的培训计划。同时，设立人工智能赋能学院，要求中层干部等关键岗位人员定期参加人工智能实训，提升全员的人工智能素养和应用能力。

#### 6. 生态建设者：布局人工智能战略同盟

CAIO 需要主导企业在开源社区中的贡献和布局，通过参与核心框架的开发和贡献代码等方式，提升企业在人工智能技术领域的话语权和影响力。同时，关注前沿技术的发展趋势，如光子计算等，进行芯片层布局和投资。

CAIO 还需积极推动行业标准的建立，牵头制定智能客服等行业标准等，提升企业在行业内的地位和影响力。同时，构建开发者生态，开放核心 API，吸引生态伙伴加入，推动人工智能技术的发展和应用。

### 2.3.3　CAIO 核心能力进化

随着人工智能技术的不断发展和企业智能化转型的深入，CAIO 的核心能力也在不断进化，以适应新的挑战。他们不仅需要具备深厚的技术背景和商业洞察力，还需要具备风险嗅探力等综合素养。具体来说，CAIO 需要具备以下核心能力。

（1）价值穿透力：能够将算法精度的提升转化为企业年度净利的显著增长，具备商业洞察力和价值挖掘能力。

（2）技术判断力：能够预判未来技术发展趋势，如预判 BERT（双向变换器模型）架构将被 MoE（混合专家模型）架构大规模替代等，具备前瞻视野和战略眼光。

（3）风险嗅探力：能够敏锐地捕捉到企业在人工智能应用过程中可能面临的风险和挑战，如监管政策变化、数据安全泄露等，具备风险防控意识和应对能力。

未来组织演化可能催生 CAIO² 模式——人类 CAIO 与人工智能管理者协同决策的新型治理架构。

### 2.3.4　CAIO 兼任的探讨

在智能化转型的大背景下，企业高管职能正在经历深度重构。CAIO 与 CIP（首席创新官）、CTO（首席技术官）、CDO（首席数据官）岗位形成了技术战略四象限。虽然这些岗位在职能上存在协作互补性，但也潜藏着职权重叠的风险。

以下从职能版图划分、兼任可行性、更优兼任策略参考以及不可兼任的红线警示等方面进行探讨。

### 1. 职能版图划分

（1）CIP：CIP 作为创新的战略投资者，核心关注点是新技术与新商业模式的探索孵化。他们可以为 CAIO 输送人工智能驱动的创新试验田，但在颠覆性技术投资决策上可能与 CAIO 存在博弈。

（2）CTO：CTO 作为技术落地的总工程师，核心关注点是技术架构的稳定性与产品工程化。CAIO 主导的人工智能系统需要接入 CTO 维护的技术架构中，但 CTO 可能因强调技术债务管控而忽略 CAIO 追求的前沿技术快速迭代需求。

（3）CDO：CDO 作为数据资产的操盘手，核心关注点是数据资产的标准化与合规治理。CAIO 依赖 CDO 构建的特征工程中台来支持人工智能算法的应用，但 CDO 的数据隐私保护刚性约束与 CAIO 的模型训练数据需求存在冲突。

（4）CAIO：CAIO 作为人工智能价值的探索者，需要穿透业务、数据、算法三层架构，推动人工智能技术与业务的深度融合。同时，他们还需承担伦理风险管控等责任，确保人工智能技术的合规应用。

### 2. 兼任可行性

CAIO 兼任可行性如表 2-1 所示。

表 2-1　CAIO 兼任可行性表

| 兼任路径 | 可行性判断 | 典型适用场景 | 风险预警 |
| --- | --- | --- | --- |
| CIP 兼任 CAIO | 较高 | 创新驱动型企业 | 可能过度偏向探索性项目，忽视落地可行性 |
| CTO 兼任 CAIO | 较低 | 技术中台成熟型企业 | 易陷入技术细节，忽略商业价值转化 |
| CDO 兼任 CAIO | 中等 | 数据密集型行业 | 模型迭代速度受制于数据治理流程 |
| CEO 兼任 CAIO | 很低 | 初创人工智能原生企业 | 战略重心失衡导致管理失焦 |

### 3. 更优兼任策略参考

（1）阶段适配策略：

- 初期（人工智能投入 < 营收 5%）：CTO 兼任 CAIO，确保技术资源集中调配。

- **扩张期 (人工智能产出 >15% 利润)**: 必须设立独立 CAIO, 直接向 CEO 汇报。
- **成熟期 (人工智能成为基础设施)**: CAIO 向 CEO 汇报, 强化数据与算法的协同 (如 IBM 沃森体系架构)。

(2) 行业特性适配:

- **制造业**: 适宜由 COO (首席运营官) 兼任 CAIO, 聚焦智能生产优化 (可参考富士康灯塔工厂负责人的做法)。
- **金融业**: 推荐 CRO (首席风险官) 主导 CAIO 职能, 控制算法导致的系统性风险 (借鉴高盛人工智能风控架构)。

(3) 新生代管理模式:

- **轮值 CAIO 制**: 金融科技集团可采用算法团队负责人轮岗担任 CAIO 的方法, 以保持技术敏锐度。
- **虚拟数字 CAIO**: 日本某企业测试用人工智能管理者协调人类团队 (目前管理 30% 的模型迭代决策)。

### 4. 不可兼任的红线警示

当企业出现以下特征时, 必须设立独立的 CAIO 岗位。

(1) 人工智能相关诉讼年超 3 起 (如自动驾驶责任纠纷)。

(2) 核心业务依赖生成式人工智能产出内容 (如传媒集团的 AIGC 应用)。

(3) 黑盒算法直接影响客户权益 (例如信贷额度智能审批系统)。

## 2.3.5 五类组织 CAIO 设立探讨

### 1. 大型央国企: 战略布局与技术主导

大型央国企涉及国计民生领域, CAIO 设立需匹配国家战略与行业安全需求。企业应单独设立专职 CAIO, 直接向集团 CEO 汇报, 统筹技术基建、数据治理与合规风控。CAIO 需主导技术主权掌控工作, 如参与开源生态代码贡献、制定行业人工智能伦理标准等。当然也可以分为两步走: 即早期由 CTO 或 COO 兼任, 但涉及公共数据开发、关键基础设施项目时必须独立设置 CAIO 职位, 以规避重大风险; 扩张期 (人工智能投入占比超营收 5%) 须独立设置 CAIO 职位, 例如某电信集团通过 CAIO 主导智算中心建设, 承接国家级数据要素开发项目。

### 2. 大型民企：业务融合与生态构建

大型民企须由 CAIO 统筹全产业链人工智能能力。CAIO 应独立设置，负责技术中台建设、场景规模化落地及外部生态合作，合并原 CDO 职责。例如某乳企投入 8 亿元构建产业链人工智能平台，CAIO 协调跨部门数据共享与算法工程化。进入成熟期后可将 CAIO 纳入 COO 或 CTO 管理框架，强化执行效率。

### 3. 中型企业：场景攻坚与价值验证

中型企业应在主营业务关键环节设立轻型 CAIO 职能。扩张阶段（人工智能应用产出利润占比超 15%）可独立设置 CAIO 职位，聚焦 3～5 个核心场景落地，例如包装机械厂商聘请技术总监兼任 CAIO，专项突破设备预测性维护模型。稳定期可回归 CTO 管理，按 MVP 模式快速迭代人工智能项目。

### 4. 小微企业：灵活适配与成本控制

小微企业优先采用"职能兼任＋外部服务"模式，无须设立专职 CAIO 职位。创始人或技术负责人可兼任 CAIO 职责，借助政府算力补贴、区域人工智能孵化平台实现轻量化应用。

### 5. 初创企业：工具化生存与敏捷迭代

初创企业的一号位需自身掌握人工智能工具应用能力（如低代码开发、模型微调），自己就是 CEO、CAIO，以及所有的 CXO，这是初创企业必须天然具备的能力。

CAIO 岗位绝不能成为摆设！CAIO 设立需匹配企业规模与人工智能成熟度，大型央国企与大型民企侧重战略统筹，中小微初企业聚焦功能实现。即便不能做到专人专职，CAIO 的专岗绝也不能成为摆设，它是企业实施"人工智能＋"的组织保障。

## 2.4 小结

企业实施"人工智能＋"的目标是全面智能化，全面智能化具有六大特征，需要精准把握。不同规模的企业具有不同的升级框架：大型央国企重点布局人工智能基础设施与生态建设，实现国家战略意志；大型民企重点布局行业级全链路平台和产业技术中台，实现全行业或者全场景的数据贯通；中型企业聚焦垂直场景解决方案，深耕做细；小微企业应善用公共服务平台，选择应用场景细分赛道的细分点，实行三单突破；初创企业只能确立人工智能优先理念，进行单点突破。智能化不再是竞争力选项，而是未来 10 年存活与增长的准入证。不论企业大小，都要重视 CAIO 岗位的设立，因为战略认知的高度，将直接决定企业在新产业周期中的位势层级。

第 3 章

# 战略重构

　　恐龙为什么会灭亡？科学家解释说，可能是小行星撞击、火山爆发、环境变化等多种因素共同作用的结果。但并非所有恐龙都在灭绝事件中消失，部分小型恐龙进化成了鸟类，并成功存活下来。这些鸟类祖先在灾难中找到了生存的机会，随着时间的推移，演变成了如今栖息在地球上的各种鸟类。作为商业生命体的企业也需要因时而变、因环境而变、因新技术而变，这就是战略重构。

## 3.1　智能时代企业战略为什么需要重构

　　智能时代，企业战略为什么需要重构？

### 1. "小行星撞击"——人工智能引起的技术范式转变

　　在人工智能的推动下，各行各业正经历一场效率与技术的革命，这不但颠覆了传统的成本结构，还推动了科研创新。比如，智能风控建模在金融行业的应用使审批速度提高了 8 倍，相较于人工审核成本下降了 74%；数字孪生工厂在制造业的应用，使产品上市周期缩短了 62%，试生产成本降低了 89%；需求预测算法在零售业的应用，使库存周转率提高了 3.4 倍，滞销损失降低了 67%。

宁德时代的锂电池研发周期在人工智能的辅助下压缩了 72%，从传统的 18 个月缩短至 5 个月。同时，通过材料仿真技术，每 GWh（吉瓦时，1 吉瓦时＝1 000 千瓦时）的试错成本从 3 400 万元降至 600 万元。这些变化促使宁德时代的战略重点从产能扩张转向 AI 驱动的材料创新。

同时，人工智能推动人机协作向更高层次发展。企业需调整战略以充分利用人工智能的智能辅助作用，提升科技创新能力，否则就会像恐龙一样在不适应中灭亡。

### 2."火山爆发"——人工智能引起的产业范式变革

人工智能引起的产业范式变革主要包括如下 3 个方面。

（1）产业边界模糊。人工智能使制造业与服务业、生产行业与生活行业、传统产业与新兴产业等的界限变得模糊，企业需探索新的商业模式和服务方式，建立开放生态系统。

（2）产业竞争维度发生多维裂变。新增的战场要素包括数据资产质量、算法迭代速度和生态连接密度等。例如，特斯拉累计行驶数据达 600 亿英里[⊖]，远超传统车企的数据积累；阿里达摩院的 CV（计算机视觉）模型周均更新 3.2 次，显示出快速迭代的算法优势；小米 IoT（物联网）设备互联数突破 6.3 亿，远超友商竞品的平均互联数。

（3）价值创造路径变化。网络平台和多边市场兴起，企业可通过流量经济和数据经济等方式创造附加价值，应采取更灵活的企业战略。

### 3."环境变化"——应对新变量和不确定性

一方面，商业环境在诸多因素影响下变得更加混沌、多变和充满不确定性。另一方面，人工智能成为新变量，使得环境波动率和决策复杂度显著增加。数据显示，行业 KPI 的年变化幅度从传统时代的 8%～15%，激增至智能时代的 40%～70%，进一步体现了环境波动率的加剧。全球 500 强企业战略决策的参数从 2010 年的平均 23 个，增长至 2025 年的 182 个，这反映出决策复杂度的急剧上升。

传统战略范式，如波士顿矩阵和 SWOT 分析等，是基于线性市场假设创立

---

⊖　1 英里 =1 609.34 米。

的，难以有效应对人工智能带来的多维动态竞争环境和新的VUCA（易变、不确定、复杂、模糊）环境。这就迫使企业必须进行战略重构，在战略重构中建立新的战略范式。

### 4. "羽化成鸟"的机会——新的市场机会

智能时代的产品形态正在经历根本性的嬗变。这种嬗变主要体现在服务化、实时化和定制化3个维度。在服务化方面，通用电气航空发动机的数智服务收入占比从12%增至45%，显示出产品向服务转型的趋势。在实时化方面，蔚来汽车的FOTA升级频率达到9次/年，远超传统车企的升级频率（≤1次/3年）。在定制化方面，SHEIN服装利用人工智能打版系统，日上新款数量从500余件升至7 000余件，极大地满足了消费者的个性化需求。

人工智能技术的应用为企业带来了新的市场机会和增长点，战略重构有助于企业抓住这些机会，实现可持续发展。

战略重构需要从战略选择、战略设计、战略实施与战略管理4个方面着手，需要重新选择、重新设计、重新定义战略实施，以及重新定义战略管理。

需要指出的是，当下，"人工智能+"下的战略重构并没有得到企业应有的重视，这主要体现在两个方面。

（1）大企业的路径依赖和抱残守缺。大企业转身非常困难，一方面是因为观念保守，另一方面是因为路径依赖，成功的惯性会导致大企业不想立即转型，这是很危险的。诺基亚错失智能手机转型机遇的前车之鉴值得深思。

（2）小微企业的"不谈战略"或"无战略思想"。一些小微企业只想活着，其实"活着"就是战略。面对人工智能引起的技术范式和产业范式变革，企业的生存环境已经发生根本改变，要想活着就必须改变思维，必须进行战略重构。同时，小微企业率先利用人工智能抓住先机，甚至可能超越大中型企业，从灌木丛间的小树苗长成参天大树。比如，哪一天义乌小商品市场中应用人工智能生成功能实现外语带货的小微企业中发展出几家大企业也是有可能的。

## 3.2 重新选择战略

"To be or not to be, that is a question"——生存还是死亡，这是一个问题。这是哈姆雷特版的天问。在人工智能超速发展的今天，企业也必须问自己：生存还是死亡？

智能时代的生死之问就是战略选择。从短期看，战略选择正确与否并不意味着企业马上兴盛或灭亡。但拉长时间线去分析，一个企业的兴亡往往就与它在某一个关键时点的战略选择有关。

### 3.2.1  发展新质生产力必将成为企业核心战略和第一战略

"苟日新，日日新，又日新"是商朝开国君主成汤刻在澡盆上的警词，旨在激励自己自强不息，创新不已。智能时代，企业战略也需要创新不已。

#### 1. 新质生产力战略与"人工智能+"

旧地图找不到新大陆。智能时代，旧的战略毫无疑问无法指导企业开拓新大陆。所以，企业必须选择"新战略"，这是战略重构时思考的第一个层次。那么，"新战略"到底是什么呢？这是战略重构时思考的第二个层次。要想找到新战略就必须知道旧战略——企业传统战略的问题在哪里。

虽然近些年新兴产业和未来产业发展迅速，但中国经济的主体还是传统企业。在传统企业中，多半企业在发展中主要是依靠管理创新、模式创新、业态创新乃至营销创新。比如，最近几年红火的直播带货，确实促进了少部分企业的销售增长，但大部分企业的业绩并没有因此飞升反而倒退严重。还有一些中小企业靠多级分销模式，虽然短期内使业绩提升，但一直游走在传销模式的边缘。

也就是说，传统企业的战略引擎仍旧是要素驱动——主要依靠生产要素的投入，如土地、资源、劳动力等，通过增加对这些要素的使用来促进企业增长。这些企业的增长并非靠创新驱动——依靠科技创新、知识资本和人力资本等无形要素，通过技术进步和提高生产要素的产出率来实现增长。

一些经营者会质疑：科技创新需要巨额资金投入，而且还不知道投入后能否产出。不可否认这种观点的合理性，但是，在智能时代，技术创新的范式已经改变了。人工智能技术不但能帮助研发新技术、新工艺和新产品，甚至能帮助发现新材料，而且成本会不断下降。比如，百度创始人李彦宏预测大模型成本每年会降低 90%。360 集团创始人周鸿祎说，未来投入几百万元甚至几十万元就可以做出一个专用大模型，帮助企业提升竞争力。也就是说，任何一家传统企业，都可以将科技创新作为自己的新引擎。

所以，智能时代，企业战略重构就是实施"新战略"——新质生产力战略，它将成为企业不可或缺的核心战略和第一战略。通过实施以科技创新为主导的新质生产力战略，引领产业升级和转型，企业可以在激烈的市场竞争中立于不败之地，实现可持续发展。

为什么 2024 年的政府工作报告在提出发展新质生产力的同时提出实施"人工智能 +"行动呢？我认为，这是因为企业发展新质生产力与实施"人工智能 +"行动之间存在密切的关系，这主要体现在以下几个方面。

（1）**"人工智能 +"是发展新质生产力的重要引擎**。新质生产力的核心是科技创新，而"人工智能 +"行动的目标正是推动人工智能这项前沿科技在各个领域深度应用，从而催生新技术、新产品、新服务和新模式。同时，新质生产力强调生产要素的创新性配置，人工智能作为一项通用技术，能够优化数据、劳动力、资本等要素的组合，提高生产效率。

（2）**"人工智能 +"推动传统产业升级和新兴产业发展**。"人工智能 +"行动推动传统产业智能化改造，提升产业链水平，促进产业深度转型升级，这与新质生产力追求的产业优化升级目标一致。同时，通过"人工智能 +"行动，企业可以培育和发展新兴产业，如智能制造、自动驾驶等，为新质生产力的发展提供新的增长点。

（3）**"人工智能 +"实现资源配置优化**。人工智能能够精准匹配供需，优化资源配置，减少浪费，提高资源利用效率，这符合新质生产力对资源高效利用的要求。

理解了"人工智能 +"行动与发展新质生产力的底层逻辑之后，就可得到企业战略重构的实质：**实施以"人工智能 +"为抓手的新质生产力战略**。

### 2. 企业战略的 3 个误区

在智能时代，企业战略选择还必须厘清 3 个误区。

**第一个误区是把发展人工智能作为企业战略。**

在"人工智能 +"行动之下，把发展人工智能作为企业战略，只能是少数人工智能企业而非大多数企业的战略选择。因为人工智能是工具，是抓手，而非目的，企业不能因此跑偏。

**第二个误区是对"新质生产力战略"的认识误区。**

一些企业家尤其是中小企业家把"新质生产力"看成高大上的、不能落地的东西，认为它就是一个口号，或者就是一个政治经济学名词。这是一种谬误。

新质生产力的提出是一种战略前瞻和战略预判。企业家必须从认识上对齐这种战略前瞻和战略预判，在行动上告别传统生产力方式——单纯依靠土地、资源、劳动力等要素驱动的生产方式，主动选择新生产力方式——依靠科技创新、知识资本和人力资本等无形要素，通过技术进步和提高生产要素的产出率来实现企业增长。

其实，如果没有人工智能，发展新质生产力只能是有雄厚资本，可投入技术开发的科技型企业的"专利"。而有了人工智能，所有企业都能发展新质生产力。因为人工智能可以帮助发现新材料、研发新技术，让传统企业提升研发能力，变成新质生产力企业。同时，借助免费的或者低成本的人工智能工具或者平台，小微企业也能涉足科技研发，从而蜕变为新质生产力企业。

**第三个误区是提出大而化之的"新质生产力战略"，没有具象化。**

虽然在"人工智能＋"行动背景之下所有的企业战略的本质都是"新质生产力战略"，但是企业战略作为企业的前进方向，需要明确、清晰，必须体现出该企业的独特主张和个性化，绝不能笼统地表述为"发展新质生产力"。正确的表现必须是新质生产力战略在行业或者领域的细分与具象。

那么，企业新质生产力战略如何具象化呢？

## 3.2.2　企业新质生产力战略的具象化

新质生产力包含 3 个核心特征：高端化、智能化和绿色化。它们不仅是企业新质生产力战略的具象化，更是企业新质生产力战略包含的 3 个子战略，是企业提升核心竞争力和实现可持续发展的必由之路（见图 3-1）。

图 3-1　新质生产力包含的 3 个核心特征

高端化战略旨在通过提供高品质、高附加值的产品和服务，来提升企业的品牌形象和市场地位。在高端化的过程中，企业需要不断创新，以满足客户对品质、设计和个性化的高要求。这种战略有助于企业在激烈的市场竞争中脱颖而出，赢得客户的信任和忠诚。例如，海尔集团通过自研和引进先进技术与管理模式，提升产品的质量和服务水平，从而成功占领了高端市场，实现了品牌价值的最大化。

智能化战略旨在利用人工智能技术来推动企业生产和管理的智能化升级。通过智能化改造，企业可以实现生产流程的自动化和智能化，提高生产效率和运营质量。同时，智能化战略还有助于企业实现精准营销和个性化服务，更好地满足客户需求。例如，美的集团通过引入智能机器人和自动化生产线，大大提高了生产效率，降低了人工成本，同时也提升了产品质量和客户满意度。

绿色化战略则强调环保和可持续发展。在当前全球环境问题日益严重的情况下，绿色化战略已成为企业社会责任和可持续发展的重要体现。通过采用环保材料、节能技术和循环经济模式，企业可以降低生产过程中的环境污染和资源消耗，实现绿色生产和绿色消费。这种战略不仅有助于企业树立良好的社会形象，还可以为企业带来长期的经济效益和环保效益。例如，金风科技积极开发风能清洁能源项目，以减少企业对传统能源的依赖，降低碳排放，实现绿色发展，更实现了企业的跨越式发展。

### 1.3 个子战略的关系

3 个子战略相互交织、相互促进，共同构成了企业新质生产力战略的核心体系。高端化战略提升了企业的品牌形象和市场地位，为智能化和绿色化战略的实施提供了有力的市场支撑；智能化战略通过引入人工智能技术，提高了企业的生产效率和运营质量，为高端化和绿色化战略的实现提供了技术保障，具有引擎作用和枢纽作用；而绿色化战略则强调环保和可持续发展，为高端化和智能化战略的发展注入了新的动力。

必须强调，在企业新质生产力战略选择阶段，人工智能技术的重要性不容忽视。通过利用大数据分析和机器学习算法，企业能够深入探索市场需求、竞争态势及客户行为等关键信息，从而为确定正确的战略方向提供有力的数据支撑和决策参考。比如，借助人工智能技术，企业可以更为精准地预测市场的未来走势，及时发现并抓住潜在的增长机遇，从而为企业提供非常具象、清晰的高端化战略、智能化战略和绿色化战略，以及未来时空的模拟沙盘，从而克服过去完全依赖人选择的主观性问题。

3 个子战略中，智能化战略和绿色化战略是必选项，唯有高端化战略是可选项。那么，企业如果选择高端化战略该注意什么呢？

### 2. 选择高端化战略的注意事项

在选择高端化战略时，企业必须给予特别的关注和精心的规划。这个战略不仅关乎企业的市场定位，更直接影响企业的品牌形象、产品质量，以及最终的盈利能力。选择高端化战略需要注意 5 个关键点。

（1）**精准定位是高端化战略成功的基石**。在竞争激烈的市场环境中，企业必须清晰地界定自己的市场定位和目标客户群体。这要求企业深入了解市场趋势、客户需求以及竞争对手的动态，从而找到适合自己的市场切入点。通过精准定位，企业能够确保自己的产品和服务与客户的期望和需求高度契合，进而在高端市场中占据一席之地。

（2）**注重品质是高端化战略的核心**。选择高端化战略意味着企业必须提供高品质、高附加值的产品和服务。为了实现这个目标，企业必须对产品研发、生产制造、质量控制等各个环节进行严格把关，确保产品的每一个细节都达到甚至超越客户的期望。同时，企业还应注重提升服务水平，为客户提供全方位、个性化的服务体验。通过不断提升产品和服务的质量，企业能够赢得客户的信任和忠诚，进而在高端市场中建立起良好的口碑和品牌形象。

（3）**避免低价竞争是高端化战略的重要保障**。在市场竞争中，低价竞争往往会导致产品质量下降、品牌形象受损，进而影响企业的长期发展。因此，企业必须坚决避免陷入低价竞争的恶性循环。相反，企业应通过提升品牌形象、增加产品附加值、提供差异化服务等方式来提高市场份额和盈利能力。这样，企业不仅能够在高端市场中保持竞争优势，还能够实现可持续的盈利增长。需要强调的是，实施高端化战略既要避免低价竞争，也要避免"高处不胜寒"。高端化战略并不等于"高价化"，以中等价格的高品质产品惠及客户是一个睿智的选择，必将得到客户的长期信赖。小米集团高端化战略在价格定位方面的做法就非常值得借鉴。

（4）**在实施高端化战略的过程中，企业还应充分利用人工智能等先进技术来提升自身的竞争力**。例如，通过大数据分析和机器学习算法，企业能够更深入地挖掘客户需求和市场趋势，为产品研发和营销策略提供有力支持。同时，智能化生产和管理也能够显著提高企业的生产效率和运营质量，降低企业的产品成本并增强企业的市场竞争力。

（5）**在实施高端化战略时，企业应注重保护自身的知识产权**。企业必须建立完善的知识产权保护体系，确保自身的创新成果能够得到充分保护和合理利用。这样，企业不仅能够维护自身的合法权益，还能够为高端化战略的顺利实施提供有力的法律保障。

### 3.2.3　战略选择中的新质企业家精神

战略选择虽然可以借助人工智能技术，但人的因素还是第一位的。其中企业家应该是一号位，而企业家精神是主导一号位的"一号基因"。"人工智能 +"下的生产力毫无疑问是新质生产力，所以，塑造和发挥新质企业家精神就成为"人工智能 +"下战略选择的"一号基因"。

什么是新质企业家精神？所谓新质企业家精神是指在新时代背景下，企业家在创新、责任、可持续发展和社会价值创造等方面展现出的新型精神特质。它超越了传统的利润驱动模式，更注重技术创新、社会责任和长期价值。

"新质企业家精神"绝不是一个穿上新马甲的旧概念，或者牵强附会的概念，它具有特定的含义，包括新质使命精神、新质向善精神、新质高端精神、新质人本精神、新质创新精神、新质创业精神、新质长期主义和新质合作精神。其中，新质创新精神是企业家在智能时代的必要精神。

很多企业家或者因为从事的产业是传统产业，或者因为缺少创新人才，或者因为缺少资金，认为自己的企业不适合创新，只要能正常经营、正常赢利就行。这种想法在传统时代情有可原，但在智能时代则大错特错，因为人工智能重构了企业创新的范式。

（1）**科技创新新范式**：人工智能和科研相互促进、融合发展成为一种新趋势。

（2）**知识更新新范式**：除了传统学习外，人类与机器学习共建跨领域的知识成为知识更新的重要方式。

（3）**产业创新新范式**：人工智能与千行万业深度融合，催生了新产业、新模式和新动能，更催生了全新的经济模式——智能经济。

因此，智能时代的新质企业家精神不简单存在于精神层面，还体现在创新精神指导下的创新行动上，创新行动还能反过来促进新质企业家精神的不断升级，形成一种完美闭环。具体来说主要体现在如下 3 个方面。

（1）构建基于数据神经中枢的创新源。布局连接一切与企业攸关的人、财、物等数据触点，获取大数据，通过算法获得创新源。

（2）打造人机共智的创新组织。从一个人的创新到一群人的创新，再到人机共智的群智创新。

（3）建立基于开源战略与智能平台的开放创新生态。开源战略要学习马斯克，特斯拉主动开放了 372 项电动车专利，因此获得了 4.2 万项改良技术方案，催生出充电标准全球统一进程。构建智能平台则可以让用户与合作伙伴都成为创新生态体中的一员，通过上传数据或者建议获得奖励，奖励又可促进用户与合作伙伴更积极地参与企业创新。

马斯克说，创新与创业需要不断打破在位巨头的垄断，让更多中小企业能够破土而出。真正有效的企业家精神是赋能每一个有想法的人。而我想说，真正有效的企业家精神不但是赋能每一个有想法的员工，还要赋能每一个有想法的用户、合作伙伴及智能体。

总之，智能时代，企业要告别旧战略，选择新战略——新质生产力战略，这可以称为"新质生产力战略选择原则"，它是"人工智能 +"下战略重构的第一原则。

## 3.3　战略设计的关键点

在"人工智能 +"浪潮中绕不开的铁律是：要么用人工智能重做一遍行业，要么被用人工智能的对手淘汰。战略设计不再是 MBA（工商管理硕士）课堂上的模型套用，而是 CEO 带领企业向科技武装集团蜕变的指南。

战略设计的关键点在于如何将企业新质生产力战略具体落实到特定的赛道或细分领域。这个过程要求企业不仅要有宏观的战略视野，还须具备精细化的市场分析能力。

为了避免战略设计过于空泛，无法指导实际操作，企业必须对自身条件和市场环境有深入了解。选择具有发展潜力和竞争优势的赛道或细分领域是企业战略设计的核心。这要求企业对市场趋势有敏锐的洞察力，能够准确识别并抓住机遇。同时，企业还需充分评估自身的资源和能力，确保所选赛道或领域与企业的实际情况相匹配，从而发挥出最大的竞争优势。从这个意义上讲，战略设计的本质就是"做减法"，从无限的机会中选择有限的、更适合企业自身资源禀赋的战略路径。

战略设计有两条路径：一条是"老树新花"，另一条是"新树新花"。

### 1. 老树新花

"老树新花"即"新技术 + 传统产业"或者"人工智能 + 传统产业"。

所有传统行业都可以利用"新技术"重做一遍并非虚言。比如，生物制造技术凭借其独特的优势，正在深刻影响并重塑各个行业的生产方式和产品特性，推动其向更加绿色、高效、可持续的方向发展。中国科学院天津工业生物技术研究所科学家团队在国际上首次实现了二氧化碳到淀粉的从头合成，使淀粉生产从传统农业种植模式向工业车间生产转变成为可能。

所有传统行业都可以利用人工智能重做一遍并非虚言。农业、制造业、中医服务业等传统产业，利用人工智能将产生划时代的进步。比如，中国一汽早已开始研发智能网联汽车，并在该领域取得了显著进展。

> 红旗品牌已全系装备 L2 级辅助驾驶产品，完成高速和城区限定场景 L3 级产品开发，并正在进行新一代高速和城区宽场景 L3 级产品开发以及三代 L4 级 Robotaxi/Robobus 开发。红旗品牌发布了九章智能平台，中国一汽自主搭建完成整车级操作系统 FAW.OS，打造出软硬解耦的智能操作系统。该系统全面支撑智控、智驾、智舱等应用需求和智能产品迭代换新。2024 年 1 月，中国一汽申请了一项名为"智能网联汽车道路交通标志、信号识别测试方法及装置"的专利，该方法可提高测试效率、节省测试时间。

中国一汽就是"老树新花"的杰出典范。

### 2. 新树新花

"新树新花"即"新技术 + 新产业"或者"人工智能 + 新产业"。企业根据自身实际情况，可以选择进入新兴产业和未来产业的新赛道。比如，传统车企吉利集团于 2022 年 6 月正式进入卫星互联网领域，当时其旗下的时空道宇公司在西昌卫星发射中心成功发射了吉利未来出行星座的首轨九星。这些卫星主要用于支持智能联网汽车未来出行服务、车机 / 手机卫星交互等相关技术研究及验证。这个事件标志着吉利集团在卫星互联网领域布局的开启。

## 3.4 "人工智能 +" 战略设计原则

好的战略设计如同建造摩天大楼，必须把握两个核心支撑："—"代表行业基本盘，如同大楼的横梁；"|"象征人工智能技术，如同强化结构的顶梁柱。我们把这种平衡法则称为 T 型战略原则，既要扎根行业深水区，又要用技术钢筋穿透天花板。

### 3.4.1 "行业横梁" 建设标准

"行业横梁" 建设标准如下。

#### 1. 比同行多挖一尺深

传统企业转型常犯的错误是用人工智能解决"伪需求"，比如服装厂想做智能穿搭却连用户退货的主要原因都不清楚。企业可在如下两个方面发力。

（1）掌握产业链利润率分布，例如汽配行业 70% 的利润集中于电控系统。

（2）掌握至少 5 个流程黑洞，例如某轮胎厂经过深入调研发现 6 个流程黑洞，如生产环节的人工成本比同行高 3%、原料质检浪费了 12% 的人工成本等。

#### 2. 场景拆解要带手术刀

家电巨头美的的空调事业部提升复购率的实践值得借鉴，他们采取了 3 个关键步骤。

第一步：将空调从研发到售后的完整路径分为 189 个环节，从中找出影响复购率的 3 个痛点。

第二步：锁定"安装服务质量影响复购率"的致命痛点。

第三步：用人工智能视觉监测安装过程标准化程度。

经过这些关键步骤，美的空调的维修率直降 37%，复购率提升了 12 个百分点。

### 3.4.2 "技术顶梁柱"搭建心法

#### 1. 选准行业穿透战略方向

所谓"选准行业穿透战略方向"就是以数据要素重构价值链条为核心，分别对产业上游、中游和下游进行"数字监控"。

（1）产业链上游技术卡位。底层逻辑是在原材料供应端建立数字化管理能力，运用精准预测技术和超强运算能力，获取关键资源调配主导权，从而系统性扩大产业竞争优势，巩固企业在整条产业链中的核心地位。

- **适合3种企业：** 第一种是原材料在总成本中占比大于30%的企业，比如锂电、光伏、半导体材料制造商等；第二种是高度依赖周期性波动的资源型企业，如矿产、农产品加工企业等；第三种是垂直整合战略实施者，比如需要控制大于或等于3个供应环节的垂直整合战略实施企业。
- **技术部署要点：** 第一种企业要建立原材料价格预测模型，在全球大变局时代要加入地缘政治因子；第二种企业要建立资源数据建模系统，比如矿产企业要建立矿储资源探采数据建模系统；第三种企业要建立智能合约驱动的供应链控制工具与金融工具。
- **标杆案例：** 某铜冶炼企业建立铜精矿全球供应地图，实时监控海外16个矿山运营数据，原料采购成本低于市场均价9%～12%，构筑起反周期运作能力。

（2）生产黑箱智能化。底层逻辑是将经验驱动的生产过程转化为人工智能驱动的确定性系统，消除知识断层造成的沉没成本。

- **适合3种企业：** 第一种是工艺参数大于200项的企业，比如汽车、航空、精密仪器制造类企业；第二种是人工经验成本占直接成本25%以上的企业；第三种是缺陷召回事件年发生大于5次的企业。
- **技术部署要点：** 第一种企业要构建工艺参数自优化系统；第二种企业要构建数字工人训练平台，将经验库转化为知识库；第三种企业要构建多模态数据采集网，采集视觉、声学、应力等数据。
- **标杆案例：** 某轴承制造商将研磨工序的参数设置权交予人工智能系统，设备OEE（综合效率）从58%跃升至82%，废品率由3.7%压缩至0.08%。

（3）消费触达体系革新。底层逻辑是将用户决策路径转化为可工程化干预的数据流，重建商业模式定价权。

- **适合 3 种企业**：第一种是直接消费者触达面大于 10 万人／年的企业；第二种是客户需求变化周期小于 3 个月的企业，比如快消品和时尚产业类企业；第三种是促销费用占营收比大于 15% 的企业。
- **技术部署要点**：第一种企业要建立全渠道行为追踪系统；第二种企业要建立实时需求预测引擎；第三种企业要建立动态定价与履约优化系统。
- **标杆案例**：某快时尚品牌在全球门店中部署热力感知系统，通过试衣间停留时间数据反哺设计优化，让爆款打样成功率达行业均值的 3.7 倍。

### 2. 打通双向通道

技术顶梁柱需要和行业横梁咬合生长，打通双向通道。比如，美的空调每天产生 134GB 数据反向助力供应链优化；比亚迪开发人员每解决 1 个电池仓问题，同步输出 3 条算法优化指令。

明白了技术顶梁柱搭建心法，企业就可以从行业的上游、中游或者下游通过人工智能为企业进行深度赋能，进而带来整个行业的技术变革和产业革命，帮助企业延伸产业价值链，提升产业竞争力。具体来说，人工智能及新技术对行业的赋能可以分为 7 种方法。

（1）从上游、中游、下游中选 1 个领域进行技术赋能，共有 3 种。

（2）从上游、中游、下游中选 2 个领域进行技术赋能，共有 3 种。

（3）对上游、中游、下游 3 个领域进行技术赋能，共有 1 种。

具体如表 3-1 所示。

表 3-1　7 种赋能方法

| 切割维度 | 主攻方向 | 必须"死磕"的指标 | 代表案例 |
| --- | --- | --- | --- |
| 上游单点突破 | 原材料优化 | 采购价波动缓冲率 | 宁德时代用人工智能预测锂矿期货波动，原料采购成本直降 8.7% |
| 中游单点爆破 | 生产工艺重构 | 工序收敛比（原工序数／人工智能工序数） | 海尔洗衣机工厂把检测工序从 43 道压缩至人工智能驱动下的 9 个核验点 |
| 下游单点刺穿 | 服务模式创新 | 客户需求响应颗粒度（分钟级） | 老乡鸡用 LBS 分析社区老年客群，推出"10 元 3 菜自提柜"，单店日均订单激增 190% |

（续）

| 切割维度 | 主攻方向 | 必须"死磕"的指标 | 代表案例 |
| --- | --- | --- | --- |
| 上游＋中游联动 | 供应链再造 | 库存周转天数与竞品 | 京东物流智能仓配协同系统 |
| 中游＋下游贯通 | 产销数据闭环 | 需求预测准确率提升幅度 | 宝洁中国社交聆听选品矩阵 |
| 上游＋下游合围 | 产业生态绑定 | 供应商-客户双边系统渗透率 | 特斯拉4680电池联盟 |
| 全链条击穿 | 操作系统级掌控 | 行业标准制定话语权 | 华为鸿蒙车机生态 |

赋能方法的选择需要基于对市场前景、战略定位、技术实现和资源禀赋4个因素进行综合考量，其中应先考虑技术实现与市场前景的融合。

之所以提出T型设计图（见图3-2），是因为企业家在过去走的基本是只考虑行业市场前景的业务驱动之路，没有重点考虑过科技创新驱动的产业变革之路。

在企业新质生产力战略之下，企业要走科技创新驱动之路，就要把新技术或者人工智能技术当成核心变量来考虑，只有这样才能走出同质化的内卷式竞争困局。

一些经营者会有疑问：难道任何一个行业的战略设计中都需要将人工智能及新技术作为核心变量吗？回答是肯定的！智

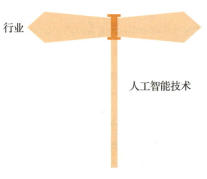

图 3-2　战略设计的 T 型设计图

能时代所有企业都要以科技创新为驱动，哪怕是非遗行业，其文创产品设计或者营销都会利用人工智能及新技术。

## 3.5　战略设计步骤

企业新质生产力战略设计是一个系统而复杂的过程，它涉及多个关键步骤，每一步都需要精心规划和实施。

以下是企业新质生产力战略设计的6个核心步骤。

### 1. 环境分析

环境分析是战略设计的起点，它要求企业对外部环境进行深入调研和分析。

这包括了解宏观经济状况、行业动态、技术发展、市场需求以及竞争对手的情况。通过环境分析，企业可以把握市场趋势，识别潜在的机遇和威胁，为后续的战略制定提供重要依据。例如，在人工智能快速发展的背景下，企业需要密切关注相关技术进展，以及这些技术如何影响市场和竞争格局。

### 2. 确定愿景和使命

愿景和使命是企业战略设计的灵魂。愿景描述了企业的长远目标和理想状态，而使命阐明了企业的核心价值和存在意义。确定清晰的愿景和使命有助于统一员工的思想和行动，形成共同的价值追求。在制定新质生产力战略时，企业应明确自身在科技创新、智能化发展等方面的愿景和使命，以引领未来的发展方向。

在智能时代，该如何确定企业愿景和使命呢？根据领先企业智能时代的愿景和使命构建，我提出智能时代企业愿景和使命的三维建构体系。

（1）**自我评估校准**：无论是大企业还是小微企业，都需要首先进行自我评估。具体来说，根据企业类型不同可以将愿景和使命细分为 4 个级别。

- L4 生态级：用智能化服务产业生态。
- L3 平台级：用智能化平台服务产业。
- L2 行业级：用智能化服务行业应用。
- L1 应用级：用智能化服务具体应用。

（2）**6D 特征校准**：就是采用全面智能化的技术融合、业务云化、人机协同、数据驱动、智能优化、自演进构成的 6D 特征模型，评估企业当前智能化成熟度，然后确定跃迁方向。

（3）**标杆参照校准**：就是向行业标杆看齐，参照它们的愿景和使命，制定自己企业的愿景和使命。

### 3. 设定战略目标

战略目标是战略设计的核心，它具体化了企业的愿景和使命。设定战略目标时，企业应综合考虑市场环境、自身能力以及发展期望等因素，制定出既具有挑战性又切实可行的目标。这些目标应涵盖市场份额、创新能力、盈利能力等关键指标，以确保企业在实施新质生产力战略过程中能够持续、稳定地发展。

### 4. 制定战略定位

战略定位是企业在市场中的独特位置，体现差异化优势。在制定新质生产力战略时，企业应根据市场需求和竞争态势，明确自身的战略定位。这包括确定目标客户群、产品或服务的特点以及营销策略等。通过精准的战略定位，企业可以更好地满足客户需求，提升品牌影响力，从而在激烈的市场竞争中脱颖而出。

比如，百度整体都在向人工智能转型。在百度年报中，百度的公司定位已变成：我们是拥有强大互联网基础的领先人工智能公司。百度搜索以及百度的主营业务均从底层逻辑和服务流程中深度嵌入大模型服务。

### 5. 资源配置

资源配置是确保战略实施可行性和有效性的关键环节。企业应根据战略定位和目标，合理分配人力、物力、财力等资源。在配置资源时，企业需要权衡各项资源的投入与产出比，确保资源能够最大限度地支持战略目标的实现。同时，企业还应关注资源的可持续利用性和风险控制，以保障战略实施的稳定性和安全性。

### 6. 制订战略行动计划

制订战略行动计划是将战略目标和定位转化为具体行动的重要步骤。企业应制订详细的行动计划，包括各项任务的时间表、责任人以及所需的资源支持等。通过明确的战略行动计划，企业可以确保战略实施的有序性和高效性。此外，企业还应建立相应的监控和评估机制，以便及时调整行动计划，确保战略目标的顺利实现。

企业新质生产力战略设计是一个循序渐进的过程，需要企业全面考虑内外部环境因素，明确自身的愿景和使命，设定合理的战略目标，制定精准的战略定位，合理配置资源，并制订具体的战略行动计划。通过科学的战略设计，企业可以更好地把握市场机遇，提升核心竞争力，实现可持续发展。

需要强调的是：企业新质生产力战略设计的6个步骤，都可以借助人工智能技术提升效率，提供决策辅助。例如，确定愿景和使命完全可以用人工智能生成100种方案，然后由决策者讨论决定。

## 3.6 "人工智能＋"下的华为公司战略设计案例

作为全球科技领域的标杆企业，华为在"人工智能＋"时代的战略布局深刻诠释了 T 型战略原则的精髓——以行业根基为横梁，以人工智能技术为顶梁柱，通过技术与场景的深度融合，构建不可替代的竞争优势。

### 3.6.1　行业横梁：深耕通信领域，筑牢"经济横梁"

华为始终将通信行业作为核心战略支点。自 2009 年启动 5G 研发以来，在该行业累计投入超 40 亿美元，在全球拥有的 5G 标准以及专利占比达 20% 以上。这种深厚的行业积淀，体现在如下方面。

（1）**网络设备全球领先**：基站设备市场份额连续 6 年居全球第一。

（2）**端到端的解决方案能力**：覆盖芯片（麒麟系列）、设备（5G 基站）、系统（HarmonyOS）的全栈技术闭环。

（3）**行业标准话语权**：主导制定 5G 网络切片、超可靠低时延通信（URLLC）等 18 项国际标准。

上述能力使华为成为通信行业的基础设施提供者，如同经济大厦中不可或缺的承重梁。

### 3.6.2　技术顶梁柱：用人工智能重塑通信价值链

在构建行业"横梁"的同时，华为将人工智能技术作为垂直突破的"顶梁柱"，从 3 个维度重构通信产业。

（1）网络智能化升级：

- **开发人工智能基站**：通过机器学习算法实现网络自优化，基站能耗降低 30%，运维效率提升 50%。

- **推出自动驾驶网络解决方案**：在西班牙电信商用网络中，人工智能自动处理 98% 的故障告警，人工干预需求下降 80%。

（2）产品智能进化：

- **麒麟芯片集成 NPU（嵌入式神经网络处理器）神经网络单元**：手机影像处理速度提升 12 倍，Mate60 系列产品人工智能算力达 16TOPS（处理器运算能力单位）。

- **5G 工业模组搭载人工智能边云协同系统**：三一重工应用华为的产品后，工程机械故障预测准确率提升至 95%。

（3）服务模式创新：

- **构建人工智能开放平台 ModelArts**：吸引 45 万开发者，孵化智慧港口、智能矿山等 800 多个行业解决方案。
- **推出人工智能即服务（AIaaS）**：德国铁路公司采用华为的人工智能调度系统，列车准点率提升至 99.2%。

### 3.6.3　T 型交汇：场景化赋能的战略落地

华为的 T 型战略绝非技术与行业的简单叠加，而是通过场景穿透实现价值倍增。这在智慧城市领域表现得尤为典型。

（1）**选定垂直场景**：聚焦交通管理、能源调度、应急指挥三大痛点领域。

（2）**注入 AI 技术**：比如，部署 AI 交通信号灯，深圳试点路段通行效率提升 40%；开发电力负荷预测模型，预测误差率从 8% 降至 1.5%。

（3）**构建生态闭环**：联合商汤、科大讯飞等企业，形成"人工智能算法 + 5G 连接 + 行业知识"的解决方案货架。

这种"深挖一米，垂直打穿"的策略，使华为在 20 多个重点行业形成 200 亿元规模的人工智能解决方案收入。

### 3.6.4　战略启示：企业家如何践行 T 型原则

华为案例给企业家的核心启示在于：

（1）**拒绝技术空谈**：人工智能必须扎根具体业务场景，华为在人工智能研发方面的投入的 70% 用于行业痛点攻关。

（2）**构建双向能力**：既要有行业的"宽度"，也要有技术的"深度"。

（3）**做生态整合者**：与美的集团合作智能家居、与比亚迪共建车联网，通过生态扩展 T 型战略边界。

当传统通信巨头仍在讨论是否转型时，华为已用 T 型战略完成从设备商到智能时代使能者的跃迁。其成功证明：唯有将行业根基铸为横梁，以人工智能技术为梁柱建立竞争壁垒，企业才能在"人工智能 +"浪潮中立于不败之地。

总之，智能时代，企业要用 T 型战略原则进行战略设计，这个原则是"人工智能 +"下战略重构的第二原则。

## 3.7　重新定义战略实施

特斯拉工厂用 166 个人工智能模型重构从拧螺丝到物流调度的全流程，拼多多靠算法在 30 分钟内刷新 2 800 个县域的爆品清单——这揭示了一个残酷的现实：企业经营中的每个环节都必须接受一个拷问——"这事能不能先用人工智能干？如果不能，3 年后你可能会被能用人工智能的人干掉。"这就意味着在战略实施阶段要贯彻人工智能优先原则。

人工智能优先原则是指在企业经营各环节优先采用人工智能技术解决问题，以快速提升运营效率、增强市场竞争力，并为持续创新奠定基础。

### 3.7.1　人工智能优先原则的三大落地场景

#### 1. 生产流程智能化重构

传统生产流程往往存在效率低下、质量不稳定等问题。而人工智能技术的引入，能够通过自动化、智能化的手段对生产流程进行重构，从而实现生产效率的大幅提升和产品质量的稳定可控。

以某汽车零部件厂商为例，该企业在引入智能质检系统后，单条生产线的检测时间从 2 小时压缩至 15 分钟，人力成本下降 60%。同时，产品不良率也降低至传统模式下的 1/5。

#### 2. 数据驱动的精准运营

在智能时代，客户行为数据已成为企业制定营销策略的重要依据。而人工智能技术能够通过对客户行为数据的实时分析，为企业提供更加精准、个性化的营销方案。

某零售企业通过智能推荐系统，将用户点击率提升 45%，客单价增长 28%。这个成绩得益于人工智能技术对客户行为数据的深入挖掘和分析，从而实现了营销转化率的大幅提升。

#### 3. 决策系统的智能化升级

在复杂多变的商业环境中，企业需要快速做出决策以应对市场变化。而传统的决策方式往往依赖经验和直觉，难以保证决策的科学性和准确性。而人工智能技术能够通过对大量数据的分析，为企业提供更加科学、准确的决策支持。

某物流企业应用智能调度算法后，车辆空驶率从 35% 降至 12%，年节约成本超 2 亿元。这个成绩得益于人工智能技术对运输数据的深入挖掘和分析，从而实现了运输效率的大幅提升和成本的显著降低。

### 3.7.2　战略实施步骤

#### 1. 沟通与动员：构建人工智能转型共识

让算法思维渗透入组织基因，使全体员工认识到人工智能技术对企业发展的重要性，从而积极参与到企业的智能化转型中来。具体措施如下。

（1）举办技术沙盘演练：通过模拟生产、营销等环节的智能化改造过程，让管理层直观感受人工智能技术的潜力和价值。

（2）设立"人工智能创新提案奖"：鼓励一线员工提交技术应用创意，激发员工的创新热情和参与度。

（3）与合作伙伴共建培训体系：与华为云、商汤科技等人工智能技术领先企业合作，共同培养员工的人工智能技能，提高员工的综合素质和竞争力。

这个阶段的核心工作是将技术语言转化为业务价值，例如向销售团队说明：智能客户画像系统可使潜在客户识别准确率提升 70%。通过沟通与动员，企业能够构建人工智能转型共识，为后续的智能化转型奠定坚实的思想基础。

#### 2. 组织结构调整：建立人工智能驱动型架构

构建适应智能时代敏捷响应需求的组织结构，使企业能够快速响应市场变化和技术进步。具体措施如下。

（1）设立人工智能敏捷小组：在前台设立人工智能敏捷小组，直接对接业务部门的需求，快速响应业务部门的智能化改造需求。

（2）搭建统一的数据中台与人工智能能力平台：在中台搭建统一的数据中台和人工智能能力平台，实现数据的共享和人工智能能力的复用，降低技术开发和维护成本。

（3）将 IT 部门重组为"智能技术中心"：在后台将 IT 部门重组为"智能技术中心"，重点攻关计算机视觉、自然语言处理等核心技术，提高企业的技术创新能力和竞争力。

通过组织结构调整，企业能够建立人工智能驱动型架构，实现业务与技术的深度融合和协同发展。

### 3. 资源配置与优化：向人工智能战略性倾斜

确保人工智能技术在企业战略实施中得到充分的资源支持和保障。具体措施如下。

（1）**资金优先**：将人工智能研发投入占比提升至营收的 5%～8%，确保人工智能技术研发和应用有足够的资金支持。

（2）**数据优先**：建立数据资产目录，确保 80% 以上的业务数据完成标准化治理，提高数据的质量和可用性。

（3）**人才优先**：实施"人工智能人才倍增计划"，通过招聘、培养等方式增加人工智能工程师数量，提高员工的人工智能技能水平。

通过资源配置与优化，企业能够确保人工智能技术在战略实施中得到充分的资源支持和保障，为企业的智能化转型提供有力的支撑。

### 4. 执行与监控：人工智能赋能的动态管理

构建适应智能时代技术迭代快、需求变化频繁特点的项目管理模式。具体措施如下。

（1）**构建"智能控制塔"系统**：通过人工智能算法自动拆解战略目标，生成可执行的 OKR（目标与关键成果），提高目标管理的科学性和准确性。

（2）**使用自然语言处理技术实时分析项目周报**：自动识别进度偏差与风险项，提高项目管理的透明度和效率。

（3）**部署数字孪生系统以模拟实施效果**：通过数字孪生技术模拟实施效果，预判成功率并优化路径，降低项目实施的风险和成本。

通过执行与监控，企业能够构建人工智能赋能的动态管理模式，提高项目管理的科学性和效率，确保战略目标的顺利实现。

### 5. 评估与反馈：数据闭环驱动持续进化

建立科学的评估体系，及时发现问题并不断优化战略实施过程。具体措施如下。

（1）**建立三级评估体系**：建立业务指标、技术指标和组织指标三级评估体系。其中，业务指标关注人工智能应用带来的营收增长、成本下降等直接效益；技术指标跟踪算法准确率、系统响应速度等技术性能；组织指标评估员工人工智能技能普及率、跨部门协作效率等软性能力。

（2）**定期发布评估报告：** 如某家电集团每季度发布《AI价值白皮书》，用数据证明人工智能技术的应用成效，为战略调整和优化提供依据。

通过评估与反馈，企业能够建立数据闭环驱动持续进化的机制，不断发现问题并优化战略实施过程，实现企业的持续改进和发展。

### 3.7.3 战略实施工具箱

战略实施决定战略重构的成败。这里提供两个战略实施工具。

#### 1. 企业六大环节人工智能优先自测表

某企业六大环节人工智能优先自测表如表3-2所示。该表可帮助快速诊断企业在核心业务环节中人工智能技术的渗透水平，锁定最紧迫的人工智能改造靶点。

**表3-2 某企业六大环节人工智能优先自测表**

| 评估维度 | 生产制造 | 供应链管理 | 客户运营 | 产品研发 | 人力资源 | 财务风控 |
|---|---|---|---|---|---|---|
| 评估要点 | 人工智能是否主导工艺缺陷识别与参数调优 | 人工智能能否实时预测原料价格波动和物流风险 | 人工智能是否掌握用户画像并驱动精准触达 | 人工智能能否独立生成设计方案并验证可行性 | 人工智能是否能完成简历筛选、绩效评估等核心工作 | 人工智能是否能构建动态财务预警与反欺诈模型 |
| 指标示例 | 缺陷检出率>98% | 需求预测准确率>87% | 客户流失预警率>90% | 原型开发周期压缩比>40% | 人力匹配效率提升>50% | 现金流压力预判时效<3天 |
| 参考基线 | 行业TOP10均值 | 行业TOP10均值 | 行业TOP10均值 | 行业TOP10均值 | 行业TOP10均值 | 行业TOP10均值 |
| 当前状态 | ◎（需强化） | √（达标） | ×（危险） | ◎（需强化） | ×（危险） | √（达标） |
| 改良优先级 | 2 | 4 | 1 | 3 | 1 | 5 |

#### 2. 人工智能优先决策三关九问表

人工智能优先决策三关九问表如表3-3所示，该表用于系统化判断企业业务的人工智能介入可行性，可强制扭转"先用人工摸石头过河"的传统思维，确保人工智能技术在企业运营中获得战略级优先权。所有业务决策必须通过以下三关审查，任一关未通过即触发人工智能化改造强制令。

### 表 3-3　人工智能优先决策三关九问表

| 决策关卡 | 审查问题 | 通过标准 | 退出条件<br>（不达标时触发行动） |
|---|---|---|---|
| 第 1 关：<br>数据驯化力 | 该业务环节是否连续时段≥30 天、结构化数据记录≥500 条？ | 数据完整覆盖核心业务波动（如生产、销售、服务全量节点） | 启动 IoT 传感器部署 /API 对接第三方数据平台 |
| | 是否能用单一指标量化该环节效率？（如客服响应时效 / 设备停机率） | 指标计算口径明确且可自动化采集 | 建立指标计算标准体系 |
| | 该业务问题是否存在最佳实践标杆？（如行业 TOP3 企业的人工智能解决方案） | 存在已验证的人工智能改造路线 | 采购对应行业人工智能解决方案包 |
| | 能否在 3 周内构建基础预测模型？（需提供历史数据样本训练） | 模型预测准确率 >65%（分类）或误差率 <15%（回归） | 引入 AutoML 工具降低开发门槛（如百度 EasyDL 和阿里 PAI） |
| 第 2 关：<br>模型可行性 | 是否可通过公开 API 调用成熟人工智能能力？（如 OCR/ 语音识别） | API 接口与本业务场景契合度 >70% | 选择适配度最高的第三方人工智能服务 |
| | 人工智能介入后的预期人效提升是否≥3 倍？ | 投入产出周期≤ 18 个月 | 调整业务优先级，转向更高的 ROI 场景 |
| 第 3 关：<br>决策权重比 | 人工否决人工智能决策的成本是否高于容忍阈值？（如纠错成本 > 人工智能误判成本） | 人工修正投入≤人工智能模型迭代成本的 20% | 设置人工干预熔断限值（如仅允许 <5% 的情形要人为修正） |
| | 该业务风险是否具备人工智能托底机制？（如物资损坏可溯源追责） | 人工智能决策链路包含冗余校验模块 | 增设模拟沙盒环节，最小化试错损失 |
| | 是否设定人工智能进化触发器？（如数据量增长 50% 自动触发模型重训） | 建立数据—模型双向驱动机制 | 强制绑定业务动作与数据回流条款 |

## 3.7.4　案例分析：某集团的人工智能优先战略转型

2019 年，某知名家电集团的空调事业部面临前所未有的挑战。尽管产品性能参数在行业中处于领先地位，但用户净推荐值（NPS）仅为 58 分，远低于行业平均的 62 分。面对这一困境，空调事业部传统诊断方式持续半年未能找到问题的根源。最终，管理层毅然决定，以人工智能优先战略为核心，在 12 个月内将 NPS 突破 70 分大关。具体操作如下。

### 1. 锁定人工智能主战场

为了精准定位问题，该集团采用了业务痛点人工智能热力图作为诊断工具。该集团在生产线上安装了 1 600 个传感器，实时采集温度偏差、设备振动频率等 43 项关键工艺数据；在安装环节，则为师傅配置了智能手环，记录操作轨迹与用户评价交互数据。通过聚类分析，人工智能扫描出病灶：导致 NPS 低下的主要原因是 "制冷噪声"，占差评的 61%，而非之前营销部门所认为的 "外观设计"。进一步深挖数据发现，72% 的噪声问题源自老式注塑机温控误差导致的箱体变形。

针对这一发现，该集团迅速成立了一支由数据工程师和业务专家组成的 "4 人极简人工智能特战队"，仅用 3 周时间就跑通了 "数据采集→问题定位→根因透视" 的闭环流程。

### 2. AI 重铸生产铁军

该集团随即展开了旧设备歼灭战，强制淘汰了服役超过 6 年的注塑机，这些设备的维修费效比已超出人工智能评估的红线。同时，该集团采购了人工智能温控注塑机，将温度波动从 ±3.5℃ 压缩至 ±0.8℃，并安装了激光扫描仪以实时检测箱体平整度，彻底替代了人工抽检。

在质检环节，该集团也进行了革命性的升级。它们在组装线部署了 19 个人工智能质检点，任何异常都会触发产线自动停机，响应速度从人工时的平均 7 分钟缩减至 12 秒。这一系列的改造总计投入 1.2 亿元设备改造费和 830 万元算法开发费，成效显著：6 个月内残次率下降了 83%，安装客诉率降低了 47%。

### 3. 人工智能夺权决策链

该集团不仅将人工智能应用于生产环节，还逐步将决策权交给了人工智能。在生产线排产方面，人工智能接入了天气预报数据以预判需求波动，实时采集上游 304 家供应商的产能数据，并计算出最佳排产组合。这使得交货延误率从 18% 降至 3%。同时，该集团设定了放权条件，允许人工干预的范围小于 5%，且需提交书面论证。

在供应链预警方面，人工智能模型更是发挥了巨大作用。例如，2021 年

ABS 塑料价格曾暴涨，人工智能模型提前 70 天发出了涨价预警，并自动触发了对冲策略（囤货＋替代材料切换），相比竞品减少了 2.3 亿元的成本损失。

#### 4. 数据炼金闭环

该集团通过人工智能实现了用户"吐槽"到产品优化的闭环。它们将安装差评语音转换为文字，提取关键词后生成设计优化清单。例如，针对"遥控器按键太小"的差评，它们开发了 App 语音控制功能，上线后中老年用户复购率提升了 29%。

同时，该集团还利用生产数据反哺研发。通过注塑参数训练新材料韧性预测模型，成功开发了超薄静音箱体，并获得了专利壁垒，产品毛利率提升了 5.2 个百分点。

经过人工智能优先战略的实施，该集团的空调业务的 NPS 从 58 分提升至 74 分，远超行业平均水平。研发周期从 14 个月缩短至 8.2 个月，效率大幅提升。2022 年，该集团的空调业务毛利达到 28.7%，成功拉开了与竞品的差距。

上述案例告诉我们，人工智能优先不是技术信仰，而是生存铁律。任何不向人工智能提供数据并用人工智能融合决策的企业，终将被时代淘汰。只有紧跟时代步伐，拥抱人工智能技术，才能在激烈的市场竞争中立于不败之地。

总之，智能时代，企业战略实施必须贯彻人工智能优先原则，它是"人工智能＋"下战略重构的第三原则。

## 3.8　重新定义战略管理——构建基于微颗粒度与敏捷化的微战略管理

华为的供应链人工智能凝视着全球 600 项风险指标，每 12 分钟就刷新一次暗潮涌动的工厂"心电图"；字节跳动的 136 个技能单元却在同一时刻于云端重组，将一场爆款直播的流量海啸拆解为 742 个可编程的战术动作——这个时代的战略坐标，早已不再是董事会桌上的五年蓝图，而是一场每秒都在重构的神经元战争。

### 3.8.1　企业战略管理的范式演进

战略管理范式发生了怎样的改变呢？我们需要回归一下企业战略管理的发

展历程。企业战略管理的范式演进可划分为两个历史阶段。

### 第一阶段：大战略管理时期（20 世纪 50 年代—21 世纪 10 年代初期）

核心特征表现为战略设计遵循宏观性、全局性与长期性原则。该范式主张：战略焦点需集中于整体产业布局而非具体业务单元，强调五年乃至十年维度的规划周期，不在意短期波动与局部细节。例如经典波士顿矩阵与波特五力模型的应用，均体现该时期"抓大放小"的决策哲学。

### 第二阶段：大小战略协同时期（21 世纪 10 年代中后期至今）

随着新兴技术的颠覆性发展与产业生态重构，有学者提出战略体系应具备动态适应性，主要拓展包括如下两项。

（1）**战略维度扩大化**：要求企业同步关注战术层级的短期目标（如季度性市场突破）、局部目标（如区域供应链韧性）及应变目标（如技术"黑天鹅"事件响应），并制定具象化的"小战略"。

（2）**战略功能差异化**：小战略并非大战略的执行拆解，它承担着独立的功能，如通过快速迭代构建动态护城河（如社区团购的日级 SKU 优化），通过模块化攻防应对非连续性变革（如芯片架构突变应对预案）等。

在以人工智能为引擎的技术迭代速度呈现指数级增长的背景下，传统战略体系的时间响应颗粒度与风险监测精度已难以匹配商业环境的超频波动，"微战略管理"应运而生。

什么叫"微战略管理"？综合研究中外"人工智能＋"下的战略实践，我给出这样的定义：以数字化基座为支撑，通过颗粒度解构、实时环境感知与敏捷执行单元，实现战略资源按需动态重组的持续性调适系统。它不同于传统战略管理的粗放式管理，而是将战略颗粒度细化到微颗粒级别，实现更加精准、灵活的战略管理。

需要指出的是，微战略不是大战略或者小战略的分支或者组成部分，而是"人工智能＋"下的企业战略的全部。

## 3.8.2　传统战略管理与微战略管理的对比

之所以称为"微战略"，是因为"人工智能＋"下的战略颗粒度基本从传统战略粗放式管理的"大颗粒"变成了精准化管理的"微颗粒"。以下是传统战略与微战略的对比。

### 1. 时间颗粒度：从年计划到快速响应

数据显示，当企业年度战略计划遇上周级价格波动时，传统管理流程的迟滞成本占到利润的 12%。特斯拉通过秒级市场扫描实现周价联动证明：时间精细化不是效率提升，而是生死时速下的生存法则。

（1）传统战略管理的特征如下。

- 以年度预算为核心，按月度执行，按季度进行评估修正。
- 重大调整需经历漫长的审批链条。

（2）微战略管理的特征如下。

- **高频监测**：实时追踪 1 000 多个参数、捕捉市场信号，比如特斯拉实行秒级舆情扫描、分钟级竞品价格追踪，并根据锂电池价格波动，实行周级调整整车售价与电池包配置。
- **动态调优**：人工智能预测模型以分钟级更新需求曲线，根据数据流自动触发策略调整。比如当京东商城某商品点击率突增 200% 时，人工智能会在 3 分钟内启动供应链备货指令。

### 2. 决策颗粒度：从"模糊经验判断"到"海量参数优化"

某乳企董事会因战略决策失误而损失 4.2 亿元的教训再次证明：依靠传统经验决策，企业将越来越步履蹒跚。拼多多农研智能决策系统的成功揭示：2 000 万维数据交叉验证，可将决策失误率压缩至人力极限的 1/23。

（1）传统战略管理的特征如下。

- 依赖管理者的模糊经验进行判断。比如，设立 5 人决策委员会投票确定产品线方向。
- 决策依据限于抽样调研。这种抽样调研至今还在一些企业中运用，一般委托市场调查公司进行。

（2）微战略管理的特征如下。

- **全量分析**：处理用户全生命周期数据，包含但不限于点击、购买、售后等数据。
- **博弈推演**：采用强化学习模拟多种市场对抗情境的办法进行推演。比如拼多多"农研人工智能决策树"通过分析全国 2 800 个县的土壤数据，指导农产品选品与定价，错误率比传统经验决策降低 73%。

### 3. 风险颗粒度：从"规避式防守"到"纳米级对冲"

供应链中断 3 天后才启动预案的企业，其市值修复周期是实时响应者的 8.7 倍。某集团通过电流波动预测车间停线的案例表明：风险管理的未来在原子级变量监控，而非应急手册的厚度。

（1）传统战略管理的特征如下。

- 风险识别手段有限，风险响应也比较滞后。比如，会发生供应链中断 3 天后才启动 B 计划的情况。
- 往往采用保险、套期保值等传统手段对冲大类风险。

（2）微战略管理的特征如下。

- **风险微识别**：通过卫星影像、设备传感器等技术手段发现早期信号。比如，特斯拉超级工厂"蜂巢风险管理系统"，可实时评估全球 4 500 家供应商的 600 项风险指标，每 12 分钟生成一份风险热力图。
- **纳米级对冲**：人工智能通过模拟多种危机场景，以及对供应商车间的电流波动进行纳米级监测等措施，生成应急预案。比如，平安集团的鹰眼系统对违约风险的预警准确率达到 89.7%，每年减少坏账损失 23 亿元。

### 4. 组织颗粒度：从集团、事业部、公司到班组、小组

数据显示，组织每增加一个层级，决策信息衰减就增加 32%。字节跳动 850 个技能单元的实践验证：将战略执行单元切分至 6 人边界时，创意落地速度提升 47%，这体现微战略组织迭代的底层逻辑。

传统战略管理往往以集团、事业部或者公司为作战单位，即便划分出小作战单元，也难以充分授权。

微战略管理往往最小化作战单元，并给予单元充分授权。比如，字节跳动将全国运营团队拆解为 850 个"技能单元"，按活动需求自动组队。

### 5. 资源颗粒度：从"部门预算包"到"原子级拆解"

某家电企业在传统预算模式下有 38% 的资源浪费，在模块化重组后预算模式转为由新品研发驱动。比亚迪 e 平台拆解的 4 368 个可重组单元证明：资源的价值不在总量而在最小单元的随时调用能力。

（1）传统战略管理的特征如下。

- 资源按部门或者项目打包分配，比如市场部年度预算 3 000 万元等。

- 存在较多资源错配。比如线下广告投入 ROI < 1，却持续拨款。

（2）微战略管理的特征如下。

- **资源数字化**：人力、设备、资金转化为可量化的"资源单元"。比如，比亚迪 e 平台 3.0 将整车拆解为 4 368 个可重组模块，新车型开发周期被压缩至 11 个月。
- **智能调度**：根据需求自动组合资源包，比如字节跳动将全国客服团队拆解为"技能池"，按用户问题类型自动分配专家。

## 6. 协同颗粒度：从"线性供应链"到"动态价值网"

当车企与电池厂的联合研发耗时 18 个月时，某企业通过区块链智能合约构建的 2 小时供应商匹配系统将准时交付率提升至 99%。这昭示着：智能时代，价值链的终极形态是数字神经网络的即时共振。

（1）传统战略管理的特征如下。

- 依赖稳定供应商体系，合作周期通常为 3～5 年。
- 跨界合作需要经过复杂谈判，比如车企与电池厂联合研发可能耗时 18 个月。

（2）微战略管理的特征如下。

- **智能合约连接**：通过区块链自动匹配合作伙伴，比如某突发热销品需求触发供应链招标，人工智能在 2 小时内对比 200 家工厂并签订电子合约。
- **能力组件化**：将核心技术封装为可插拔模块，比如海尔卡奥斯平台将 146 项家电技术模块化，允许生态伙伴自由调用。

传统战略与微战略的颗粒度对比如表 3-4 所示。

表 3-4　传统战略与微战略的颗粒度对比表

| 维度 | 传统战略颗粒度 | 微战略颗粒度 |
| --- | --- | --- |
| 时间颗粒度 | 年 / 季度 / 月 | 小时 / 分钟 / 秒 |
| 决策颗粒度 | 抽样数据 + 专家判断 | 全量数据 + 强化学习推演 |
| 风险颗粒度 | 大类风险规避 | 纳米级风险对冲 |
| 组织颗粒度 | 集团 / 事业部 / 全公司 | 班组 / 小组 |
| 资源颗粒度 | 部门预算包 | 原子级拆解 |
| 协同颗粒度 | 线性供应链 | 动态价值网络 |

通过与传统战略管理的对比，我们可以得出微战略管理的 3 个核心特征。

（1）**微颗粒度管理**。微战略管理的时间、决策、风险、组织、资源和协同均从传统战略的"大颗粒"转变为"微颗粒"，实现更加精细化的管理。

（2）**数据驱动决策**。微战略管理强调以数据为决策基础，通过实时抓取和分析数据，生成每日或者更短时间的战报，辅助管理层做出更加科学的决策。

（3）**敏捷执行**。微战略管理通过建立最小作战单元和实时定价体系等机制，实现战略的快速执行和动态调整，以适应市场变化。

### 3.8.3 微战略管理的六维系统

微战略管理六维系统包括目标分解系统、资源响应系统、决策敏捷系统、学习强化系统、风险缓冲系统和文化共生系统。

#### 1. 目标分解系统

目标分解系统的功能是按照横与纵两个方向，将宏观战略拆解为可执行、可测量的数字单元，建立战略 DNA 双螺旋结构：

（1）**横向解耦**：将战略目标分解为功能独立的业务模块。

（2）**纵向切割**：将实施周期压缩得尽量短，并设立可追踪的里程碑。

技术方面，一般采用目标关键结果 – 环境分析法，即 OKR-E 动态拆分算法（Object-Key Results-Environment Analysis）。该方法的关键点有如下两个。

（1）**环境敏感度系数计算**：自动评估各模块政策、市场适应能力等因素，适时做出环境敏感度评估，辅助目标分解。

（2）**目标动态复用技术**：将已完成并通过验证的功能模块，比如算法、数据服务或业务流程等灵活拆分并结合到新的战略场景中，以快速构建适应新需求的能力体系。

蚂蚁集团实施绿色金融战略，将 ESG 目标量化为 317 项可交易的标准化碳汇指标，例如浙江毛竹林每平方米年碳汇值为 3.2 元。通过数字金融平台整合全国 582 个生态项目数据，构建碳资产定价机制，支持企业用碳汇抵消碳排放。系统每周生成区域碳交易监测报告，含碳价波动率（日均 ±0.8%）、成交量（月均 37 万单位）等关键参数，赋能管理层实时优化资源配置。该模式实现了年规避合规成本超 4.3 亿元。

## 2. 资源响应系统

资源响应系统的功能是实现人力、资金和产能三大资源按需组合，构建企业级"资源拼乐高"能力，实现资源敏捷调度。

在技术支撑层面，需要重点介绍的有如下两点。

（1）区块链跨链调度协议，包含智能合约自动触发资源调配与 PoR（Proof of Resource，资源验证）机制两个关键点，是一套结合区块链技术与资源管理的创新解决方案。智能合约自动触发资源调配是指在跨链环境中，智能合约被编程为"条件—动作"的自动化执行器，减少人工干预。PoR 机制是资源确权的核心算法，用于保障资源归属权透明。其设计包含两个层级：一是物理资源数字化，比如生产设备通过 IoT 传感器＋边缘计算节点生成实时工况数据指纹；二是资源所有权验证。

区块链跨链调度协议的价值体现在如下 4 个方面。

- **可信自动化**：可以消除供应链中的"中间商验证"成本。比如，某医药集团案例显示，通过区块链跨链调度协议，新药上市周期从平均 23 个月缩短至 15 个月，人工干预环节减少 68%。
- **风险穿透式管理**：PoR 机制确保资源可追溯，比如当某批次药品出现质量问题时，可在 5 秒内定位到具体生产线。
- **动态资源优化**：基于实时 PoR 的弹性调度确保资源调配动态优化。比如，某疫苗生产企业通过跨企业产能共享合约动态匹配空闲产能，曾在某次突发事件时将产能利用率从 75% 提升至 116%。
- **合规性增强**：监管链与业务链的自动交互大幅提升合规性。比如，深圳某药企的智能合约在检测到原料供应商资质过期时，自动切换备用供应商，规避法规风险。

（2）建立云资源池，实现资源即服务（RaaS），支持快速动态配置资源。例如，字节跳动账号体系可在 1 小时内在线跨产品调配运营团队。

西门子成都数字化工厂建立工业互联网交易平台，将全球 17 个生产基地的 827 套设备接入系统，通过标准化封装闲置产能（1 单元为 3.5 机床小时），实时监控（128 类传感器、10kHz 采样频率）并展示设备状态。基于设备参数、能源消耗及物流成本设定动态价格，实现跨区域产能自动匹配（平均响应时间为 2.3 秒)。实施后设备利用率从 68% 提升至 93%，闲置资源贡献利润占比提高 89%，紧急订单交付周期缩短 41%。该模式推动多基地资源协同优化，形成非核心产能外协机制，降低跨区域调度综合成本。

### 3. 决策敏捷系统

决策敏捷系统用于构建人机协同的三层决策架构。

（1）**自动执行层**：处理 70% 左右的结构化决策，比如库存周转、物流调度等。

（2）**人机校验层**：处理 25% 左右的半结构化决策，比如定价策略、危机响应等。

（3）**战略推演层**：处理 5% 左右的非结构化决策，比如技术路线、生态布局等。

强化学习决策树引擎、博弈对抗模拟能力和反事实推理模块三项技术构成企业智能决策的"铁三角"：强化学习决策树解决动态优化问题，博弈对抗模拟提升战略韧性，反事实推理强化因果洞察。

（1）强化学习决策树引擎是一种融合强化学习算法与决策树模型的技术框架。其核心在于通过环境交互试错机制自动优化决策路径，同时借助决策树的可解释性提供清晰的决策逻辑链。一般用在动态定价和供应链优化等方面。强化学习决策树引擎如同"动态作战地图"，军事指挥官在沙盘推演中不断标注最佳行军路线，强化学习决策树引擎会自动生成无数种商业路径分支，实时标记风险区域与资源补给点（数据反馈），引导企业找到最小损耗的成功通道。

（2）博弈对抗模拟能力通过构建多方动态博弈模型，模拟市场竞争环境中不同参与主体（竞争对手、客户、供应商、监管者）的策略交互。一般用在市场进入策略验证和生态合作稳定性测试等方面。博弈对抗模拟能力如同"商业红蓝军演"中的"红军"（我方）与"蓝军"（竞争对手）在数字战场反复对抗。每次促销战、新品战都先在仿真环境中预演，捕捉对手可能的多种反击策略，犹如实战前的全要素压力测试。

（3）反事实推理模块基于因果链变化进行预判，并构建业务变量间的因果图网络，通过干预分析预判决策影响。一般用在战略投资决策验证和风险预警优化等方面。反事实推理模块如同"战略复盘官"在每次战役结束后自动生成平行时空的"假设报告"：如果当时选择 B 方案投放，市占率将如何波动？这就像智库专家用推背图的方式量化每个关键抉择的蝴蝶效应。

> 美团的智能选品系统按小时级更新 SKU 组合，决策维度能够同步处理天气、物流、竞品、库存等 100 多项数据指标。
>
> 传统的社区团购选品通常以"周"为单位调整商品组合（如每周制订一次采购计划），但美团优选通过人工智能算法实现了"小时级"动态更新 SKU。这意味着后台系统每小时都会根据不同时间段的消费趋势、用户需求及外部变量（如天气突变、社交媒体热点等）重新计算最优商品组合，做到了市场需求快速响应、滞销风险降低和灵活应对竞争。

### 4. 学习强化系统

学习强化系统是一种知识进化模块，旨在建立"发现问题—提炼知识—反哺业务"的增强回路，主要包括如下 3 个方面。

（1）知识发现：通过算法将问题变为可复用的知识库。比如，将追溯某项业务异常根本成因得到的数据用在其他业务上。

（2）经验沉淀：通过算法将碎片化的实践经验转化为可复用的知识库，并将知识库迁移到其他地方重复使用。

（3）决策加速：通过算法将最优案例植入业务操作流，提高决策速度。

学习强化系统主要支持反脆型知识图谱技术。反脆型知识图谱是应对传统知识管理系统在动态环境中适应性不足的解决方案，包含非线性知识关联机制和动态自我修复系统两大模块。

（1）非线性知识关联机制：摒弃传统树状或星形层级结构，允许在任意概念节点间建立多维度连接关系，通过多种逻辑类型（因果关系、条件约束、概率关联等）动态映射现实世界的复杂交互。最经典的案例就是亚马逊通过算法分析后发现，纸尿裤与啤酒形成对应关系，宝爸在给孩子买纸尿裤的同时也会买啤酒。传统靠人的思维逻辑是很难在上万种商品中发现这种关联的。

（2）动态自我修复系统：通过双层自动化检测机制自动淘汰失效知识节点（比如，存活周期 < 60 天即触发替换机制），保证知识库持续进化。

反脆型知识图谱技术的根本创新在于将知识管理系统从"专家经验固化工

具"转化为"业务环境共生进化系统"。当企业在高频迭代、多因素交织的业务场域中运营时，该架构可保障知识资产的持续真实性与价值增值。大型民企部署验证表明，相比传统知识库，反脆型知识图谱技术在复杂决策场景中的综合效益系数高出 4.3～6.8 倍。

> 华为装备制造知识立方体整合了设备参数、工艺文档、维修日志等 76 类数据源，应用后使故障诊断时间缩短 82%，备件浪费减少 37%。

### 5. 风险缓冲系统

风险缓冲系统建立了进化式防御体系，包括对抗性训练框架和漏洞挖掘人工智能，重在对风险防御机制的升级。之所以不叫"风险管理系统"或者"风险控制系统"，是因为企业已从被动承受风险转向主动利用风险理念，让风险变为优化企业经营的重要因素。

企业既不能无视自身规模大小，也不能忽视风险，更不能防御过度。根据企业实际情况实施分层能力建设，实现从基础监控到生态治理的范式跃迁，将风险管控从成本中心转化为战略增长极。

根据初创企业与小微企业、中型企业、大型民企、大型央国企的实际情况，我提出四级风险管理表，如表 3-5 所示。

表 3-5　四级风险管理表

| 层级 | 管理价值 | 数据维度 | 算法层级 |
| --- | --- | --- | --- |
| L1 | 风险可见 | 结构化数据汇集 | 基础统计分析 |
| L2 | 风险可控 | 多模态数据融合 | 机器学习建模 |
| L3 | 风险博弈 | 实时数据驱动 | 深度强化学习 |
| L4 | 风险定价 | 生态数据协同 | 联邦知识共享 |

在技术方面，需要建立对抗式神经风险网络，这主要涉及风险链追踪技术和可解释性预警系统两项。其中，风险链追踪技术重在解析风险事件的多种传导路径，可解释性预警系统重在标注关键风险触发器的因果权重。

> 拼多多在实施百亿补贴时建立了新型风控系统，其功能不仅包括风险控制，还包括将用户薅羊毛行为转化为用户画像，以完善消费数据。

### 6. 文化共生系统

旨在重构智能时代的员工心智坐标，构建"AI+人类"共生共荣的双螺旋文化基因，需要从文化共识与文化防线两个方面来重构。

（1）**文化共识**：建立人工智能素养认证体系，在工具使用、伦理决策、技术理解、系统开发、数据管理和安全合规 6 个维度达成共识。

（2）**文化防线**：建立人工智能伦理委员会，设立人工智能应用三大红线，包括安全阀、透明性和可逆权。

建立数字原生化评估矩阵，推出"文化健康度仪表盘"，实时监测各项组织行为指标。同时，及时"修复文化 bug"——针对抵触行为自动推送矫正方案。

> 阿里巴巴集团设立了人工智能伦理委员会，建立了较为健全的治理规则，比如要求算法通过四层伦理审查才能部署。同时，每年举办"最危险 AI 创意大赛"，以激发员工人工智能责任意识。

综上，微战略管理一定是基于人工智能技术的微颗粒度管理。企业家懂不懂技术都不重要，重要的是能通过懂技术的团队成员或者第三方保障技术实现，在资源上则根据企业实际需要和实力选择免费、轻量化和重点等投入方式。对于上述 6 个维度，不同企业侧重点也有所不同，按照初创企业与小微企业、中型企业、大型民企、大型央国企的实际情况进行分阶管理，对应 L1、L2、L3 与 L4，具体如表 3-6 所示。

表 3-6　战略体系分阶对照表

| 维度系统 | L1 | L2 | L3 | L4 |
|---|---|---|---|---|
| 目标分解系统 | 数据贯通里程碑 | 场景价值链路拆解 | 全局优化指标体系 | 行业标准制定路线 |
| 资源响应系统 | 数据治理专项配置 | 场景攻坚组混编 | 自优化资源池管理 | 生态资源交易市场 |
| 决策敏捷系统 | 数据质量周例会 | 场景沙盒快速验证 | 分级自动决策授权 | 生态级智能驾驶舱 |
| 学习强化系统 | 数据标准全员培训 | 场景知识库建设 | 数字知识工场运营 | 开放创新学院构建 |
| 风险缓冲系统 | 多层数据备份冗余 | 场景异常回滚机制 | 智能熔断快速响应 | 生态风险分摊模型 |
| 文化共生系统 | 数据透明文化筑基 | 场景创新比赛机制 | 技术民主氛围营造 | 行业领导力生态培育 |

L1 和 L2 更关注短期可见的模块化建设，资源配置以能效最大化为导向。L3 和 L4 强调自适应机制构建，更注重系统涌现价值的捕获与分配。

### 3.8.4　微战略管理行动的 7 条新规

管理不是坐而论道，而是采取有效行动。微战略管理行动需要遵守 7 条新规，具体如下。

#### 1. 数据驱动决策

在微战略高频动态调整的背景下，"数据驱动决策"强调构建以小时或天为单位的敏捷决策闭环。其核心在于通过高频数据采集与人工智能实时分析能力，将传统季报 / 月报管理模式进化为"每日战报追踪—异常警报触发—迷你决策会议"的全新工作机制。微战略语境下的数据驱动不再是简单的数据支撑决策，而是将企业经营变成基于数据流的动态控制系统。

行动要点如下。

（1）**数据采集**：每天抓取用户行为（点击、停留时长等）、运营效率（库存周转率等）、市场信号（竞品动作等）三类重要数据。

（2）**数据分析**：利用人工智能技术生成每日战报（自动抓取核心指标并与行业标杆对比生成战报），展示数据异常点和分析结果。

（3）**决策讨论**：管理层晨会首先讨论数据异常点，基于数据制定和调整战略决策，遇到紧急情况则随时召开会议做出决策。

工具包推荐如下。

（1）**数据采集**：推荐神策数据 + 八爪鱼采集器。

（2）**分析平台**：推荐 DeepSeek+ 阿里 Quick BI+ 百度观星盘。

（3）**决策辅助**：推荐阿里"通义"行业决策模型。

> **正面案例**：字节跳动每个功能上线前都会进行不少于 300 次的 AB 测试，通过点击热力图数据决定按钮位置，这使新用户留存率提升 34%。
>
> **避坑案例**：某家居品牌因依赖季度销售报告，错过小红书"奶油风"热点，导致库存积压 1.2 亿元的产品。改用百度观星盘后，月均爆款预测准确率达 73%。

#### 2. 最小作战单元

针对微战略"小步快跑"的特征，突破科层制组织框架，构建"特战突击队"。这种做法的本质是解构传统"需求收集—方案设计—执行反馈"的线性流程，通过 3～5 人跨职能小组实现"方案生成—验证—执行"三位一体，用微型组织单元的灵活机动性对冲战略频繁迭代带来的组织摩擦成本。

在微战略管理的基础上会长出"微公司"。"微公司"不是小微公司，而是企业管理层的微缩化、管理颗粒化、经营精细化，核心是基于人工智能进行微战略管理。当然，也可以搞基于人工智能微战略管理的"一人公司"。"一人公司"升级为基于人工智能微战略管理的"微公司"，将是革命性的突破。未来基于 AI 微战略管理的"一人公司"将成为商业新势力。

行动要点如下。

（1）**组建特战队**：打破部门墙，组建 3～5 人的人工智能特战队，必备角色包括数据分析师、产品经理和供应链代表。

（2）**授权决策**：每月授予特战队一定数额的资金（如 10 万元）的自主决策权，提高决策效率。

（3）**成本结算**：每周用虚拟币结算跨部门协作成本，激励团队合作。

工具包推荐如下。

（1）**团队管理**：推荐飞书 OKR+ 华为云 WeLink。

（2）**资源调度**：推荐金蝶云·苍穹低代码平台。

（3）**量化评估**：推荐 Salesforce Einstein 团队效能模型。

> **正面案例**：小米生态链上的每个产品线（如扫地机器人）均为独立作战单元，自建人工智能用户分析系统，新品开发周期从 18 个月缩至 6 个月。
>
> **避坑案例**：某美妆品牌让 200 人团队开发人工智能试妆功能，因决策链条过长错失春节营销窗口。后拆分为 5 个小组采用赛马式竞争，效率提升 4 倍。

### 3. 实时定价体系

在微战略强调的持续价值捕获逻辑下，"实时定价"超越传统价格管理范畴。通过嵌入运筹学博弈模型与市场波动感知算法，企业脱离成本加成定价模式，转变为面向消费者、库存压力、竞品动态三维指标的自适应动态定价系统。特别是在微战略高频测试中，该系统能通过价格弹性反馈快速验证市场需求假设。

行动要点如下。

（1）**嵌入模型**：在 ERP 系统中嵌入动态定价模型，实现价格自动调整。

（2）**设置防线**：设置 3 条价格防线——底价线（覆盖变动成本）、竞争价线（监测竞品实时价格）和溢价线（在高需求时段智能上浮价格）。

工具包推荐如下。

（1）**价格监测**：推荐慢慢买比价系统。

（2）**算法模型**：推荐 IBM SPSS 动态定价模块。

（3）**执行系统**：推荐有赞价格自动调整插件＋风控规则过滤器（基于预设规则的风险控制系统模块）。

> **正面案例**：携程酒店根据商圈人流预测（对接公安摄像头脱敏数据）动态调价，平均入住率提升 22%，RevPAR（每间可租房平均实际收入）增加 17%。
>
> **避坑案例**：某生鲜平台因调价模型未设置底线，1 元促销脐橙被羊毛党刷单 71 万件，损失超 300 万。后增加风控规则过滤器，异常订单拦截率 99.3%。

### 4. 蜂群式创新

基于微战略的"快速试错"基因，"蜂群式创新"成为创新筛选机制。用人工智能生成爆炸式创意，然后通过员工投票进行决策，这种方式既突破了高管认知局限又避免了群体盲动。这种创新范式让企业从"精英闭门研发"转向"全员参与验证"，可借助集体智慧筛选"市场适配度 × 技术可行性"综合得分最高的创新方案。

行动要点如下。

（1）**生成创意**：利用人工智能技术生成一定数量的创新点子，如使用 ChatGPT＋行业参数生成创意。

（2）**员工投票**：员工投票选出 Top10 提案，激发全员创新热情。

（3）**资金支持**：给予排名前三的提案各 10 万元试验基金，推动创新落地。

工具包推荐如下。

（1）**创意生成**：推荐 GPT-4+Notion AI。

（2）**评估系统**：推荐 IDEA 商机价值计算器（创新值＝需求强度 × 技术可行性 × 变现周期）。

（3）**孵化管理**：推荐创新奇智企业创新中台等。

**正面案例**：安踏通过人工智能分析马拉松跑者步态数据，生成 127 种鞋底纹路方案，使用户因鞋受伤的情况减少 41%，形成细分市场占有率第一。

**避坑案例**：某文具品牌放任人工智能生成 2000 个新品方案，导致 SKU 暴增，库存失控。现改为人工智能按月推送 30 个精选方案，通过率提升至 55%。

### 5. 弹性供应链

为应对微战略高频换轨特质，企业供应链管理应从"规模经济导向"转变为"敏捷冗余平衡"。通过三级供应商架构预埋多路径响应通道，结合人工智能风险预警模型实时推算断链概率，使供应链系统既保持准时化效率又具备应对战略转向的缓冲弹性。这条新规的本质是通过冗余设计为战略迭代预留物理承载空间。

行动要点如下。

（1）**建立体系**：建立三级供应商体系，包括主力供应商（提供 60% 订单）、备份供应商（提供 30% 订单）和应急供应商（提供 10% 订单）。

（2）**风险评估**：每周用人工智能评估供应商风险并打分，确保供应链稳定。

（3）**保留库存**：关键物料保留 7～14 天安全库存，以应对突发情况。

工具包推荐如下。

（1）**供应商管理**：推荐企企通 SRM 系统。

（2）**风险预警**：推荐启信宝企业征信数据。

（3）**库存优化**：推荐 LLamasoft 智能补货模型。

**正面案例**：京东物流通过人工智能模拟全国 1600 个仓库的受灾场景，建立动态调拨机制，让其在郑州暴雨期间订单履约率仍保持 92%。

**避坑案例**：某手机厂商过度依赖单一电池供应商，后因该供应商出现重大生产问题导致新品延期上市 45 天，市值蒸发 60 亿元。现改用双备份策略。

### 6. 人机协同管理

在微战略快速迭代的场景下，须构建人机协作的动态基线体系。不同于传统岗位的替代逻辑，微战略要求在流程拆解层面持续重构人机分工边界：将70%的标准化作业固化到人工智能系统，促使人力专注流程异常干预、创新场景设计等高阶活动。这条新规的本质是通过即时校准的人机再分工机制支撑战略高频进化。

行动要点如下。

（1）**设立基线**：设立人效比基线，人工智能处理70%标准化工作，人类专注于30%高阶任务。

（2）**技能学习**：员工每个季度学习1项人工智能协作技能，提升团队协作能力。

（3）**复核机制**：人工智能决策误判率超5%时启动人工复核，确保决策准确性。

工具包推荐如下。

（1）**流程自动化**：推荐影刀RPA+来也科技。

（2）**技能培训**：推荐一些知名机构组织的AI赋能管理的培训课程。

（3）**人效评估**：推荐北森人力云人工智能分析模块。

**正面案例**：比亚迪人工智能质检系统处理95%的焊点检测，工人转为处理疑难缺陷，使整车不良率从3‰降至0.8‰。

**避坑案例**：某银行推行智能客服后，因未保留人工入口导致老年客户大量流失。现改用人工智能过滤简单问题，将15%复杂来电转由资深经理处理。

### 7. 战略敏捷刷新

面向战略窗口期缩短的现状，应建立"数字孪生沙盒—雷达预警—快速换轨"三位一体刷新机制。通过虚拟仿真提前预演战略迭代的后果，结合数字仪表盘实时捕捉战略健康度异动，最终实现从年鉴式战略复盘到月频甚至周频的敏捷校准。企业需要限制调整频率，防止团队因频繁变动而混乱。

行动要点如下。

（1）**模拟效果**：用数字孪生技术模拟战略实施效果，提前发现潜在问题。

（2）**健康度体检**：建立季度战略健康度体检表（可包含雷达图指标和改善建议等），定期评估战略实施效果。

（3）**动态调整**：全年战略调整次数一般不超过行业变革速度的2倍，确保战略与市场同步。

工具包推荐如下。

（1）**沙盒系统**：推荐 AnyLogic 仿真平台 + 华为云沙盒系统。

（2）**变革评估**：推荐 BCG 战略调适力指数。

（3）**信号监测**：推荐零点有数行业预警雷达。

> **正面案例**：便利蜂每小时用人工智能模拟 30 种门店运营策略，动态调整鲜食订货量，年节省损耗成本 2.7 亿元。
>
> **避坑案例**：某连锁健身房五年未调整战略，会员数被竞争对手反超。现基于周度监测探店视频数据识别未满足需求。

7 条战略新规的底层是"传感器（数据驱动）—处理器（协同网络）—执行器（作战单元）—免疫系统（快速刷新）"的组织有机体进化范式。它们共同构建的微战略操作系统，使企业既能敏锐捕捉市场弱信号，又能通过分布式组织架构快速将战略意向转化为落地动作，在快速变化环境中保有持续性竞争优势。

总之，在智能时代，企业战略管理必须贯彻微战略管理原则，它是"人工智能 +"下战略重构的第四原则。

## 3.9　小结

智能时代，企业战略重构需要贯彻新质生产力战略原则（New Quality Productive Forces Strategy Principle）、T 型战略原则（T-shaped strategy Principle）、人工智能优先原则（AI first Principle），以及微战略管理原则（Micro-Strategy Principle），同时必须有数据驱动决策思维（Data-Driven Decision-Making Mindset）。我把它们中的 5 个首字母——N、T、A、M、D 拿出来组成一个新词——MtDNA，同时把这个重构模型称为 MtDNA 模型。

MtDNA 是什么？我赋予它新内涵：Mitochondrial DNA——线粒体 DNA。线粒体 DNA 是人类细胞中独立于细胞核的独特遗传物质，象征生命延续与底层能量之源。而智能时代的企业战略重构，从某种意义上讲就是在打造企业的线粒体 DNA，重塑企业生命。如果用一个字来表达战略重构，那就是"微"字，于"微"处重新生发，于"微"处听惊雷！

第 4 章

# 组织重构

当海尔将 12 个管理层级压缩至 3 个时，新品研发周期缩短 62%；某车企因 17 级流程僵化错失辅助驾驶窗口期，估值蒸发 220 亿元。智能时代撕碎了传统组织的保护膜：算法取代 45% 的中层决策职能，人工智能训练师等新岗位以月均 37% 的速率增长。

本章揭示组织重构的三重革命：

（1）根基重塑——源于技术对科层制的解构。

（2）关系革命——人机关系超越雇佣契约。

（3）物种进化——自学习型组织突破成长极限。

当 0.01 毫米级质检精度的机器人与创造力爆表的人工智能特战队成为标配时，僵化的组织架构将如同恐龙骨骼般脆弱。5 类企业的 18 项实施法则，将为企业绘制基因图谱。

## 4.1 智能时代，组织为什么必须重构

在人工智能技术蓬勃发展的今天，企业的生存与发展正面临着前所未有的挑战与机遇。在这个技术日新月异的时代，组织重构已不再是可选项，而是关

乎企业生死存亡的必答题。

### 4.1.1　技术革命对组织根基的动摇

人工智能的三重颠覆力量对组织的根基产生了深远影响。

（1）**决策机制的重构是人工智能带来的首要变革**。算法凭借强大的数据处理和模式识别能力，正在逐步替代人类的经验判断。例如，在信贷审批系统中，算法可以自动分析借款人的信用记录、还款能力等，从而快速做出是否放贷的决策，这个过程无须人工介入。这种决策方式的转变，不仅提高了决策效率，还减少了人为因素的干扰，但同时也带来了决策透明度下降的问题，如拒贷原因难以解释等。

（2）**响应速度的质变是人工智能带来的另一大变革**。在市场竞争日益激烈的今天，市场变化的速度已经远远超出了传统组织的反应阈值。以服装行业为例，某知名服装品牌通过引入智能化供应链管理系统，成功将库存周转周期从传统的 90 天压缩至 21 天，极大地提升了市场响应速度，满足了消费者快速变化的需求。

（3）**知识更新速度空前加快也是人工智能带来的重要变革之一**。在智能时代，员工技能的有效期从过去的 5 年缩短至如今的 1.5 年。这意味着企业必须不断调整和优化员工的知识结构，以适应市场的变化。否则，员工技能的过时将严重影响企业的竞争力。

与上述内容对应，传统组织在面对这些变革时，暴露出了三大致命脆弱性。一是决策链条过长，导致企业错失重要的发展机遇。例如，某车企因 17 级审批流程过于烦琐，错失了自动驾驶技术的窗口期，最终在市场竞争中落败。二是信息孤岛效应，即部门之间数据割裂，导致信息无法共享，从而影响了企业的决策效率和效果。例如，某医疗集团因部门数据割裂导致误诊率上升 17%，给患者带来了极大的伤害。三是技能结构失衡，即企业在数字化转型过程中，老员工由于技能不适应而大量离职，新员工又难以迅速填补空缺。例如，某金融机构在数字化转型中，40 岁以上员工的离职率高达 68%，严重影响了企业的稳定运营。

### 4.1.2　组织的本质与智能时代的冲突

组织由结构层、流程层、文化层、能力层、边界层和激励层组成。在智能时代，这些构成要素都面临着巨大的挑战和冲突。

在结构层方面，传统科层制的决策延迟问题日益凸显。例如，某能源集团采购人工智能系统需要经过 17 级审批流程，这不仅导致决策效率低下，还增加了企业的管理成本。相比之下，网络化组织展现出明显的优势。例如，特斯拉通过开放专利形成的产业生态，吸引了众多合作伙伴共同参与技术创新和产品开发，从而实现了共赢。

在流程层方面，线性流程的效率瓶颈成为制约企业发展的重要因素。例如，某家电企业新产品开发周期被部门协作拉长 50%。而智能流程的自我进化为企业提供了破解这一难题的钥匙。例如，亚马逊仓储管理系统通过动态优化路径，实现了物流效率的大幅提升。

在文化层方面，守旧文化对创新的抑制是阻碍企业发展的重要因素。某国企数字化项目失败率高达 45%，就与其守旧的文化氛围密切相关。相反，迭代文化的生命力为企业提供了源源不断的创新动力。例如，小米通过"快速试错"文化支撑技术迭代，不断推出符合市场需求的新产品。

在能力层方面，技术债的吞噬效应成为企业的一大痛点。某零售企业遗留系统维护成本占 IT 支出的 60%，这严重制约了其在数字化转型方面的投入。而高速增长的对数字能力的需求则要求企业必须不断提升自身的技术实力和创新能力。例如，某物流公司因预测算法缺口导致 30% 的运力浪费，这就迫使其加大在算法研发方面的投入。

在边界层方面，组织围墙瓦解已成为不可逆转的趋势。企业必须与外部合作伙伴建立更加紧密的合作关系，共同应对市场的挑战。例如，某车企与某科技公司成立联合实验室，共同研发自动驾驶技术，实现了资源共享和优势互补。

在激励层方面，短期绩效主义的局限日益显现。企业必须设计更加科学合理的激励机制，以激发员工的积极性和创造力。例如，硅谷科技公司通过股权激励与项目成败挂钩的方式，有效激发了员工的创新动力。

### 4.1.3　智能时代的组织生存法则

面对智能时代的挑战和机遇，企业必须重构自身的组织结构、文化氛围、能力体系等要素，以适应市场的变化。具体而言，组织在智能时代应遵循以下生存法则。

在结构层方面，企业应实现从刚性到弹性的进化。反科层化实验和蜂窝式组织是两种值得借鉴的模式。例如，海尔通过"人单合一"模式减少管理层级，提高了决策效率；小米则通过"铁军＋游击队"的模式应对市场突变，保持了组织的灵活性和适应性。

在流程层方面，企业应推动智能化驱动的价值重构。预测式流程、自动化循环和零接触服务是 3 种重要的趋势。例如，Zara 通过算法预判时尚趋势，成功引领了时尚潮流；特斯拉工厂通过机器自主优化生产线，实现了生产效率的大幅提升；某银行则通过 95% 业务实现人工智能自助办理，提高了服务质量和客户满意度。

在文化层方面，企业应推动数字原住民的思维革命。试错宽容机制、数据驱动文化和终身学习体系是 3 种重要的文化特征。例如，3M 公司允许 15% 的研发失败率，鼓励员工大胆创新；某快消企业，高管可通过手机实时查看销售数据，帮助实现对市场的精准把握；LinkedIn 则通过年度人工智能技能培训 40 学时的方式，提升了员工的数字素养和创新能力。

在能力层方面，企业应构建数字竞争力。算法素养培养、算力基础设施建设和数据资产运营是 3 种重要的能力。例如，某车企将 Python 编程纳入工程师考核，提高了员工的算法素养；某电商企业自建人工智能计算中心，降低成本 30%，且提升了自身的算力水平；某物流公司通过数据变现，实现了数据资产的商业价值。

在边界层方面，企业应打破组织壁垒，实现生态化协作。企业内部、外部关系的界限应模糊化，乃至融为一体。企业内部关系除了人企关系与人人关系之外，还将新增加人机关系与机机关系，这些将在后面详细阐述。生态化协作、开源社区参与、远程团队管理和人机协同工作是 4 种重要的组织跨界模式。例如，宁德时代与车企共建电池研发联盟，实现了资源共享和优势互补；Linux 基金会成员企业技术共享模式促进了开源社区的发展；GitLab 通过全球分布式团队的协同工作，实现了跨地域的紧密合作；在特斯拉汽车制造中，机器人承担高精度焊接等标准化、高精度任务，人工专注于监控调试等决策与异常处理，效率提升 35%，不良率降低至 0.3%，这是典型人机协同工作模式。

在激励层方面，企业应重构价值分配机制。成果导向机制、知识共享积分和动态股权池是 3 种重要的方式。例如，某公司人工智能项目分红与算法准确率挂钩，激发了员工的创新动力；华为员工代码贡献度影响晋升，促进了知识共享和团队协作；某初创企业预留期权池吸引人工智能人才，为企业的发展注入了新的活力。

### 4.1.4　重构失败的代价与成功验证

组织重构不可能一帆风顺，失败的代价往往是巨大的。诺基亚的没落、柯达的黄昏和雅虎的衰败就是3个典型的例子。它们因未能及时适应市场的变化和技术的发展，最终导致衰败。然而，也有许多企业通过成功重构，实现了在智能时代的跨越式发展。例如，Netflix从DVD租赁到流媒体生态的文化进化、Spotify从唱片公司到音乐平台运营商的组织重塑以及中国平安的智能转型等成功案例，都为我们提供了宝贵的经验和启示。

为了进一步验证组织重构的有效性，我们可以采用量化模型来评估组织的健康度。例如，麦肯锡在2024年的全球组织效能报告中提出的组织健康度公式：组织健康度 = （决策效率 × 创新能力 × 员工活力）/（管理成本 × 决策偏差）。通过这个公式，我们可以更加直观地了解组织在重构过程中的表现，并据此调整和优化重构策略。

## 4.2　"人工智能＋"新范式下的关系重构

在"人工智能＋"新范式的推动下，企业外部关系、企业内部关系都将被重构。企业外部关系中，企业与企业之间的关系是重中之重。企业内部关系中人企关系、人人关系、人机关系乃至机机关系等正经历着前所未有的变革。所有这些关系的重构不仅影响了传统的合作方式与商业模式，还带来了产业变革。

### 4.2.1　企业外部关系重构

过去，企业与企业合作的抓手是资源、技术和经验等的物理载体。而在智能时代，企业与企业合作的主要抓手将变成资源、技术和经验等的物理载体嬗变成的数据。因此，数据成为智能时代企业与企业之间关系构建的最核心要素，而数据共享与合作开发就成了企业外部关系重构的核心抓手。

在传统的企业与企业的合作中，除了供应链数据之外，其他都存在"数据孤岛"问题，数据分散在不同企业中，缺乏统一的整合机制。这由如下原因造成。

（1）**数据格式不统一**。这指的是不同企业、企业不同部门，以及采用的不同系统生成的数据在结构、标准、存储方式上存在差异，导致数据难以直接整合和利用。因此，要想共享数据，首先必须有统一的数据格式，制定统一的数据标准和接口规范，推动数据互联互通。

（2）**各企业出于数据安全、隐私保护或商业利益的考虑，不愿共享数据**。那么，有解决方案吗？有的，就是构建可信数据空间。

什么是可信数据空间？可信数据空间是一个基于信任机制构建的数据和信息共享环境，旨在为多方数据交换、流通、共享与协作提供一个安全、透明、可控的环境。它解决了大企业想开发数据又担心数据泄露、小企业想用数据却不会用或没有渠道的问题。可信数据空间被中国工程院院士邬贺铨称为"有围栏的数据沙箱"。

可信数据空间的核心特征如下。

（1）**数据安全**：通过加密技术和访问控制机制，确保数据在传输和存储过程中的安全性。

（2）**透明可追溯**：利用区块链等技术，记录数据的使用和流转过程，确保数据操作的透明性和可追溯性。

（3）**隐私保护**：采用隐私计算技术（如联邦学习、多方安全计算），在不泄露原始数据的前提下实现数据共享。

（4）**信任机制**：通过智能合约和共识机制，确保参与方之间的信任关系。

（5）**协作效率**：提供高效的数据共享和协作工具，降低沟通和协作成本。

可信数据空间的价值与应用场景如下。

（1）**促进数据共享与协作**：可信数据空间打破了数据孤岛，使得企业、机构和个人能够在信任的基础上共享数据，推动跨领域协作。比如，在医疗领域，医院、研究机构和药企可以通过可信数据空间共享患者数据（在隐私保护的前提下），加速新药研发和疾病研究。

（2）**提升数据利用效率**：通过安全的数据共享机制，最大化数据的价值，避免数据浪费。比如，在金融领域，银行和金融机构可以通过可信数据空间共享信用数据，提升风控能力和服务效率。

（3）**保障数据安全与隐私**：可信数据空间通过加密和隐私计算技术，确保数据在共享过程中不被泄露或滥用。比如，在智慧城市中，政府部门可以通过可信数据空间共享交通、环境等数据，同时保护市民隐私。

（4）**推动创新与产业发展**：可信数据空间为数据驱动的创新提供了基础，推动新业态和新模式的发展。比如，在人工智能领域，企业可以通过可信数据空间获取高质量的训练数据，提升人工智能模型的性能。

（5）**增强信任与合规性**：通过透明可追溯的机制，增强参与方之间的信任，同时满足数据合规性要求。比如，在供应链管理中，企业可以通过可信数据空间共享物流和交易数据，确保供应链的透明性和合规性。

可信数据空间的支撑技术如下。

（1）**区块链**：提供去中心化、不可篡改的数据记录，确保数据透明性和可追溯性。

（2）**隐私计算**：包括联邦学习、多方安全计算等技术，确保数据在共享过程中不被泄露。

（3）**加密技术**：保护数据在传输和存储过程中的安全。

（4）**智能合约**：自动执行数据共享协议，确保参与方之间的信任。智能合约起到枢纽与穿针引线的作用，没有它的存在，数据合作与共享就没有抓手。

总之，我认为，在"人工智能＋"之下，企业与企业之间的关系将从传统的单纯的竞合关系上升到"数据联邦"关系，这是一个革命性的改变。

## 4.2.2 企业内部关系重构

智能时代，企业内部关系除了人企关系与人人关系之外，还将新增加人机关系与机机关系，因为机器已经不再是单纯的工具，而是"员工"，是"伙伴"。参照组织管理学，人企关系、人人关系、人机关系、机机关系都属于员工关系。而智能化作为组织重构的关键环节，旨在通过运用先进的人工智能技术，优化和提升人与企业、人与人、人与机器，以及机器与机器之间的关系质量。这种智能化的管理方式不仅提高了人力资源管理的效率，更在深层次上重塑了企业内部的沟通和协作模式。所以，**企业内部关系重构的本质就是新型员工关系管理重构**。那么，新型员工关系管理重构的抓手是什么呢？

这个抓手就是通过人工智能技术实现员工关系管理智能化，具体表现为新型协作化，以及数据化、公允化、可视化与自动化。

### 1. 新型协作化

之所以称为"新型协作化"，是因为这种协作不但有人与人之间的互动，还有基于技术驱动的智能化与自动化，这是以往不存在的。

（1）**人企协作**：在传统商业时代，人与企业之间主要是雇佣和被雇用的关系。在智能时代，人工智能为人与企业结成真正的伙伴关系打下了坚实的技术基础并提供了更多可能性。个人不仅是员工，还是创新者与合作伙伴，员工通过自己的知识和技能为企业创造更多价值。同时，企业也为个人提供更多的发展机会和资源，帮助他们实现自己的职业目标。这种紧密互信的伙伴关系的本质是一种技术驱动的新型协作关系，将有助于实现企业和个人的共赢。人企协作需要新型协作方式。雇佣关系虽然是当前人企协作的主流关系，但其弊端常常遭到诟病。很多企业都在探索新型协作方式，比如，海尔打造的自主经营体与企业平台共赢的新型人企合作关系，是非常值得借鉴的。其他互联网企业采用的众包办法也值得借鉴。

（2）**人人协作**：传统商业时代，人与人之间是竞合关系，存在很多博弈。在智能时代，人人协作也需要一种新型方式，这种协作方式不但有人与人之间的互动，还有基于技术驱动的智能化与自动化。即便人不互动或者忘记互动，人工智能也将推动互动，从而实现持续经营。

（3）**人机协作**：过去，人机关系不会纳入组织关系管理之中。但在智能时代，各种智能化机器像《变形金刚：绝迹重生》中的擎天柱一样会成为组织一员，并与人类组成"人机团队"，这是一种新型的企业队伍。

（4）**机机协作**：过去，机机关系也不会纳入组织关系管理之中，所以最容易被忽视。这里的"机"既包括智能化设备，也包括智能体、数字人、机器人，以及其他具身智能实体，它们之间"和谐共处""劲往一处使"，组成"机机团队"。注意，不同技术厂商提供的智能化设备、智能体、数字人、机器人，以及其他具身智能实体之间的兼容与协同，也需要纳入统筹规划。

### 2. 数据化、公允化、可视化与自动化

员工关系管理的智能化工具包括智能化员工沟通平台、智能化绩效考核系统，以及其他智能工具。

在员工关系管理重构的过程中，构建智能化员工沟通平台非常重要。借助这个平台，员工可以随时随地进行跨部门、跨层级的沟通交流，无论是日常的工作协调还是紧急问题的处理，都能迅速而有效地得到响应。同时，平台还能提供信息共享功能，确保每位员工都能及时获取企业最新的政策、动态和业务信息，从而增强员工的归属感和参与感。

智能化绩效考核系统也是员工关系重构的重要工具。传统的绩效考核往往依赖主观评价和手工操作，不仅效率低下，而且难以保证评价的客观性和公正性。而智能化绩效考核系统能通过大数据分析和人工智能算法，对员工的工作表现进行全方位、多维度的评估。这种评估方式不仅更加客观准确，还能为员工提供个性化的职业发展规划建议，从而激发员工的工作热情和创新精神。

在员工关系管理重构的过程中，尤其要注重数据化、公允化、可视化与自动化。

（1）一切数据化，可改变传统管理难以量化的弊端。

（2）一切基于数据，可保证管理相对公允化，避免人为造成的错误或者职场歧视。

（3）一切可视化，可给员工更好的体验感。

（4）管理自动化，可避免人为错误或者解决问题的非即时性带来的不良后果。

在智能时代，除了员工生日自动关怀这些基础应用之外，还产生了新的可能性。因为，过去企业要么不存在员工关系管理的适时数据，要么员工关系管理数据因由人记录而引入错误，这种不适时和不精准当然无法对组织建设产生及时且正反馈的作用。但是，在"人工智能+"下，员工关系管理会根据需要自动生成新的数据模型，所以就会产生更多新的可能。

员工关系管理智能化并非简单地以机器取代人的管理，而是在人与机器之间建立起一种新型的协作关系。在这种关系中，机器负责处理烦琐的数据分析和管理任务，而人专注于发挥自身的创造性和判断力，共同推动企业的持续发展和进步。

"人工智能+"下的关系重构是一个复杂而系统的工程。它需要企业、员工和一切利益攸关者的共同努力。

这里有一个比较形象的"组织关系重构五行说"，如图4-1所示。

图 4-1　组织关系重构五行说

## 4.3　人的焕新

在智能时代，传统的工作方式和技能已经无法满足时代的需求，员工的角色和定位正在发生深刻变化。具备人工智能素养的"新智人"应运而生，他们将成为这个新时代的主力军。

### 4.3.1　什么是新智人

什么是新智人呢？新智人指的是那些娴熟应用人工智能技术，具备较高应用能力、创新思维、综合素养并能坚守伦理道德的新一代人类。他们不仅能用人工智能技术解决复杂问题，还具备卓越的创新能力和团队协作能力。如果用一个公式来表示就是：

$$新智人 = 普通人 + 人工智能$$

这个公式虽然非常简单，但它具有石破天惊的划时代作用。为什么我把善于应用人工智能的人称为"新智人"呢？原因在于这种进化代表了人类利用工具对自身能力的巨大扩展，可以与由猿人进化为智人相媲美！

新智人包括技术型与应用型两大类。

#### 1. 技术型新智人

对于这类新智人，主要考量他们的技术能力。当然，对他们的要求远不止于掌握基础的编程技能和算法知识。他们需要对人工智能领域的各种技术有比较深入的了解和实践经验，包括但不限于机器学习、深度学习、自然语言处理、计算机视觉等。对这些技术的掌握不仅需要理论学习，更需要通过大量的实践和项目经验进行不断深化和完善。

### 2. 应用型新智人

对于应用型新智人，主要考量他们对各种人工智能工具和平台的应用能力，以及解决问题的能力。据《都市快报》报道：一位陈姓年轻人，不懂编程，但通过使用人工智能工具，仅花 1 小时就制作了一款名为"小猫补光灯"的 App，该应用在 App Store 上架后迅速获得了大量下载，成为热门应用。他利用人工智能技术进行产品开发和用户运营，成为年入百万的年轻人。他就是应用型新智人的楷模。

从人工智能的凶猛发展来看，应用型新智人将会在几年内迅猛增长，无论是职场中的蓝领、白领，还是金领，都将变为这种类型的新智人。他们善于使用各种人工智能工具和平台，就像今天的蓝领工人使用生产工具、白领或金领使用 Excel 或者 PPT 一样。

## 4.3.2 人工智能商

新智人的核心特征在于他们具有人工智能素养。如何衡量新智人的人工智能素养呢？用 AIQ 来表示最合适不过。

### 1. AIQ 简介

人工智能商（Artificial Intelligence Quotient，AIQ）是指个人理解和使用人工智能的独特能力。它不同于智商（IQ）或情商（EQ），是一种全新的表征人类智能的维度。AIQ 高的人更擅长识别自身与人工智能的互补性，优化任务分配，整合人工智能的输出，并提升与人工智能的协作效率。

AIQ 对当下智能时代的个人、组织和社会至关重要，它回应了对新质生产力的关切。随着人工智能在各行各业的广泛应用，企业对具备高 AIQ 的新智人的需求日益增长。

如何提升 AIQ 呢？可以通过如下 3 种方式实现。

（1）学习：积极参与人工智能相关的培训，掌握人工智能的基本功能和应用场景。

（2）**实践**：通过实际操作人工智能工具和系统，积累与人工智能协作的经验。

（3）**与人工智能共同进化**：个人与人工智能协作，尤其是在跨领域知识整合方面，其实是与人工智能共同进化。

AIQ 包括跨学科知识储备、创新思维、人工智能应用能力和伦理责任意识 4 个方面，它们共同构成了新智人的核心竞争力。

企业拥有的新智人的数量与质量会形成企业新的竞争力。从数量上来说，3 年内，实现全员新智人的企业将会超过 50%。从质量上看，企业新智人 AIQ 的加权平均数将构成企业组织的 AIQ，成为企业组织竞争力新的重要评价指标。

基于 AIQ 框架，我设计了一套可量化、易操作的 AIQ 计算框架，具体如下。

## 2. AIQ 计算公式

AIQ 计算公式如下。

$$AIQ = (K \times I) \times (A \times E)$$

式中：

- $K$ 为跨学科知识储备指数，其值为学科覆盖度得分 × 知识深度得分。
- $I$ 为创新思维指数，其值为创新成果得分 + 创造力测试得分。
- $A$ 为人工智能应用能力指数，其值为工具掌握得分 + 项目经验得分。
- $E$ 为伦理责任意识指数，其值为伦理知识得分 + 行为评估得分。

AIQ 计算公式的底层逻辑如下。

（1）乘法关系，具体如下。

- $K \times I$：知识储备是创新的基础，两者结合体现个体的认知潜力。
- $A \times E$：人工智能能力需以伦理为约束，两者结合体现技术应用的有效性与安全性。
- 最终乘积关系强调：认知潜力与技术应用需协同发展，任一维度出现短板都将显著影响整体 AIQ。

（2）伦理责任（$E$）是核心约束条件之一，若 $E = 0$（完全没有伦理意识），则 AIQ = 0。

## 3. 指标定义与计算方式

在上述指标中，对知识深度、创新成果、项目经验、行为评估等指标的取得和计算较为复杂，所以，我把它们去掉，剩余的指标采用在线答题方式获取相应得分，从而获得 AIQ 的模拟值。具体如下：

（1）$K$ = 学科覆盖度得分。

（2）$I$ = 创造力测试得分。

（3）$A$ = 工具掌握得分。

（4）$E$ = 伦理知识得分。

简版 AIQ 的各分项指标的定义及计算方式如下。

（1）$K$：表征个人横跨人工智能与非人工智能领域知识的广度，涵盖数字技术基础、数据科学体系、综合认知科学、智能伦理框架、商业创新系统、工程实践能力、自然科学前沿、人文社会理解、设计思维体系和跨界融合应用这十大学科。$K$ 的得分区间为 0～10 分。学科覆盖度测试得分可以采用十大学科知识在线测试方式计算，即随机回答 10 题，每答对 1 题得 1 分，上限 10 分。

（2）$I$：表征个体突破常规、解决复杂问题的能力，包括发散思维与聚合思维。$I$ 的得分区间为 0～10 分。创造力测试得分采用简化版托兰斯创造力（TTCT）在线测试方式计算，即随机回答 10 题，每答对 1 题得 1 分，上限 10 分。

（3）$A$：表征使用人工智能工具解决实际问题的技术熟练度。$A$ 的得分区间为 0～10 分。工具掌握测试得分可以针对十大主流人工智能工具（如 DeepSeek、即梦、Python、TensorFlow、ChatGPT 等，每月动态变化）的使用问题进行在线测试计算得到，即随机回答 10 题，每答对 1 题得 1 分，上限 10 分。

（4）$E$：在人工智能应用中识别伦理风险并采取负责任行动的能力。$E$ 的得分区间为 0～10 分。伦理责任意识知识测试得分可以采用人工智能伦理责任意识在线测试方式计算，即随机回答 10 题，每答对 1 题得 1 分，上限 10 分。

### 4. 计算示例

假设小明的在线测试得分为：$K = 7$（跨学科测试得分为 7），$I = 8$（创造力测试得分为 8），$A = 6$（工具测试得分为 6），$E = 9$（伦理责任意识试得分为 9），则其 AIQ = $(7 \times 8) \times (6 \times 9) = 56 \times 54 = 3\ 024$（满分 10 000）。

AIQ 计算问答题库见附录 A。

### 4.3.3 "智脑"诞生

人人都可能训练一个与自己近乎同步的"智脑"——人工智能脑，它会以智能体或者其他形式出现。

当前这种"智脑"是"外挂"的，即以对应自己的一个独立的智能体的形式存在，比如我有一个名为"段积超"的智能体，经过长期互动训练，"段积超"智能体已成了智能世界里的另一个我。这个智能体一方面拥有现实世界中我的所有知识，另一方面拥有现实世界中我所不具备的海量知识与智能。

未来几年在脑机接口或者类似技术成熟后，这种"智脑"可能变成"内置"的，即通过脑机接口或者其他技术与人脑合一，那时人人都会拥有一个高算力的大脑。2022 年，马斯克称已将大脑上传云端并与自己的虚拟版本交谈，所以未来几年这项技术具有一定成熟度应该不是问题。到那时，物理世界、数字世界和意识世界将会彻底打通！

### 4.3.4　人工智能赋能新智人之道

我提出"人工智能赋能新智人六定律"，又称"人工智能赋能新智人六脉神剑"，探讨新智人如何以正确的姿势应用人工智能。

#### 第一定律：不做"智奴"，以人为本

在电影《终结者》中，机器人与人类争夺控制权的场景令人印象深刻。在现实中，虽然尚未达到这种程度，但过度依赖人工智能的现象已经出现。一旦人丧失了主体性，过度依赖机器，缺乏独立思考，就会变成新型奴隶——"智奴"——人工智能奴隶。

所以，人工智能应用必须以人为本，保持人的主体性、独立性和创造性。新智人需要不断学习和进步，与机器智能共同进化，实现自身价值的最大化。

#### 第二定律：坚守向善，以道驭术

在新闻报道中，曾有一名骗子利用人工智能换脸和拟声技术，在短短 10 分钟内骗取 430 万元。他虽熟练掌握了这些技术，但违背了技术向善的天道，最终难逃法律的制裁。这警示我们：无论技术多么先进，人类若不能将其用于正道，终将自食恶果。因此，人工智能的发展和应用应始终遵循道德和法律，服务于社会的公共利益或者个人的正常利益。

#### 第三定律：智能化生存，人机合一

智能化生存将是智能时代的一种新生活方式。就像美国学者尼葛洛庞帝在

1996 年提出"数字化生存"一样，现在新智人需要做到"智能化生存"。无论是刚入职的员工还是刚刚上路的创业者，无论是央企董事长还是小微企业主，作为个体，都要在生活、学习、工作中时时处处有效利用人工智能，做到"智能化生存"。这不仅是一种新工作方式，更是一种新生活方式。

**"人机合一"是修炼新智人的无上境界。**在古龙小说中，"剑神"西门吹雪达到了"人剑合一"的境界。他的武功并不如叶孤城，但在决战中，凭借对剑的热爱和对剑道的深刻理解，最终击败了叶孤城。像"人剑合一"一样，为了有效利用人工智能，新智人也要达到"人机合一"的境界，这包括 3 个维度：人机协同、人机融合和人机共智。人机协同主要考量的是人机的有效互动，包括人对机器的训练和人与机器的协作；人机融合主要考量的是人与机器的跨领域知识整合；人机共智主要考量的是在知识整合的基础上进行智慧升级。

### 第四定律：确立"人工智能＋"四大应用理念

在人工智能的应用中，新智人需要确立效率、创新、协作和共享四大理念。

效率理念必须成为新智人的"第一秘籍"。在人工智能的助力下，人类需要更加精准地分析问题，优化流程，从而提高效率。"快鱼吃慢鱼"仍然是不二法则。

创新理念必须成为新智人的"修真心法"。人工智能技术的日新月异，要求新智人具备强烈的创新意识和能力。他们不仅需要关注技术发展的前沿动态，还需要勇于尝试新的方法和思路，以推动个人的不断进步。

协作理念必须成为新智人的"能力杠杆"。单凭一己之力难以应对复杂多变的市场环境和技术挑战。因此，新智人必须注重团队协作、社会化协作和人机协作，共同解决问题，实现共赢。

共享理念必须成为新智人的"资源放大器"。在人工智能技术的推动下，信息和资源的共享变得更加便捷和高效。新智人必须意识到，通过共享可以实现资源的优化配置和高效利用，从而降低成本，提高整体竞争力。

### 第五定律：探索个性化发展之路

人工智能如此强大，使人人都可能成为具有爱因斯坦那样的智商、贝多芬那样的音乐细胞、李白那样的文采、苏秦那样的辩才。但是，这样会失去个体的精彩和光芒。

因此，新智人需要探索个性化发展之路。通过精确的数据分析，人工智能可以深入了解个体的偏好、能力和潜力，从而为其量身定制成长路径。这种个性化发展也可以转变为企业的个性化发展，提升企业的独特性。

**第六定律：追求长期主义**

在人工智能赋能新智人的过程中，需要追求长期主义。这意味着我们不能只关注眼前的利益，还要从长远的角度考虑人工智能对个体、企业和社会的影响。

## 4.3.5　人工智能赋能新智人之法

人工智能赋能新智人有 3 个极其重要的方法，分别是大数据分析方法、智能化决策方法和智能化团队协作方法，涵盖新智人的洞察、决策和行动。

### 1. 大数据分析方法是新智人的第一洞察方法

人工智能时代，数据不仅是资源，更是新智人成长的基石和加油站。企业工作者应通过人工智能技术从海量的数据中提取出有价值的信息，进而帮助自己洞察市场趋势、客户行为以及竞争格局。

通过数据可视化技术，这些复杂的数据可以被转化成直观、易理解的图表和图像，使得新智人能够更快速地把握数据的核心要点，从而作出更精准的判断与洞察。心中有数，方能成竹在胸。善于洞察，方能运筹帷幄之中，决胜千里之外！

### 2. 智能化决策方法是新智人第一决策方法

智能化决策支持已经成为新智人不可或缺的重要工具，这种支持主要得益于大数据分析、机器学习算法以及预测模型等先进技术的融合应用。通过智能化决策，降低依靠经验和主观判断带来的误差。

我们将"人算"交给"机算"——机器算法，也并非撒手不管，而是将其作为决策的第一辅助系统。

### 3. 智能化团队协作是新智人第一行动方法

之所以称为"智能化团队协作"，是因为团队中除了人之外，还有"机器同事"或者"机器团队"，这将开启团队协作的新范式。如何做好协作？除了依靠传统的人类团队必需的协作经验之外，重点是构建人类团队与机器团队协作的模式。

## 4.4 人机协同

人机协同的工作模式代表着未来工作的主流模式，它融合了人类的智慧与机器的高效，旨在创造更高的生产效率和更优质的工作成果。在这种模式下，人类与智能设备或智能系统共同组成一个强大的工作团队，携手应对各种挑战。

多元化的团队成员，为人机协同工作注入了新的活力。人类员工凭借独特的创造力和灵活性，负责处理复杂、多变的任务，如策略制定、创新思考等。而人工智能员工依靠强大的计算能力和不知疲倦的特性，承担起重复性高、精确度要求严格的工作，如数据分析、精密制造等。因此，在分配任务时，应充分考虑这些因素，确保人机之间的优势互补，从而实现团队协作效益的最大化。

在不同行业中，人机协同已经展现出强大的潜力和应用价值。例如，在制造业中，人工智能员工与人类员工共同作业，提高了生产效率和质量。在医疗领域，人工智能辅助诊断系统帮助医生更准确地分析影像资料，而医生的专业知识和经验确保了诊断的精准性。此外，在教育领域，智能辅导系统能够为学生提供个性化的学习建议，而教师则负责提供深入的指导和情感支持。

### 4.4.1 人机协同的实现

在人机协同工作模式下，要实现高效的人机互动需要多方面的技术支持与安全保障。技术作为基石，奠定了人机协同工作的基础，而稳定性与可靠性保障、高效的人机沟通机制是确保这个模式能够稳定、持久运行的关键。

#### 1. 技术支持

在人机协同实现的过程中，技术支持起到了至关重要的作用。首先，在智能设备或智能系统的选型与配置方面，必须精心挑选，以确保所选设备或系统不仅能够满足当前的工作需求，还能适应未来可能出现的变化。智能设备或智能系统的性能、兼容性以及易用性都是需要重点考虑的因素。只有选型与配置得当，人机协同的效能才能得到最大化发挥。

为了实现人机信息的无缝对接，数据共享与交换平台的搭建显得尤为重要。这样一个平台不仅能实时传递和处理人机之间的信息，还能确保数据的准确性和一致性。通过高效的数据交换，人类和智能设备或智能系统能够更好地协同工作，共同完成任务。

### 2. 稳定性与可靠性保障

智能设备或智能系统的稳定性与可靠性非常重要。在关键时刻，智能设备或智能系统的正常运行对于保障人机协同工作的连续性和效率至关重要。因此，需要对智能设备或智能系统进行定期维护和更新，以确保其始终处于最佳状态。同时，具备应急预案和故障恢复机制也是必不可少的，以便在智能设备或智能系统出现故障时能够迅速响应并恢复正常工作。

### 3. 建立高效的人机沟通机制

顺畅的信息交换和行动协调是人机协同工作的基础。我们应致力于开发更为自然、直观的人机交互界面，支持多样化的沟通方式，确保人机之间能够实时、准确地传递信息。从这个意义上讲，自然语言人机交互界面一定是首选项。

### 4. 面临的挑战与解决方案

我们需正视人机协同中可能遇到的问题和挑战。包括人机信任问题、数据安全与隐私保护，以及机器智能水平的局限性等。针对这些问题，我们需要提出切实可行的解决方案和措施。

首先，建立人机之间的信任关系是关键。提供透明化的机器学习和决策过程，以及人类可理解的解释，可以增强人类对机器的信任。

其次，数据安全与隐私保护不容忽视。我们应采取严格的数据加密和访问控制措施，确保个人信息不被滥用。

最后，针对机器智能水平的局限性，我们应持续推进人工智能技术的研发和创新，同时注重提升机器的自主学习和适应能力。

通过这些解决方案和措施，我们可以促进人机协同工作模式的持续优化与发展，从而更好地应对未来社会的挑战。

## 4.4.2　人机协同下的组织与流程再造

随着人机团队的构建和人机协同工作模式的实施，企业需要对现有的组织架构和流程进行调整以适应新的工作模式。

在组织架构方面，企业需要设立类似于"人机关系委员会""人机关系协调小组"等专门的人机协作管理部门或团队，负责人机团队的组建、管理和优化工作。同时，明确人机团队成员的职责和权限，确保团队的协作和执行力。

在流程方面，企业需要重新设计工作流程，将人机协作纳入其中。这包括明确人机协作的环节和步骤、制定人机协作的操作规范和标准等。通过流程的调整和优化，企业可以确保人机团队的高效运转，实现工作流程的自动化和智能化。

人机团队的构建和人机协同工作模式的实施是企业全面智能化转型的重要组成部分。通过明确团队目标和任务、选择合适的智能设备或智能系统、加强人类成员的技能培训、营造良好的团队文化和氛围以及调整组织架构和流程等措施，企业可以推动人机团队的有效协作和人机协同工作模式的顺利实施，从而提升企业的工作效率和质量，实现可持续发展。

### 4.4.3　对人机协同的展望

我对人机协同有三大展望：

（1）随着人工智能技术的提升，机器将能够更准确地理解和预测人类的需求和行为，进一步提升人机协同的效率。

（2）随着虚拟现实和增强现实技术的发展，未来的人机协同可能不再局限于物理空间，而是在虚拟环境中进行，这将为人机协同带来全新的可能性和挑战。

（3）从数据安全和人类安全的角度考虑，每一个机器人、智能设备或智能系统都将有名字和身份证，从"生"到"死"，都将纳入政府或者授权机构的管理范围，这一点可能在两三年内就会实现。

人机协同模式的真谛是：机器不再单纯是机器，而是员工，是伙伴。人机关系不再是应用关系，而是协作关系，是"人机命运共同体"。

人机协同围绕一个核心点发力，那就是提高知识整合效率，增强组织智慧——基于群体新智人与人工智能体加权平均形成的组织智商和人工智能商的集合，从而创造了新的组织范式：组织 ＝ 内外新智人 ＋ 群体人工智能体。

## 4.5　打造人机共生的自学习型组织

人类自诞生以来，每次新技术与新工具的大量应用都会深刻改变组织形式和组织管理模式。

农业革命时期，石器和金属工具大量应用，组织形式从游牧部落变为定居村落；第一次工业革命时期，蒸汽机大量应用，组织形式从手工作坊变为工厂；第二次工业革命时期，电力大量应用，工厂从小规模生产变成大规模流水线生产，产生跨地区甚至跨国的大型企业组织，企业内部结构变得更加复杂，出现了职能部门、层级管理等现代企业组织形式；第三次工业革命时期，计算机与互联网等新技术大量应用，催生了大量的创新型企业，它们采用扁平化的组织结构，提出构建学习型组织，强调学习与创新，以快速响应市场变化；人工智能是第四次工业革命的核心引擎，它将与其他新技术一起进一步重塑组织形态，产生更多新型组织形式，如平台型组织、生态型组织等。这些组织将更加注重协同创新和价值共创。

与以往大相径庭的是，人工智能技术的大量应用使得新的工作方式产生两大革命性改变：其一，机器不再是简单的工具，而是与人类协同工作的"伙伴"；其二，人机协同产生跨领域知识整合，反过来又为工作提供了强大的知识库基础。在这两大革命性改变的基础上，全新的人机共生的"自学习型组织"诞生了。

## 4.5.1　什么是自学习型组织

自学习型组织是学习型组织的升级版，它不仅强调集体学习能力，更注重个体学习能力，尤其是人和机器的自主学习能力。在自学习型组织中，每个个体，包括人类和机器，都能够主动学习、适应变化并不断创新。那么，自学习型组织与学习型组织有什么不同呢？

学习型组织是由管理学家彼得·圣吉提出的概念，指的是一个能够持续学习、适应变化并不断创新的组织。它强调集体学习能力，通过团队协作和知识共享提升组织的竞争力。自学习型组织与学习型组织主要有如下四大不同。

（1）组织文化不同。学习型组织中可能存在部分自组织文化，但主体还是他组织文化，即靠管理驱动的组织文化。自学习型组织中一定是自组织文化，即自驱动的组织文化。自学习型组织一定是产生在智能时代，以及 Z 世代和 00 后成为职场中坚力量的大背景下。

（2）学习主体不同。学习型组织的学习主体是人以及组织。而自学习型组织的学习主体是人、机器以及组织，学习主体中出现了机器。

（3）**学习方式不同。**学习型组织强调集体学习，而自学习型组织强调个体学习，包括人类和机器的自学习。

（4）**学习驱动力不同。**学习型组织依赖组织的推动，而自学习型组织更注重个体的主动性和自驱力，包括人的自主学习、机器的自主学习，以及人机的共同自主学习，从而进行协同创新和价值共创。

## 4.5.2　机器的自学习

机器的自学习能力主要体现在以下几个方面。

（1）**数据驱动的学习：**机器通过分析海量数据，不断优化算法和模型。例如，推荐系统通过分析用户行为数据，不断优化推荐结果，提升用户体验。

（2）**自我优化与迭代：**机器能够根据反馈数据自动调整参数，优化自身性能。例如，自动驾驶系统通过不断学习驾驶数据，提升驾驶安全性。

（3）**跨领域知识迁移：**机器可以将一个领域的知识迁移到另一个领域。例如，图像识别技术可以应用于医疗影像分析，帮助医生诊断疾病。

**AlphaGo** 是机器自学习的经典案例。它通过不断优化自我对弈策略，最终战胜了世界顶级围棋选手。AlphaGo 的成功不仅展示了机器的自学习能力，还为人机协同提供了新的思路。

## 4.5.3　人的自学习

在自学习型组织中，人的自学习能力同样至关重要。以下是人的自学习的几个关键点。

（1）**主动学习与知识更新：**在快速变化的环境中，人类需要不断学习新知识、新技能。例如，程序员需要学习新的编程语言，医生需要掌握最新的医疗技术。

（2）**创造性思维与问题解决：**人类擅长创造性思维，能够解决复杂问题。例如，设计师通过创造性思维设计出独特的产品，工程师通过创新解决技术难题。

（3）**跨领域学习与整合：**人类能够将不同领域的知识整合起来，形成新的解决方案。例如，生物学家与工程师合作，开发出仿生机器人。

（4）**与机器并跑的"被迫式自学习"：**目前，人工智能的发展超出人类的想象，如果人类学习慢了，无法与机器共同进化，人工智能可能会出现不受控的局面。

企业中的人的自学习能力评价指标包括跨领域学习能力、知识整合能力、知识更新率、创造性和 AIQ 等，它们都是可以量化的指标。

特斯拉的工程师在自学习方面强调主动学习和创新，这非常值得我们学习。工程师们不仅需要掌握最新的技术，还需要不断学习其他领域的知识，并与机器共创，从而解决复杂的技术问题。这种自学习文化使得特斯拉在电动汽车领域始终保持领先地位。

## 4.5.4　人机协同的跨领域知识整合

从自学习型组织的维度看，人机协同具有三大优势。

（1）知识互补。机器擅长处理结构化数据，而人类擅长处理非结构化信息和复杂决策，两者的结合可以实现知识的互补。

（2）效率提升。人机协同可以大幅提升工作效率。例如，在金融领域，人工智能可以快速分析市场数据，而人类则可以根据分析结果及时制定或调整投资策略。

（3）激发创新。人机协同可以激发创新。例如，在医疗领域，人工智能可以帮助医生分析病例数据，医生则可以根据分析结果提出新的治疗方案。IBM Watson 是一个典型的人机协同案例。它通过分析海量医学文献和病例数据，为医生提供诊断建议。医生则结合临床经验做出最终判断。这种人机协同模式不仅提高了诊断准确性，还推动了医疗领域的创新。

那么，该如何打造人机协同的自学习型组织呢？我认为需要使用如下三板斧。

第一板斧，优化人机协作流程。通过优化人机协作流程，可提升协作效率。企业可以引入敏捷开发方法，将人工智能技术与人类创造力结合起来。

第二板斧，建立知识共享平台。通过建立知识共享平台，实现人类和机器之间的知识共享。企业可以建立内部知识库，将人工智能分析结果与员工的经验结合起来。

第三板斧，锻造自学习生态，塑造自学习文化，孵化跨领域人才。孵化既懂技术又懂业务的跨领域人才，可推动人机自主学习与协同。企业要改掉在"培养人才"方面的传统思维，确立"孵化人才"的新思维，锻造自学习生态，塑造自学习文化。比如，现在很多人工智能新创公司并不由人力资源部门去组织培训，而是由技术人员和业务人员自主发起跨部门讨论和学习。

### 4.5.5　自学习型组织文化的重构

随着人机团队的构建和人机协同的实现，企业的组织文化也需要进行相应的转变和适应。企业需要培养员工的创新意识和协作精神，鼓励他们勇于尝试新事物、接受新挑战。同时，企业还应强调团队精神和共赢理念，使人类员工和智能设备或智能系统能够在和谐的氛围中共同成长和进步。

**好奇心和创新精神是第一位因素**。对于"人工智能＋"来说，经验和资历往往不是主要的考量因素，好奇心和创新精神却是第一位因素。企业要敢于和善于用新人。DeepSeek 的团队成员多是来自清华、北大、北航等顶尖高校的应届博士毕业生、在读生以及硕士生。这些全国顶尖院校人才有着超高的协同性和合作力，在好奇心和技术热情的驱动下，塑造了中国科技公司在人工智能领域的创新文化，也创造了领跑而不是跟随的攻坚传奇。

为了实现组织文化的转变与适应，企业可以采取多种措施。例如，定期举办创新培训和交流活动，激发员工的创新意识和创造力；建立人机协作的激励机制和考核机制，鼓励员工积极参与人机团队的构建和协同工作；加强企业文化建设，营造积极向上、团结协作的工作氛围等。通过这些措施，企业能够推动组织文化的转变与适应，为人机团队的构建和人机协同的实现提供有力的文化支撑。总之，"人工智能＋"下的组织文化 DNA 应该是而且必须是协作、同频与谐振的。

综上所述，在智能时代，自学习型组织将成为组织的主流形式。通过人机协同，我们可以实现跨领域知识的整合，提升组织的自学习能力和自创新能力。无论是机器的自学习，还是人类的自学习，都是自学习型组织的重要基因。

## 4.6　组织重构分类实施建议

在智能化转型的浪潮中，企业面临着前所未有的挑战与机遇。如何有效地进行组织重构，以适应这一变革，成为企业家们必须面对的重要课题。基于不同规模与组织类型的企业，我提出了分类实施组织重构的建议，旨在帮助企业实现高效、稳健的智能化转型。

## 4.6.1　大型央国企实施路径

对于大型央国企而言，其智能化转型的核心目标在于构建一个兼容国资监管体系的人机共生自学习型组织架构。这个架构旨在将人工智能技术与传统管理模式深度融合，形成人机协同、高效运转的新型组织形态。

大型央国企组织重构的重点任务如下。

（1）**建立混合云架构下的人机协同合规框架**。通过部署混合云架构，实现数据资源的高效整合与利用，同时确保人机协同过程的合规性。

（2）**制定智能设备或智能系统准入标准**。参照央国企智能化转型的相关标准，制定适合本企业的智能设备或智能系统准入标准，确保智能设备或智能系统的安全性与高效性。

（3）**培育跨部门人工智能中台运维团队**。打造一支跨部门协作的人工智能中台运维团队，负责数据治理、系统运维等工作，为企业的智能化转型提供有力支撑。

大型央国企组织重构的实施路径如下。

（1）**顶层设计**：组建由战略、技术、人力三部门共同参与的智能化转型管委会，负责顶层设计与决策制定。

（2）**试点推进**：选择 3～5 个具有代表性的二级单位开展数据治理试点，覆盖 75% 以上的核心业务场景，以点带面推动智能化转型。

（3）**能力沉淀**：构建人工智能模型管理平台，实现算法的全生命周期监管，不断提升企业的智能化水平。

## 4.6.2　大型民企实施路径

大型民企的目标在于打造可快速迭代的业务生态自学习型组织。这种组织能够迅速响应市场变化，通过自我学习和调整，不断优化业务生态和流程，提升竞争力。

大型民企组织重构的重点任务如下。

（1）**建立敏捷型人机战队**。组建由平台（产品平台或者业务平台）、算法、运维相关人员组成的铁三角团队，负责快速响应市场需求，实现产品迭代与优化。

（2）**设计技术债量化评估体系**。包含历史系统维护成本、新技术导入效率等指标，用于评估企业的技术债务状况，为决策提供依据。

大型民企组织重构的实施路径如下。

（1）**机制革新**：将人工智能研发投入占比纳入高管KPI考核体系，从3%起步，逐步加大投入力度。

（2）**组织适配**：在营销、生产、供应链三大板块配置专职人工智能训练师岗位，由其负责人工智能技术的落地与应用。

（3）**效果验证**：实行双轨评价制度，对传统业务线与智能业务线进行独立考核，确保转型成效。

大型民企进行组织重构时，推荐采用分布式训练平台和智能工单系统。分布式训练平台能够支持千人乃至万人规模的外包标注团队协同工作，提升训练效率；智能工单系统则能在30分钟内完成异常问题的响应与闭环处理，提高服务质量。

### 4.6.3　中型企业实施路径

中型企业的目标在于打造敏捷的业务聚焦型自学习型组织。这类企业应致力于构建垂直领域深度学习能力，通过专注于某一或几个特定领域，形成独特的竞争优势。

中型企业组织重构的重点任务如下。

（1）**打造针对核心业务场景的专用小模型**。例如，某企业针对服装业面料缺陷检测等核心业务场景，打造专用小模型，提升检测精度与效率。

（2）**建立数字员工认证体系**。包含设备操作资格和数据标注资格双认证，这可确保数字员工的专业性与规范性。

中型企业组织重构的实施路径如下。

（1）**场景聚焦**：选择1~2个高价值场景进行深度挖掘与优化，实现95%以上的流程自动化，如智能质检等。

（2）**敏捷改造**：采用低代码平台重构审批、报表等支撑流程，降低开发成本，提高业务敏捷性。

（3）**知识积累**：构建行业知识图谱，确保日均新增结构化数据不少于500条，为企业的智能化决策提供数据支持。

中型企业进行组织重构时，可优先选用开源框架，如 PyTorch Lightning 等，以缩减开发成本；对于实施设备应采用以租代购策略，将年费支出控制在净利润的 3% 以内。

## 4.6.4　小微企业实施路径

小微企业的目标在于打造快速反应的业务生存型自学习型组织。这类企业应追求实现轻型化人机协作体系，通过引入智能化工具与技术提升工作效率、服务质量，以及业务开拓能力。

小微企业组织重构的重点任务如下。

（1）**部署即插即用型人工智能服务**。如智能客服、自动记账等，以快速响应市场需求并降低投入成本。

（2）**建立人机协同操作标准**。涵盖所有基础操作规范，确保人机协作过程中的安全与高效。

小微企业组织重构的实施路径如下。

（1）**产品选型**：采购 SaaS 化智能服务平台，首年费用控制在 3 万元以内，以降低投入成本。

（2）**技能重塑**：开展全员数字工具认证培训，确保 100% 通过基础考核，提升员工的数字技能水平。

（3）**数据筑基**：构建最小可用数据集，实现核心经营数据的 100% 电子化，为智能化决策提供数据支撑。

小微企业进行组织重构时，设定单场景回本周期不超过 8 个月、人机协作故障处置时效小于 2 小时等关键指标，以确保转型成效与效率。

## 4.6.5　初创企业实施路径

初创企业的目标在于构建人机共生的原生型组织基因，将人工智能技术深度融入企业基因之中，形成独特的竞争优势。

初创企业组织重构的重点任务如下。

（1）**定义人机协作股权架构**。明确针对算法贡献价值的评估规则，人工智能工程师与人工智能工程师合伙人的股份获得应与人工智能贡献相关联，确保算法与企业发展紧密相连。

（2）**建立自动化知识管理体系**。实现商业文档的百分百结构化存储与快速检索，以提升决策效率。

初创企业组织重构的实施路径如下。

（1）**架构设计**：从首笔融资起预留 5%～10% 放入算法贡献期权池，以吸引和留住优秀人才。

（2）**流程嵌入**：在需求管理、代码审核等环节设置机器审核节点，确保流程的规范性与高效性。

（3）**文化锻造**：实行技术决策双轨制，由人类 CEO 与人工智能风控官联合审批重大决策，营造开放、包容的企业文化。

创始团队应该具备人机协同设计思维，建议配置 CTO 与 CAIO 双角色，以引领企业的智能化转型。早期阶段，没有 CTO 与 CAIO 时，CEO 要身兼这双重角色。核心算法自主掌控率不应低于 70%，以确保企业在关键技术上的独立性与竞争力。

### 4.6.6　分类实施对照表

为便于企业家们更清晰地了解不同规模与类型的企业进行组织重构的实施路径与关键指标，我制定了分类实施对照表（见表 4-1）。

表 4-1　企业组织重构实施对照表

| 组织类型 | 关键突破点 | 成本警戒线 | 成效周期 |
| --- | --- | --- | --- |
| 大型央国企 | 数据中台贯通 | ≤年度预算的 8% | 3～5 年（分三期） |
| 大型民企 | 平台场景闭环验证 | ≤季度营收的 2% | 12～18 个月（快速迭代） |
| 中型企业 | 专项模型突破 | ≤净利润的 15% | 6～9 个月（聚焦攻坚） |
| 小微企业 | 流程轻型改造 | ≤经营成本的 5% | 3 个月见效 |
| 初创企业 | 原生基因植入 | 天使轮融资的 10%～15% | 从创立日启动 |

### 4.6.7　实施风险预警

在智能化转型过程中，企业还需警惕潜在的实施风险。对于大型央国企与大型民企而言，应规避 "烟囱式建设"，即部门各自为政，以避免重复建设导致的资源浪费与效率低下。某央企因部门隔离导致损失 2 300 万元的案例就是前车之鉴。对于中小微初企业而言，需警惕"算法崇拜症"，即过度依赖模型而忽视了人类智慧与经验的价值。某人工智能医疗公司因过度依赖模型而遭有关部门警告的案例提醒我们，保持理性才能得到人机协同的最佳效果。

## 4.7 小结

有人说"人工智能＋"下的组织重构的本质就是把传统组织变成智能组织，其实智能组织只是智能时代组织的表象。因为智能组织或者组织智慧只是结果，生成智能组织或者组织智慧的核心基因——自学习才是根本。因此，"人工智能＋"下的组织重构的本质是打造自学习型组织。如果只用一个字来描述"人工智能＋"下的组织重构，那就是"自"字。

# 5

第 5 章

# 商业模式重构

"2024 年,全球企业将因未拥抱人工智能驱动的商业模式损失 1.8 万亿美元——这个数字是 COVID-19 期间全球航空业损失总额的 3 倍。"Gartner 的警示揭穿了传统商业模式的致命软肋。

当特斯拉的 Giga 工厂里 11 000 个 AGV 机器人通过分布式决策绕开故障点,当 SHEIN 的柔性产线上 24 小时滚动更新的深度学习模型将爆款预测误差压至 4%,当百度智能云为宝钢提供的锅炉燃烧优化算法让热效率提升的 0.8% 转化为年增 9.7 亿元净利润,当算法能通过实时生物特征分析预判客户决策,当 ChatGPT 以 87% 的准确率取代市场调研,当人工智能开始内生进化商业逻辑,仍固守"生产—销售—售后"线性逻辑的企业,将蜕变为智能时代的"功能性灭绝物种"。

## 5.1 智能时代商业模式该如何重构

随着人工智能的飞速发展,智能商业模式如雨后春笋般拔地而起。所谓智能商业模式是以数据为核心生产要素,通过人工智能、物联网等技术实现商业要素重构的运营体系。有别于传统模式,智能商业模式呈现五大特征:服务资源数据化、数据服务化、服务产品化、产品平台化和平台生态化。这些特征不仅反映了技术进步对商业模式的深刻影响，也为商业模式的重构提供了重要依据。下面我们以智能网联汽车为例来详细分析这些特征，并阐述智能时代商业模式该如何重构。

## 5.1.1　智能商业模式的五大特征

智能商业模式具有如下五大特征。

### 1. 服务资源数据化

服务资源数据化是指将物理服务要素特征转化为可存储、分析的数字化资产。这个特征的核心在于通过技术手段将服务过程中的各类信息转化为数据，进而实现数据的存储、分析与应用。

服务资源数据化的实施关键在于物联设备的部署与数据采集。通过物联设备，企业可以实时采集服务过程中的状态、用户行为、环境要素等信息，并建立数据化映射体系，使这些信息转化为可分析的数字化资产。

以智能网联汽车为例。数据采集对象包括用户维度（如驾驶行为、座舱交互等）、车辆维度（如传感器数据等）和环境维度（如雷达点云、路侧单元交互信息等）。这些数据不仅有助于企业更好地了解用户需求、车辆状态及环境变化，还能通过数据分析为企业提供决策支持。例如，电池健康数据模型的应用使维修成本减少了 64%，驾驶行为数据则辅助了 UBI（基于使用量而定保费的保险）车险定价，使用户保费差距达到 37%。

### 2. 数据服务化

数据服务化是指对原始数据进行治理分析，形成可调用的智能服务模块。这个过程将原始数据转化为具有实际应用价值的服务，为企业的业务运营提供支持。

数据服务化的核心在于建立数据分析加工链，通过对原始数据的清洗、特征提取、服务封装等步骤，提炼出可复用、可诊断、可预测的服务能力。这些服务能力可以为企业的决策制定、业务运营等提供有力支持。

在智能网联汽车领域，数据服务化的核心处理步骤包括数据清洗（如建立数据质量规则）、特征工程（如提取驾驶特征向量）和服务封装（如生成标准化

API）。通过这些步骤，企业可以构建出预测性维护、充电桩智能导航等智能服务模块，为车主提供更加便捷、高效的出行体验。例如，预测性维护服务可以提前 34 天预警故障（准确率 92%），年节省维修费用 6.8 亿元；充电桩智能导航服务则能推荐最优站点，使充电效率提升 21%。

### 3. 服务产品化

服务产品化是指将数据服务封装为可交易的标准化商品。这个过程将智能服务转化为可交易的商品，为企业创造新的收入来源。

服务产品化的关键在于定义服务功能边界，构建计费与交付体系。企业需要将智能服务进行标准化封装，明确服务的功能、价格、交付方式等要素，以便在市场上进行交易。

以特斯拉 FSD（特斯拉研发的辅助驾驶系统）产品为例，其产品化路径经历了从 Beta 测试版（免费）到订阅基础包（定价为 680 元 / 月）再到城市版增强包（接入效果付费）的演变过程。在这个过程中，特斯拉不仅明确了服务功能边界和定价模型，还通过订阅模式实现了服务的持续收费，为企业创造了可观的收入。数据显示，特斯拉软件服务的毛利率高达 93%，用户年度软件支出占总车价的比例也提升至 21%。

### 4. 产品平台化

产品平台化是指将单一服务产品扩展为开放的技术支撑平台。这个过程将智能服务从单一产品扩展到整个平台层面，为第三方开发者提供技术支持和合作机会。

产品平台化的关键在于建立开发者生态，允许第三方基于平台基础能力进行二次创新。企业需要开放 API、提供 SDK 工具包，吸引开发者接入平台并开发新的应用和服务。

小鹏汽车 Xmart OS 开放平台是一个典型的产品平台化案例。该平台开放了382 个 API（涵盖智驾、座舱、能源等领域），并提供了 SDK 工具包和算力补贴等支持措施。这些措施吸引了 630 家开发团队接入平台，并生成了 267 个车载小程序。通过这些小程序，车主可以获得更加个性化、多样化的服务体验。同时，平台还建立了分润机制，将用户付费的一部分分配给创意开发者，进一步激发了开发者的创新活力。

### 5. 平台生态化

平台生态化是指多方参与者共建的全产业链价值网络。这个过程将平台打造为一个多方共赢的生态系统，实现数据、服务、价值的自由流动和共享。

平台生态化的关键在于打破组织边界，形成"数据—服务—价值"自由流动的协作体系。企业需要与产业链上下游企业、第三方开发者、用户等各方建立紧密的合作关系，共同构建生态系统并分享价值。

华为智能汽车生态架构是一个典型的平台生态化案例。该生态体系涵盖了能源生态、服务生态、技术生态和用户生态等多个方面，吸引了电网、充电运营商、保险公司、维修商、算法公司、半导体厂以及车主和开发者社区等多方加入。各方通过数据驱动的精准服务匹配、联合研发车载芯片等方式实现深度合作和资源共享。这种合作模式不仅提升了维修效率、降低了计算成本，还使功能迭代速度提升了 2.8 倍，每新增一个生态伙伴就能创造 760 万元的平台价值。

## 5.1.2 智能商业模式重构的入口

智能商业模式重构的入口在哪里？

要想找到入口，首先要找到商业模式重构的原点。商业模式重构的原点一定是客户，因为服务客户才是企业存在的唯一目的。智能时代的商业模式也不例外，它必须以客户为中心，通过提供更加优质、便捷、个性化的服务来满足客户需求。

从 5.1.1 节介绍的五大特征可以看出，服务在智能商业模式重构中扮演着至关重要的角色。无论是哪一个特征，都离不开服务的支持和推动。智能商业模式的本质是将传统的"产品交易"模式升级为"数据服务"模式，缔造持续进化的价值闭环。因此，服务是智能商业模式重构的入口和关键要素。

在智能时代，服务的内涵和外延都发生了深刻变化。这些变化不仅体现在服务的形式和内容上，还体现在服务的技术支撑、交互体验和价值创造等方面。

### 1. 服务内涵的重构

在智能时代，服务的本质已经转变为基于产品全生命周期数据，通过持续迭代的智能技术实现精准价值输出的运营体系。这种运营体系具有四大特征：实时响应性、预测预防性、有机进化性和无限扩展性。

（1）**实时响应性**：指服务系统能够在毫秒级的时间内对用户的请求进行响应和处理。例如，车主通过特斯拉 App 远程启动空调请求的平均响应时间从传统钥匙连接的 3 秒缩短至 0.8 秒；蔚来 NOP 系统则能在 1.2 秒内完成道路状况预警服务的接收、处理和反馈。

（2）**预测预防性**：指服务系统能够通过对相关数据的分析预测产品的健康状态并提前采取措施避免故障发生。例如，某企业的电池健康度监测系统可以提前 86 天预判故障风险（精度达 94.7%）；特斯拉主动悬架系统能通过预判路况降低部件损耗率（年维护成本减少 2 400 元 / 车）。

（3）**有机进化性**：指服务系统能够通过自我迭代的方式不断提升服务质量和创新能力。例如，OTA 功能年均更新频次从传统燃油车的 2 次提升至新势力车企的 11 次；小鹏 XNGP 驾驶辅助功能覆盖的场景也从 2021 年的 50 类扩展至 2023 年的 320 类。

（4）**无限扩展性**：指服务系统的承载边界不断突破，能够提供更多样化、个性化的服务。例如，车载应用市场第三方服务从上市初期的 12 项增至 800 多项；蔚来换电网络则从 54 座扩展至 1 312 座，兼容车型也从 1 款增至 6 款。

**2. 服务核心维度的重构**

在智能时代，服务的实现建立在三大核心维度基础之上：技术支撑层、交互体验层和价值创造层。

（1）**技术支撑层：包括算力供应、算法仓库和数据流体等方面**。比如，车载芯片综合算力达到 1 000 TOPS；车企平台平均沉淀 340 个驾驶场景算法模型；单车每日产生并处理 60GB 数据。这些技术支撑为智能网联汽车服务提供了强大的计算能力和数据处理能力。

（2）**交互体验层：包括多模态接口、情境感知和浸入连接等方面**。比如，智能网联汽车的语音识别准确率提升至 98.3%；手势控制系统支持 12 类动作指令；AR-HUD 投影覆盖三车道实时导航信息。这些交互体验提升了用户的用车体验和服务满意度。

（3）**价值创造层：包括同频响应、全景洞察和生态共创等方面**。比如，智能网联汽车的用户充电需求预测与实际调度匹配度达 91%；车企会构建"驾驶者—车辆—环境"全维度标签体系；开发者生态贡献的车载小程序年下载量超过 2 400 万次。这些价值创造为企业创造了新的收入来源和竞争优势。

### 5.1.3　以服务重构商业模式九宫格

在智能时代，服务不仅是商业模式重构的入口和关键要素，还是推动商业模式创新的重要动力。以下以智能网联汽车产业为例，系统解析服务如何重构商业模式九大模块。

#### 1. 客户细分

传统模式下，传统车企的客户细分主要依据车型、价位和用途进行区隔，如家用、商用、高端等。然而，在服务重构的背景下，智能网联汽车的客户细分方式发生了深刻变化。

服务重构后的客户细分更加注重场景化，通过对车联网用户行为数据的深入分析，企业能够更精准地定义细分群体。以蔚来汽车为例，其用户画像包括高频智驾使用者（日均启动辅助驾驶功能 7.2 次）、车载娱乐高活跃用户（座舱月交互 450 分钟以上）以及能量服务依赖者（月均换电 4.7 次）。这种细分方式不仅提高了用户留存率，还显著提升了服务收入的贡献比。数据显示，前两类用户贡献了 71% 的订阅收益，用户留存率也明显高于非智驾用户。

#### 2. 价值主张

传统模式下，传统车企的价值主张主要集中在硬件参数上，如续航里程、百公里加速等。然而，随着技术的不断进步和消费者需求的多样化，单纯依赖硬件参数已难以满足市场需求。

服务重构后的价值主张以持续进化的智能服务为核心卖点。以小鹏汽车的 XNGP 升级轨迹为例，从 2021 年的高速导航辅助驾驶，到 2023 年的城市道路全场景覆盖，再到 2025 年的完全辅助驾驶订阅，每一次升级都为用户带来了显著的价值增量。数据显示，用户对服务价值的支付意愿已提升至车价的 14.8%，而传统 OTA 服务仅占车价的 3.2%。

#### 3. 渠道通路

传统模式下，传统车企的渠道通路主要依赖 4S 店的静态展示和试驾体验。然而，这种方式存在诸多局限，如受时间和空间限制、客户体验不够丰富等。

服务重构后的渠道通路构建了数字化触点矩阵。以理想汽车为例，其渠道通路包括超级充电站互动屏、车载市场、AR 虚拟展厅等。这些渠道通路不仅提供了实时推送升级包、自动推荐第三方应用等服务，还显著提升了获客成本和转化率。例如，超级充电站互动屏的获客成本仅为 280 元/人，车载市场的转化率高达 17.6%，AR 虚拟展厅的试驾转化提升更是达到了 32%。

### 4. 客户关系

传统模式下，传统车企与客户的关系往往止步于交车环节，交车后客户与企业的联系便逐渐减少。然而，这种短期的客户关系难以形成持续的用户黏性和服务收入。

服务重构后的客户关系强调全生命周期的服务互动。以特斯拉为例，其用户运营体系包括实时服务、预见性服务和增值服务等多种方式。例如，当充电桩出现异常时，系统能够自动派单并在 5 分钟内响应；当电池健康度低于 75% 时，系统会触发换新建议；此外，用户还可以通过后台付费获取用车报告生成等增值服务。这种全生命周期的服务互动不仅提高了用户的月均主动交互频次（达到 23 次，而传统车企仅为 0.7 次），还显著提升了服务收入的续约率（达到91%，而传统豪华品牌仅为 34%）。

### 5. 收入来源

传统模式下，传统车企的收入来源主要是整车销售的一次性收益，毛利率为 18%～25%。然而，随着市场竞争的加剧和消费者需求的多样化，单一的收入来源已难以支撑企业的持续发展。

服务重构后的收入来源更加多元化，不仅包括整车销售收益，还包括订阅服务、能量服务、数据服务和生态分成等多种持续性服务收益。以特斯拉为例，其订阅服务、能量服务、数据服务和生态分成在 2025 年的预计贡献比分别为 39%、28%、17% 和 16%。这种多元化的收入来源不仅提高了企业的盈利能力，还增强了企业的抗风险能力。

### 6. 核心资源

传统模式下，传统车企的核心资源主要集中在生产线、供应商网络和经销商体系等硬件资源上。然而，随着技术的不断进步和服务重构的深入，软件和数据逐渐成为智能网联汽车企业的战略资源。

服务重构后的核心资源向软件和数据转移。以比亚迪为例，其研发投入结构发生了显著变化。2020 年，比亚迪的硬件研发占比高达 82%；而到了 2024 年，其软件团队已扩张至 2.3 万人，占研发人员的 61%。此外，比亚迪还投资了 47

亿元用于 OTA 开发平台建设，并建成年处理 1.3ZB 数据的云控中心。这种资源转移不仅提高了企业的数据处理能力，还显著缩短了新车研发周期（缩短 40%）。

### 7. 关键业务

传统模式下，传统车企的关键业务主要包括造车、卖车和维保等线性流程。然而，在服务重构的背景下，这种线性流程已难以满足市场需求。

服务重构后的关键业务更加注重构建智能服务闭环。以蔚来为例，其关键业务演化包括算法迭代、数据工厂和用户运营等多个领域。例如，蔚来拥有 3 000人的工程师团队专注于算法迭代，月均推出 3.2 个新智驾功能；同时，其 20 万节点的计算集群构成的数据工厂能够每日训练 140 个新模型；蔚来还建立了新产品经理体系，以更好地进行用户运营，服务功能周更新率高达 1.5 次。这种智能服务闭环的构建不仅提高了企业的服务创新能力，还显著增强了用户黏性。

### 8. 合作伙伴

传统模式下，传统车企的合作伙伴主要集中在硬件供应商联盟上。然而，随着服务重构的深入和跨界合作的增多，单一的硬件供应商联盟已难以满足智能网联汽车企业的需求。

服务重构后的智能网联汽车企业更加注重跨界构建数字服务生态。以华为智能汽车生态圈为例，其合作伙伴包括应用开发者、科技公司和能源伙伴等多种类型。例如，华为智能汽车生态圈拥有 1 200 多家企业作为应用开发者，车载小程序增长高达 78%；同时，还与高精地图企业四维图新和感知系统企业大疆等建立了合作关系；此外，还与电网企业等能源伙伴合作实现了 V2G（汽车到电网，一种电动汽车充电技术）调度功能（单车年收益达 4 200 元）。这种跨界合作不仅丰富了企业的服务内容，还显著提升了用户黏性（第三方服务贡献31% 的用户黏性提升）。

### 9. 成本结构

传统模式下，传统车企的成本结构呈现重资产模式，设备折旧占成本的比例高达 32%。这种重资产模式不仅增加了企业的运营成本，还限制了企业的灵活性和创新性。

服务重构后的智能网联汽车企业的产业成本结构更加注重服务驱动的柔性。以小鹏汽车为例，其成本结构发生了显著变化。在传统模式下，生产制造成本占 58%，研发投入占 13%，用户运营成本占 9%，数据基础设施成本占 2%；而在智能服务模式下，生产制造成本的占比下降至 37%，研发投入占比上升至 34%，用户运营成本占比上升至 19%，数据基础设施成本占比上升至 10%。此外，技术杠杆的作用也显著降低了企业的运营成本。例如，数字化工厂使生产成本降低了 29%，模块化架构的复用率提高了 68%，自动化客服替代率达到了 81%，每 TB 数据的处理成本更是降低了 92%。这种柔性成本结构不仅降低了企业的运营成本，还提高了企业的创新能力和市场竞争力。

综上所述，在智能时代，"服务"成为商业模式重构的入口，这种重构的深层动力源自"服务资源数据化→数据服务化→服务产品化→产品平台化→平台生态化"的演进逻辑，其本质是将服务从传统的成本中心重塑为价值增长引擎。对于企业而言，关键在于构建服务能力与商业模式要素的动态映射关系，实现两端的持续共振与协同进化，唯有如此，一个真正以用户为中心、以服务为依归、以数据为核心要素的商业模式才能得以实现。

## 5.2 "制造即服务"商业模式重构

在传统制造业中，企业通过销售产品盈利，客户被动接受标准化商品。但随着市场竞争的加剧和客户需求的多样化，单纯卖产品的模式已难以满足市场需求。制造即服务（Manufacturing as a Service，MaaS）模式应运而生——企业不再只是卖产品，而是通过共享制造资源、提供按需生产服务来盈利。"人工智能＋"的融入，让 MaaS 模式如虎添翼：人工智能让优化生产流程、数据驱动决策、柔性化定制成为可能。根据 MarketsandMarkets 2023 年的修订版报告（报告编号：MM-AM-1001），全球 MaaS 市场规模将以 21.7% 的复合增长率扩张，预计将从 2023 年的 810 亿美元增至 2028 年的 2 274 亿美元。那么，"人工智能＋"下的 MaaS 模式该怎样重构呢？

### 5.2.1 重构逻辑

什么是 MaaS 模式？就是将制造能力（设备、技术、数据）转化为可定制的服务，客户按需购买生产服务而非产品。它有三大优点：按需付费、资源共享和灵活定制。客户不需要购买设备，而是根据需要按需定制即可。这种模式不仅能够大大降低客户的固定资产投入成本，还能够快速响应市场需求，因此受到客户的热烈欢迎。

人工智能如何赋能 MaaS 模式？ MaaS 模式的本质是制造业的服务化革命，其核心是从卖产品走向卖服务。因此，重构的核心逻辑就是强化服务能力，这需要从以下 3 个方面去升级。

### 1. 智能排产

通过人工智能算法实时调整生产计划，匹配客户需求。智能排产与人工排产相比完全是碾压式的，这主要体现在如下方向。

（1）**排产效率大幅提升，从数小时到实时优化**。比如，美的集团，人工排产耗时 4～8 小时 / 次，而智能排产 15 分钟左右完成，效率提升 95% 左右。

（2）**设备与人工浪费显著降低，资源利用率显著提高**。比如，台积电设备利用率从 75% 提升至 92%，年省 3 亿美元。

（3）**准时交付**。智能排产是从经验判断到精准履约的转变，比如，海尔人工排产误差率为 15%～20%，智能排产交付率 >98%，而富士康 iPhone 日产能波动从 ±10% 优化至 ±2%。

（4）**动态响应**。比如，突发故障时，西门子进行人工调整会损失 8%～12% 的产能，而智能排产仅损 1%～2%。

（5）**降本增效**。比如，实行智能排产后，格兰仕家电库存周转从 30 天降至 7 天，资金占用率下降 65%。

（6）**应对复杂场景能力大幅提高**。比如，某电子厂切换 100 种型号时，人工排产空置率为 20%，智能排产后压缩至 5%，良品率达到 99.3%。

据 McKinsey 2023 年的报告显示，离散制造业中智能排产平均可实现 12 到 18 个月的回本周期，其 ROI（含软硬件投入与人工成本）可达 280%～350%。

### 2. 实施预测性维护

预测性维护与传统维护相比优势显著，这主要体现在如下几个方面。

（1）**精准运维**。预测性维护避免了过度维护，优化了备件库存。比如，某化工厂通过预测性维护使库存成本降低 40%，而舍弗勒轴承通过预测性维护使设备寿命延长 15%～20%。

（2）**安全提升**。预测性维护可以提前预警高危故障，大幅降低事故率。比如，某石化管道泄漏预测准确率大于90%，这让埃克森美孚炼油厂的事故率下降60%。

（3）**维护成本大幅降低。** 通过传感器实时采集数据并通过人工智能分析实时数据，可以提前95%识别故障（据麦肯锡数据），减少意外停机58.3%（据通用电气数据），降低维护成本25%～30%（据西门子数据）。

（4）**节能减耗。** 比如，施耐德电气实施预测性维护，致使空压机等设备能耗降低了10%～15%。

有关数据显示，预测性维护ROI普遍超过300%，尤其适用于航空、能源等高价值设备领域。

### 3.柔性生产

利用人工智能分析客户数据，可实现小批量柔性生产。比如，海尔的COSMOPlat平台是通过人工智能驱动的工业互联网平台，允许客户在线定制家电，如冰箱颜色、内部布局等。平台实时连接全球工厂，自动分配订单并优化生产流程。客户从下单到收货仅需10天，而传统模式需45天。海尔由此从"家电制造商"转型为"智能制造服务商"。

台积电的智能排产、设备健康管理与多工艺线切换，就是"智能排产—预测性维护—柔性生产"的生动体现，是其能同时服务苹果、英伟达等差异化客户需求的关键。

综上，MaaS模式重构的底层逻辑就是打造"智能排产—预测性维护—柔性生产"增长飞轮。其中，智能排产轮是齿轮，提供系统性动能——确保资源分配全局最优；预测性维护轮是飞轮，稳定运转惯性——减少意外摩擦损耗；柔性生产轮是万向轮，实现灵活转向——响应外部需求变化。

三轮转动，推动生产效率提升→设备稳定运行→产能灵活调整→形成正向循环，在理论上可强化企业韧性。同时，三轮共同构成一个自强化闭环系统：排产效率提升要求更稳定的设备维护支持，稳定性增强又为柔性调整提供冗余空间，而灵活性的提高反向要求排产算法进一步迭代。如果没有齿轮的精密咬合或飞轮的稳定惯性，万向轮的快速转向可能会导致系统失控（如盲目追求柔性而忽视成本）。

MaaS模式重构的"智能排产—预测性维护—柔性生产"增长飞轮如图5-1所示。

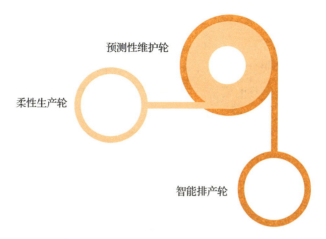

图 5-1　"智能排产—预测性维护—柔性生产"增长飞轮图

## 5.2.2　重构路径

四步可以重构人工智能驱动的 MaaS 模式，让企业拥有像云服务商一样机动灵活的服务能力。

### 1. 重构"服务产品"

所谓重构"服务产品"，是指企业通过模块化重构制造能力、设计服务套餐以及新型价值交换体系，将离散的制造能力转化为可量化交易的服务"标品"。这个过程需要企业具备对物理产能的数字解构能力和对服务价值的市场定价能力，一般从拆分制造能力和设计服务套餐两个方面去着手。

### 拆分制造能力

拆分制造能力就是对企业的制造能力进行模块化重构，包括生产全流程模块化拆解和制造能力的颗粒度控制两项主要工作。

（1）**生产全流程模块化拆解**：底层逻辑在于将制造能力的核心要素，包括设备、技术、数据等进行标准化封装，形成可独立调用的"工业积木"并提供给客户。包括设备拆解和技术封装两种情况。

- **设备拆解**：将单一设备的完整生产流程分解为可独立运作、灵活组合的功能单元，允许客户按需选购特定环节服务，无须承担全链条投资。简单说就是将设备服务拆解为可以单独服务的模块。这主要针对重资产设备制造厂。

- **技术封装**：对制造流程中的关键技术能力进行分解、标准化和接口化，以独立服务的形式提供给上下游合作方。简单说就是将关键技术服务分解为可以单独服务的模块。这主要针对轻资产技术密集型服务商。

设备拆解或者技术封装的关键操作如表 5-1 所示。

表 5-1　生产全流程模块化拆解表

| 步骤 | 核心指标 | 企业实践案例 |
|---|---|---|
| 参数标定 | 定义模块能力参数（比如，加工精度、响应时间） | 沈阳机床厂的 i5 智能机床，标注 0.005mm 定位精度 |
| 接口设计 | 模块间协同协议规范化 | 富士康开发工业 App 接口库，已接入 62 种设备协议 |
| 服务清单 | 制造单元目录化管理 | 海尔定制服务商城上架 173 个标准化制造模块 |

（2）**制造能力的颗粒度控制**。所谓颗粒度控制是指对制造资源划分的精细程度管理，关键控制维度包括模块层级、时间切片和技术析出等。比如，小型企业可以只出售冲压车间的季度空闲产能，按冲次计费；中型企业则可以将质检实验室拆分为多个独立的检测项目，如金属成分检测、硬度检测和形位公差检测等；大型集团则可以将多台机床统一接入云平台，提供一站式服务。

### 设计服务套餐

基于时间、产量、复杂度等对服务进行定价，设计多样化的服务套餐，以满足不同客户的需求。

> **案例：东风压铸厂**
>
> 东风压铸厂将 5 000 吨压铸机拆分为前处理模块、成型模块和后处理模块对外提供出租服务。每个模块都具备独立的功能和定价策略，如前处理模块提供自动上料和除氧服务，单价为 18 万元 / 月；成型模块提供模具温控和压力调节服务，根据产量签订保底协议，3 000 件起订，单价为 0.5 元 / 件；后处理模块提供自动分拣和余料回收服务，按生产批次收费，单价为 780 元 / 次。

### 2. 构建数据驱动的智能工厂

构建智能工厂的核心目标是用人工智能打通"订单—生产—交付"全流程，这涉及如下三大关键点。

（1）**数据采集**。在设备、物料、产品中部署传感器，实时收集生产数据。

（2）**建立人工智能决策中枢**。在数据采集基础上，建立用算法模型优化排产、能耗、物流等的人工智能决策中枢。采用人工智能决策系统不仅能解决精准问题，还能实实在在地节省大笔资金，比如谷歌 DeepMind 帮助优化钢铁生产流程，使钢厂降低了 15% 能耗。

（3）**实施可视化看板**。向客户开放生产进度、质量数据，与客户同步数据，提升客户体验。

麦肯锡研究显示，智能工厂可降低 20% 生产成本，交货周期缩短 30%。因此，建设智能工厂是战略性支出，需要企业家的战略决心。

（1）**低配版智能工厂**：仅实施关键工艺自动化和基础数字化的局部改造，投资额在 5 000 万元以内。

（2）**主流智能工厂**：实施全流程数字化和适度柔性产线，投资额在 1 亿～5 亿元。

（3）**标杆灯塔工厂**：人工智能深度渗透，投资额在 10 亿元以上。

企业可优先选择模块化分步投资，比如对仓储→生产→质检逐级改造，或采用工业互联网平台租用服务。

### 3. 打造"客户参与式"服务生态

打造"客户参与式"服务生态的核心逻辑是让客户从"被动接收者"变为"共同设计者"。这也有三大关键点。

（1）建立在线定制平台。客户可以调整产品参数、查看实时报价。

（2）提供人工智能设计助手。客户可以根据需求自动生成设计方案。

（3）社区协作。开放设计社区，客户与工程师共同改进产品。

> **案例：国内头部 MaaS 平台"云工厂"**
>
> 深圳云工工业科技有限公司的"云工厂"定位为"在线制造服务领域的'阿里巴巴'"，聚焦机械零部件、模具等非标件的小批量快速生产，目标客户为中小型制造企业、硬件创业者、科研机构等。服务企业超 10 万家，年交易额在 100 亿元左右。采用"客户上传图纸→人工智能自动拆解工艺路径→智能匹配供应商"的方式，平均报价时间从 72 小时压缩到 10 分钟，小批量定制成本降低 45%。

#### 4.建立"利益共享"的合作网络

建立"利益共享"的合作网络的核心目标是联合上下游伙伴，扩大服务能力边界。这也有三大关键点：

（1）开放 API，允许合作伙伴接入平台的制造资源，比如西门子的 MindSphere 平台。

（2）建立动态分账系统，通过区块链智能合约自动分配收入，比如宝马与供应商的实时结算系统。

（3）建立生态激励计划，对贡献数据、技术的伙伴给予分成奖励。

> **案例：阿里巴巴犀牛智造**
>
> 犀牛智造联合面料商、设计师、中小服装厂，通过人工智能匹配订单与产能。设计师提交方案，工厂竞标生产，平台按销量分成。这个模式使新品上市周期从 3 个月缩短至 15 天。

### 5.2.3 挑战与对策

MaaS 模式重构既不能坐井观天，又要避免"三大陷阱"。

#### 1.技术陷阱

企业要避免盲目追求全自动化，在人工智能算法、数据基础设施上投入过大，会导致现金流断裂。

避阱对策有两个：

（1）从"轻量级人工智能"起步，将人工智能优先部署在能耗优化、质检等见效快的场景。

（2）借力第三方平台，比如使用微软 Azure、阿里云、DeepSeek 等提供的预制人工智能模型。

#### 2.组织陷阱

组织陷阱往往来自内部阻力与能力断层，比如生产部门抗拒服务化转型，以及缺乏智能化人才等。

避阱对策有两个。

（1）设立"智能化转型特战队"，抽调生产、IT、市场部门骨干，扁平化推进项目。

（2）与第三方合作建立"后援会"，帮助培养人才。这有两种实现途径。第一种是与职业院校合作，定制人工智能技工培训课程，比如德国博世的双元制教育；第二种是与人工智能公司合作，比如云南白药集团与华为合作，华为帮助培养人才，并在盘古大模型的基础上建立了"中医药行业雷公大模型"。

### 3. 市场陷阱

客户不愿为"服务产品"买单怎么办？质疑按需服务的成本优势怎么办？

避阱对策有两个：

（1）提供"免费试用 + 按效果付费"服务，例如，先免费试生产 100 件，后续可以按节省成本分成。

（2）打造标杆客户，选择创新意愿强的客户共创案例，通过口碑吸引新客户。

## 5.2.4　对制造企业的建议

当前，制造业正经历类似 IT 行业的变革，就像亚马逊 AWS 将计算资源变成随取随用的服务一样。未来头部企业甚至可能通过"人工智能 + 制造平台"垄断全球大部分产能。

对于大型制造企业，我的建议是瞄准成为"制造业的 AWS"或者"制造业细分领域的 AWS"这个目标。

对于中小型制造企业，我的建议是瞄准两个细分领域：第一是垂直行业平台，即深耕细分领域，比如聚焦医疗器械、新能源电池等领域，提供专业级服务；第二是建立区域化服务网络，可以紧跟国家"一带一路"倡议，在东南亚、非洲等新兴市场复制"共享工厂"模式。

同时中小制造企业还要采取三大有效行动。

（1）选择一两个高毛利产品线进行试点，通过人工智能加速服务化转型。

（2）接入第三方人工智能平台，降低技术门槛。

（3）与行业龙头共建数据联盟，避免孤军奋战。

在智能时代，MaaS 模式不再是可选策略，而是生存必需。企业须以人工智能为杠杆，将制造能力转化为可扩展、可复用的服务产品。正如亚马逊贝索斯所言："你的利润就是我的机会"——那些率先完成重构的企业，将吃掉犹豫者的市场份额。

要么推进服务化，要么被淘汰，裹足不前者将无路可走！

## 5.3 "产品即服务"商业模式重构

全球制造业与服务业加速融合，"产品即服务"（Product as a Service，PaaS）模式成为新趋势。根据 Gartner 预测，到 2025 年，超过 40% 的实体产品企业将通过人工智能技术实现服务化转型，带来年均 15% 的额外收入增长。而 IDC 相关数据显示：中国企业服务化转型率从 2019 年的 12% 提升至 2023 年的 28%。一场基于"人工智能＋"的从"所有权"到"使用权"的革命正席卷全球，中国概莫能外。

工业经济时代，商业价值聚焦产品所有权的转移，用户为功能买单；而在人工智能驱动的新商业范式中，价值内核迁移至产品使用权的服务化延伸，用户为持续价值付费，这本质上是技术对商业要素的重构。传统商业模式与人工智能驱动的 PaaS 模式对比如表 5-2 所示。

表 5-2 传统商业模式与人工智能驱动的 PaaS 模式对比表

| 对比项 | 传统商业模式 | 人工智能驱动的 PaaS 模式 |
| --- | --- | --- |
| 收入模型 | 一次出售硬件 | 订阅制服务＋效果分成 |
| 用户关系 | 交易后失联 | 全生命周期数据连接 |
| 商业目标 | 扩大市场份额 | 用户 LTV 最大化 |

欧美生产性服务业非常发达，PaaS 模式发展多年，已然成为生产性服务业的重要组成部分。这种模式在国内还没有形成主流，甚至一些经营者并不了解。而且国内的 PaaS 模式还很初级，与人工智能的融合才刚刚开始。

特别有意思的是：机器人即服务（Robot as a Service，RaaS）可以视为产品即服务的一种形式。它是一种将机器人硬件、系统运营和上下游服务链条集成在一起的服务新业态。用户可以根据需求租赁机器人或订购所需服务，而无须购买机器人本身。这种模式降低了企业的前期投资成本，并解决了后期维护和更新等复杂问题，特别适合新兴的机器人公司使用。

那么 PaaS 模式该如何通过人工智能重构呢？

## 5.3.1　重构逻辑

企业要进行 PaaS 模式重构的原因如下。

### 1. 用户需求跃迁

这种变化主要表现在用户的所有权弱化，服务体验要求至上，甚至从被动消费转变为主动共创方面。埃森哲的数据显示：78% 的用户愿为"按需使用"付费，53% 的用户认为传统购买模式不够灵活。飞利浦照明将灯具销售转型为"光效服务"，按办公空间照明效果收费，客户能源成本降低 40%。奥的斯推出"电梯即服务"（EaaS）模式，按使用次数进行维护并计费，事故率下降 75%。

### 2. 技术驱动

"人工智能 +"下的 PaaS 模式重构需要从技术和商业两端发力，也就是实现从技术赋能到商业价值实现的闭环。企业依托人工智能技术，通过数据闭环与动态定价两大核心模块，实现服务规模化（边际成本递减）与定制化需求（精准适配）。

#### 数据闭环

数据闭环首先要建立环环相扣的技术链路：实时传感器（采集设备工况、环境状态等数据）→边缘计算（异常特征提取）→云端建模（如用循环神经网络预测故障点）→动态优化（服务规则引擎），然后通过预测性维护和服务柔性适配来实现商业价值。其中，预测性维护大大提高了设备的利用率和维护效率。比如，三一重工基于振动频谱分析，将设备停机时间减少 62%（与历史均值相比）；而服务柔性适配提高了客户付费意愿和续费率。比如，海尔冰箱基于区域温湿度调整除霜参数，让延保服务续费率提升 28%。

数据闭环可帮助企业实现从被动响应到预测干预的升级，为动态定价打下数据基础。

#### 动态定价

在"人工智能 +"下，PaaS 模式的定价并非人工定价，而是靠算法动态定价。算法会综合考虑市场需求曲线、产能负载率和竞品价格信号等因素，生成最优定价策略。

动态定价的算法框架一般建立在 Q-Learning 强化学习算法的基础之上。通过这个框架，推荐系统可以根据用户行为学习最优推荐策略，为用户推荐商品、内容或服务，提升其满意度。

动态定价的革命性在于根据算法实时调整价格，实现了从静态标价到博弈均衡，既能让客户满意，又能让企业在订单激增时获得比静态定价更丰厚的利润。比如，在工程机械租赁领域，徐工集团的 AMR 系统实时调控租金，让闲置率从 37% 降至 11%；而在共享制造领域，阿里云 ET 工业大脑助力某数控平台动态调价，让加工订单利润提升 42%。

综上，PaaS 模式重构的底层逻辑就是打造"数据—服务—收入"的增长飞轮，构建利润的新护城河。

（1）**数据轮是基础。**数据是"千里眼"，又是"显微镜"，更是"增长黑客"。没有它，企业只能使用传统模式；有了它，企业才能依靠人工智能针对不同用户定制相应的产品服务包。

（2）**服务轮是中枢。**在 PaaS 模式下，服务不是依附于硬件、提供附属价值的"配菜"，而是提供核心价值的"正餐"。服务往往以可选产品包的形式推出，这让客户有了极致的体验。

（3）**收入轮是企业生命线，也是客户服务保障线。**在设备或硬件富余时以诱人的价格吸引客户使用，在紧张时适当提高价格，对于这种随行就市的动态调整客户能够接受，企业也能因此赚到超过静态标价的利润。

PaaS 模式重构的"数据—服务—收入"增长飞轮如图 5-2 所示。

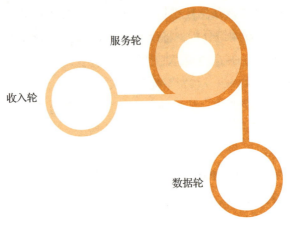

图 5-2 "数据—服务—收入"增长飞轮图

## 5.3.2　方法论框架

企业装上人工智能驱动的"增长飞轮"的过程共分为 4 个阶段。

### 1. 产品数字化——从物理实体到数据入口

这个阶段的关键动作有两个：

（1）嵌入传感器，采集产品使用数据。比如，三一重工为每台挖掘机安装 50 多个传感器。

（2）开发 App/云端界面，构建用户交互平台。比如，美的美居 App 的用户超 5 000 万。

### 2. 服务模块化——将产品功能拆解为可订阅服务

企业产品的经典模型是"基础硬件 + 增值服务 + 数据服务"，即分为基础层、增值层和数据层的产品，企业可采用分层定价策略。

以某国外 A 农业机械企业服务化转型为例。在传统模式下企业就是通过卖拖拉机获利，单价 5 万美元，利润率 8%。后来，A 企业采用了服务化模式，且进行分层定价。

（1）**基础层**：硬件租赁，价格 3 000 美元/月。

（2）**增值层**：人工智能耕作建议、维修预警等服务，订阅价格 500 美元/月。

（3）**数据层**：土壤分析报告，价格 100 美元/亩。

A 企业的做法让客户年贡献收入提升 4 倍，利润率提高至 28%。

### 3. 收入持续化——从"一锤子买卖"到终身价值

企业可以分别采用两种盈利模式。

（1）**订阅制**。比如，某大型重工企业通过订阅服务，年收入从 20 亿元增至 150 亿元。

（2）**按效果分成**。比如，某工业设备企业按客户节能量收取 5% 分成，利润率提升 12%。在这种盈利模式下，经营价值的核心公式转变为：

$$用户终身价值 = （平均每用户收入 \times 毛利率）\div 流失率$$

据麦肯锡调研：通过人工智能预测用户流失并及时采用干预措施，可将流失率从 15% 降至 6%。

### 4. 生态开放化——共建行业协作网络

生态阶段的策略是开放 API，吸引更多第三方开发者参与场景创新。比如，西门子工业云 MindSphere 接入 5 000 多家企业，第三方开发者在平台上提供人工智能质检、生产排程等算法，生态收入占比达 30%。

### 5.3.3 实施路径

从卖产品到卖服务需要进行四大步骤，我称之为"四步重构法"。

**第一步：锚定价值重构点——你的服务化金矿在哪里？**

在白板上画出你的生意全流程，圈出高潜力环节——"又痛又贵"的环节。比如，在工程机械行业，一般设备闲置率 >50%，故可以提供分时租赁服务。湖南某厂通过分时租赁多赚 1 400 万元 / 年。再比如，在医疗器械行业，基层医院买不起高端 CT 机，医疗器械公司可以为其提供按检查人次收费的服务。某医疗器械公司为一个三线城市医院提供 CT 机，按照这种办法收费，年增收 80 万元。

锚定价值重构点的秘诀就是：先改那些不改会继续流血，改了立马止血的环节。

**第二步：构建最小可行产品（MVP）——做一个不完美但能赚钱的试验品。**

做一个不完美但能赚钱的试验品，小步快跑比反复调研更有效。试验品可以打包 3 个客户无法拒绝的价值，具体设计建议如下。

（1）**必选项**：基础功能（如设备维修保养）。

（2）**加分项**：数据服务（如月度能效报告）。

（3）**溢价项**：效果承诺（如故障率降不到 30% 就退款）。

然后选一个地区或者一条产品线进行测试，一般时间设定在 6 个月以内。试验品要设置红线指标，比如客户续租率超过 70% 才可以推广。小步快跑的避坑提醒是：不用追求完美，先收钱再优化。

三一重工在娄底市的试点堪称样板级案例。它们的试验品服务包是"泵车租赁＋智能调度服务"，结果单位设备每年多赚 23 万元，而原来单纯卖设备的利润仅有 8 万元。

**第三步：快速复制——把成功经验变成标准菜谱。**

企业要准备三大复制引擎：操作手册、IT 工具包和联盟体系。

（1）**操作手册**：把试点流程拆解成多个步骤，比如用微信接单、自动派工等。

（2）**IT 工具包**：买一个现成的 SaaS 系统，把服务流程固化成 App。预算可以控制在 30 万元以内，这样中小企业也能承受。大型民企则建议自主开发或者联合开发 IT 工具。

（3）**联盟体系**：筛选 50 家合作伙伴签订分成协议，企业提供方案，合作伙伴负责落地执行。

施耐德电气的能效服务包是一个典型案例。它们的标准化动作分为 3 项：进厂装智能电表，月度出省电报告，针对省下的电费进行分成。这让它们 3 年将用户拓展到 3 000 家，这项服务收入占比从 5% 飙升到 34%。

**第四步：动态迭代——像更新手机系统一样迭代服务。**

动态迭代需要设置两个"关键闹钟"。

（1）至少每月更新一次用户标签库，比如海尔每月通过 3 亿用户数据来优化服务包。

（2）至少每季度升级一次人工智能模型，比如网飞每季度调优一次推荐算法，这让用户多看了 200% 的内容。

动态迭代避坑提醒：千万别闭门造车！每季度找 10 个以上的客户，倾听他们的"吐槽"，找到改进办法。

除了上述四大步骤之外，下面提供一份按照企业规模拟定的起手式指南，如表 5-3 所示。

表 5-3　五类企业 PaaS 模式起手式指南表

| 企业类型 | 推荐路径 | 成本预算 | 预期见效周期 |
| --- | --- | --- | --- |
| 大型央国企 / 大型民企 | 成立独立服务事业部 | 500 万元以上 | 1～2 年 |
| 中型企业 | 王牌产品线先行试点 | 100 万～300 万元 | 8～12 个月 |
| 小微企业 / 初创企业 | 从单一爆款服务切入 | < 50 万元 | 3～6 个月 |

## 5.3.4　挑战与对策

企业往往绕不开四大挑战，也需对应采用四大对策。

### 1. 用户接受度

从客户方面看，虽然企业在帮他们省钱，但从买到租是一次巨大变革，提升客户接受度是一个大挑战。

对策：

（1）设置混合模式过渡期，用户可以自主选择买断制或订阅制。比如，宝马 Flex 租车服务在前 12 个月允许用户随时买断租赁车辆，1 年后强制转成订阅制，但赠送 3 个月延保。

（2）对客户给予风险承诺，效果不达标可以退款。比如某机床企业承诺加工精度未达标就免服务费。

### 2. 收入稳定性

从企业方面看，往往在第一年设备销售量会下降，此时服务收入也不稳定，导致整体收入下降。

对策：保留 30% 左右的设备销售业务，服务利润超过 50% 后再砍掉设备销售业务。

### 3. 数据隐私与合规

客户怕你偷看他们的数据，顾虑重重。数据要按照《中华人民共和国个人信息保护法》《中华人民共和国数据安全法》等进行合规处理。

对策：

（1）采用联邦学习等数据加密训练模型技术方案，在不共享原始数据的情况下进行联合训练。

（2）采用区块链存证方式，激励客户贡献数据，比如以 GB 数据为单位兑换服务代币。

（3）对客户数据进行脱敏处理，并采用严密的数据安全防范措施。

### 4. 组织文化冲突

设备或者硬件从销售改为租赁，传统销售人员会因为短期利益受损而产生抵触情绪。

对策：

（1）设立"新旧模式转换期"，实行薪酬改革，将服务收入提成比例大幅提高，让其远高于硬件销售收入提成比例，以服务导向与利益机制引导传统销售人员。

（2）实施内部赛马机制，设立独立服务化团队与传统销售部门竞争资源。

### 5.3.5　未来展望

未来十年，PaaS 模式将逐步穿透所有实体产业，形成如下四大趋势。

（1）技术融合。"人工智能 + 数字孪生 + 元宇宙"将重塑服务体验，将产生诸如虚拟工厂、实时运维指导之类的服务。

（2）行业集约。头部平台企业，比如华为云、腾讯云、阿里云等将提供PaaS 基础设施服务。

（3）政策催化。中国"十四五"智能制造发展规划明确了服务化转型补贴，未来这种政策可能还将继续实施。

（4）全球竞争加剧。ServiceNow、PTC 等国际厂商加速渗透，所以，国内企业需要提前构建差异化壁垒。

企业需以客户为中心，通过"数据—服务—收入"增长飞轮构建新护城河。最终目标不是卖更多产品，而是通过人工智能让每一台设备、每一次交互都成为可持续的收入来源。

## 5.4　"产品 + 服务"商业模式重构

传统企业的"产品"与"服务"如同两条平行线——卖完产品后，服务仅限于维修和售后。但在智能时代，产品成为实时在线的"数据入口"，服务进化为预判需求的"智能管家"，两者深度融合形成新的利润引擎。

数据显示：采用人工智能驱动"产品 + 服务"商业模式的企业，客户生命周期价值提升 3～8 倍，服务收入占比从 15% 跃升至 60%。那么，该如何用人工智能技术重构"产品 + 服务"商业模式，让企业从"一次性交易"转向"终身价值运营"呢？

### 5.4.1　重构逻辑

#### 1. 硬件利润塌陷的三大原因

为什么"卖硬件"越来越难？因为传统模式正在崩塌。下面是硬件利润塌陷的三大主要原因。

（1）价格透明化。网络比价使毛利率跌破 10%，比如电视机行业平均毛利率仅 5%。

（2）**需求饱和化**。比如，智能手机全球渗透率超85%，增量市场枯竭。

（3）**竞争同质化**。硬件的参数军备竞赛已经陷入死循环，比如摄像头从单摄卷到了四摄。

### 2."产品＋服务"方兴未艾

"产品＋服务"越来越受到企业欢迎，对其对探索方兴未艾，产生了五花八门的变种。智能时代，"产品＋服务"产生新价值等式，可以称之为"产品＋服务黄金公式"：

总收入＝硬件渗透率 × 用户活跃度 × 人工智能服务的 ARPU（均为用户收入）

对比一下传统车企与特斯拉，高下立判。传统车企卖一辆车赚 2 000 美元，3 年后的客户流失率可能高达70%；而特斯拉的盈利模式却变成"卖车毛利率的25%＋FSD 软件毛利率的80%"，3 年后的客户留存率可能高达92%。

综上，"产品＋服务"模式重构的底层逻辑就是打造"硬件渗透率—用户活跃度—人工智能服务 ARPU"增长飞轮，构建利润的新护城河。

（1）**硬件渗透轮是基础**。"硬件沦为入口，服务定义价值"是"产品＋服务"的写照。人工智能驱动的硬件，如智能音箱、自动驾驶汽车等，其售价持续下降甚至达到倒贴成本的程度，企业须通过服务订阅弥补硬件利润，小米 SU7 亏损卖就是这个逻辑。

（2）**用户活跃轮是中枢**。没有用户活跃度，一切都是伪命题。所以，基于人工智能，用极致的、智能化的和自动化的服务激活用户，让他们为服务买单才是王道。

（3）**人工智能服务轮是企业生命线，也是客户服务保障线**。

### 3. 人工智能服务 ARPU

为什么是人工智能服务 ARPU，而不是其他呢？这是技术特性与商业逻辑双重驱动的结果，这需要从如下 3 个方面来理解。

（1）人工智能服务的独特性。这体现在如下几个方面。

- **高边际利润**：人工智能模型一旦训练完成，服务新增用户的边际成本趋近于零，比如 ChatGPT 回答 100 次与 100 万次的成本差异极小。
- **数据支撑**：比如，OpenAI 由获得的数据准确得出 GPT-4 模型单次推理成本约 0.006 美元，但企业可按 0.1 美元 / 次收费，毛利率超 90%。

- **持续迭代增值**：人工智能服务通过用户反馈和数据积累不断优化，用户愿意为升级功能付费，比如特斯拉 FSD 套件随算法升级涨价。
- **场景扩展性**：同一个人工智能能力可跨场景复用，提升单用户价值，比如语音助手既可用于智能音箱，也可嵌入汽车、家电等。

（2）人工智能服务 ARPU 与传统服务 ARPU 存在本质区别，具体如表 5-4 所示。

表 5-4　人工智能服务 ARPU 与传统服务 ARPU 的本质区别

| 对比维度 | 传统服务 ARPU | 人工智能服务 ARPU |
| --- | --- | --- |
| 收入驱动 | 依赖人力服务（如客服、维修） | 依赖算法与数据自动化 |
| 成本结构 | 人力成本占比高，难规模化 | 前期研发成本高，后期边际成本低 |
| 用户黏性 | 易被替代（如换供应商） | 数据沉淀形成壁垒（如推荐系统越用越准） |
| 定价权 | 受市场竞争压制（如同质化培训） | 技术差异化支撑溢价（如医疗人工智能诊断） |

（3）人工智能服务 ARPU 与硬件利润的对比，有如下区别。

- **硬件利润有局限性**：硬件受原材料、供应链、价格战制约，毛利率通常低于 30%。比如智能手机行业平均毛利率约 15%。这方面小米集团更明智，直接宣布硬件利润不超过 5%，但他们可以用服务利润弥补。
- **人工智能服务 ARPU 有利润优势**：通过预装人工智能服务，比如智能农机预装土地检测服务等，企业的服务毛利率可达 60%~80%，且用户生命周期内会持续付费。

"产品 + 服务"模式重构的增长飞轮如图 5-3 所示。

## 5.4.2　四步重构法

"产品 + 服务"模式基于人工智能驱动，从产品衍生服务，将服务嵌套于产品之中，并进一步完善产品，目标是打造"产品与服务的共生体"。明确了这个目标，我们就可以将"产品 + 服务"模式重构拆解成 4 个步骤了。

### 1. 将产品改造为"智能数据终端"

这种"智能数据终端"需要具备 3 项功能。

（1）**拥有嵌入式人工智能芯片**。能够在低功耗设备上运行轻量模型，实现相应智能功能，比如科沃斯扫地机能够识别宠物粪便。

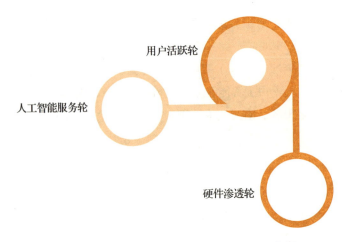

图 5-3　"产品＋服务"模式重构的增长飞轮图

（2）**实时数据回传**。每日采集用户行为数据，比如九阳电饭煲可记录 1 000 种米的烹饪曲线。

（3）**边缘计算优化**。能够在本地处理敏感数据，比如海康威视摄像头人脸识别不上云。

> **案例：iRobot"扫地机革命"**
>
> iRobot 通过扫地机绘制家庭地图，收集的数据用于推荐清洁方案（收费为 5 美元／月）、家具摆放建议（收费为 2.99 美元／次）等。这让 iRobot 的服务收入占比从 0% 升至 35%，所以它们的硬件敢以成本价销售。

### 2. 设计"冰山模型"盈利结构

"产品＋服务"的盈利结构符合典型的"冰山模型"，共分为两层。

（1）**水面之上：硬件以微利、成本价、亏损，以及免费 4 种定价方式售卖**。其中，以微利或者成本价销售的，后面往往有丰厚的服务收入，比如亚马逊 Echo 音箱以 99 美元的成本价售卖，但会配备各种服务使用费。而以亏损价格或者免费方式销售并非单单为了抢占市场份额，阻击竞争对手，本质是抢占"智能入口"。比如小米 SU7 选择以短期亏损方式进入市场，就是为了快速占领智能汽车入口，然后反哺整个小米生态系统。

（2）**水面之下：服务的盈利模式一般分为 3 种，即订阅服务、交易抽成和数据变现。

- **订阅服务**：人工智能功能一般按时间收费，比如蔚来 NOP 自动驾驶服务按照 680 元 / 月的标准收费。
- **交易抽成**：就是将服务平台变成需求对接平台，比如某企业的智能柜每单抽佣 15%，佣金非常可观。
- **数据变现**：将脱敏数据用于第三方服务实现变现，比如 Fitbit 向药厂出售群体健康报告。

> **案例：Peloton 的健身生态**
>
> Peloton 的盈利结构是典型的"冰山模型"：其动感单车硬件的毛利率仅为 8%，但通过 39 美元 / 月的人工智能私教课程、运动装备推荐抽佣 25%、企业健康数据服务收费 200 美元 / 人 / 年，整体毛利率达 65%。

### 3. 构建"自进化"服务体系

"自进化"服务体系并非比喻，而是基于"人工智能 +"实现的功能，主要包括 3 个方面。

（1）需求预判，即用时间序列预测用户下一步动作，比如大疆农业无人机会预判次日作业区域。

（2）生成动态服务包，即基于使用场景推荐组合服务方案，比如西门子工业设备按加工量推荐保养计划。

（3）智能动态定价，即根据供需关系或者其他情况实时调整服务价格，比如 iRobot 扫地机会在客户生日当月自动调低价格。

### 4. 打造"利益共同体"生态网络

打造"利益共同体"生态网络不是一个口号，而是基于"人工智能 +"的切实行动，主要有如下三个要点。

（1）开放 API，允许第三方开发增值服务，比如特斯拉开放车辆控制接口。

（2）实施数据分账，当合作伙伴贡献数据时可以获得分成，比如小米生态链企业共享用户家居数据，可以获得数据分账。

（3）采用智能合约，用区块链自动执行分润规则，比如海尔食联网食谱销售会自动分账给厨师和食材商。

> **案例：John Deere 的农业生态**
>
> John Deere 农机搭载人工智能土壤分析仪，免费为农民提供种植建议，但通过种子推荐会与合作伙伴分成，实现农产品交易撮合会自动抽佣 0.5%。另外，它们还提供气象数据服务，这会按照 50 美元 / 亩 / 季收费。John Deere 的服务收入占比达到 45%。

### 5.4.3　三大生死关与通关秘籍

"产品 + 服务"模式重构会面临三大生死关，搞不好会对企业造成重大损失，甚至使企业濒临倒闭破产。

#### 关卡 1：硬件亏本生死关

**问题：**重构会面临诸多不确定性，比如一些企业担心亏本，不敢放弃硬件利润，导致服务化转型半途而废。

**通关秘籍：**

（1）采用组合定价法，比如基础版保本走量，顶配版赚取溢价，综合起来让利润有保障。比如 iPhone SE 与 Pro Max 采用的就是组合定价法。

（2）新型融资租赁，即设备以租代售锁定服务周期，并采用长期分成的办法保证总体利润。

#### 关卡 2：数据荒漠生死关

**问题：**产品智能化程度低，导致无法采集高价值数据，也就无法基于数据获得有效收入。

**通关秘籍：**

（1）加装传感器矩阵，一般每个产品部署 20 个以上的传感器，这会解决高价值数据采集问题，比如小鹏汽车全车安装了 31 个摄像头 / 雷达。

（2）实施游戏化采集，设计奖励机制以获取相关数据，比如 Keep 用户可以通过拍摄动作换取人工智能体态分析报告。

#### 关卡 3：组织割裂生死关

**问题：**产品部门与服务部门各自为战，导致服务化转型举步维艰。

**通关秘籍：**

（1）设立首席数据官或者数据总监岗位，由该岗位人员统筹产品服务数据流。比如沃尔玛以 150 万美元年薪聘请首席数据官解决服务化转型问题。

（2）设立联合 KPI 考核机制，将硬件团队的绩效与服务收入挂钩。比如西门子销售奖金的 30% 由服务续费率决定。

## 5.4.4　"产品即服务"与"产品 + 服务"的对比

尽管两者都涉及产品与服务的结合，但核心理念、盈利模式和用户关系有所不同。

### 1. 核心区别

产品即服务与"产品 + 服务"核心区别如表 5-5 所示。

表 5-5　产品即服务与"产品 + 服务"核心区别表

| 维度 | 产品即服务模式 | "产品 + 服务"模式 |
| --- | --- | --- |
| 所有权 | 企业保留产品所有权 | 客户拥有产品所有权 |
| 收费逻辑 | 按使用效果、时间、结果收费 | 产品一次性销售，服务单独收费 |
| 用户关系 | 长期绑定（订阅制） | 短期交易（可选是否续购服务） |
| 数据价值 | 数据驱动服务优化，形成闭环 | 数据主要用于售后支持，无闭环 |
| 典型行业 | 物联网、共享经济、B2B 设备 | 耐用消费品、医疗设备、工业机械 |

### 2. 选择策略

（1）适合产品即服务的场景如下。

- **高价值低频产品**：用户不愿承担购买风险，比如医疗影像设备等。
- **数据富矿行业**：产品使用会产生高价值数据，比如农机、工业传感器等。
- **环保政策驱动**：需减少资源浪费的行业，比如欧洲强制轮胎回收。

（2）适合"产品 + 服务"的场景如下。

- **低毛利快消品**：需快速变现，比如手机、家电等。
- **技术迭代慢**：产品功能稳定，无须持续升级，比如基础工业设备等。
- **用户决策分散**：难以形成长期订阅习惯，比如中小型企业采购等。

### 3. 混合模式

未来趋势可能是产品即服务和"产品 + 服务"的混合模式，头部企业已经开始融合这两种模式，形成"硬件入口 + 服务生态 + 数据变现"的复合结构。

> 特斯拉：卖车（产品）+ FSD 订阅（服务）+ 驾驶数据训练人工智能（PaaS）。
>
> John Deere：卖农机（产品）+ 精准农业订阅（服务）+ 土壤数据交易（PaaS）。

### 5.4.5　未来展望与当下行动攻略

"产品 + 服务"模式的未来是什么呢？或许是产品"消失"，服务永生！伴随着这个逻辑将可能产生 3 个演变。

（1）从"拥有产品"到"订阅结果"。用户不再购买空调，而是购买"全年室温 22℃服务"，比如特灵空调按舒适度收费。

（2）从"企业服务"到"人工智能代理战争"。人工智能助手或可能代替人类选择服务商，比如 Siri 会根据历史数据自动续约保险公司。

（3）从"行业竞争"到"生态殖民"。头部企业通过人工智能平台在本质上"吞并"上下游，比如特斯拉能源网络会整合光伏、储能、充电服务等。

在"人工智能 +"的洪流中，所有行业都面临选择——是将产品作为服务入口深挖终身价值，还是固守硬件思维沦为代工厂？

请记住两句话：

（1）未来最赚钱的不是卖设备的企业，而是掌握用户场景数据的服务商。

（2）今天在人工智能服务化上的每一分投入，都在为明天的市场定价权投票。

现在，是时候按下"产品与服务融合"的重启键了。在这场商业进化赛中，唯一的淘汰者是那些假装变革却从未发生改变的企业。

## 5.5　定制化商业模式重构

传统商业模式如同流水线生产——标准化产品、统一服务流程、无差别覆盖用户。但消费者早已厌倦"被平均"，他们需要的是"为我而生"的体验。从"千人一面"到"千人千面"是新商业的进化。

数据显示：全球 83% 的消费者愿意为个性化服务支付溢价，采用人工智能实现定制化，企业客户留存率提升 40%，客单价增长 35%。

在智能时代，定制化服务不再是奢侈品行业的专利，任何行业都能通过人工智能技术实现定制服务。那么企业该如何用人工智能重构商业模式，从"大众市场"转向"一人市场"呢？

## 5.5.1  重构逻辑

定制化并非智能时代的专利，纯人工也能够提供这项服务，区别在于成本的高低。这就让商业陷入"规模与个性"的对立——要想实现个性化就要提高成本，要想降低成本就要提高规模化程度，放弃个性化。

那么该如何打破"规模与个性"的对立呢？我们需要分析传统定制化的劣势与人工智能定制化的优势以找到破局点。

### 1. 传统定制化的三大死穴

（1）**成本高**：手工定制导致价格高昂，比如高级西装定制都要万元起。

（2）**速度慢**：从需求对接到交付所需周期长，比如家具定制需 45 天。

（3）**难复制**：依赖匠人经验，难以规模化，比如手工皮具作坊。

### 2. 人工智能定制化的三大破局点

人工智能定制化要从需求洞察、生产自响应和服务自交付三大维度破局，如表 5-6 所示。

表 5-6  人工智能定制化的三大破局维度表

| 维度 | 人工智能解决方案 | 案例与数据 |
| --- | --- | --- |
| 需求洞察 | 机器学习分析用户全维度数据 | 宝马用机器学习分析用户按键偏好，实时推荐内饰组合 |
| 生产自响应 | 柔性制造系统 + 自适应动态调整产线 | 尚品宅配人工智能人机协同，10 秒同步生成加工参数 |
| 服务自交付 | 智能客服 24 小时提供专属服务 | 红领量体人工智能顾问自动推荐 7800 版型 |

#### 案例：Stitch Fix 的服装订阅革命

用户填写风格问卷后，Stitch Fix 的人工智能算法会结合数千万用户数据生成产品，并每月为用户寄送 5 件专属搭配服饰。用户留下需要的，退回不需要的。人工智能通过用户的反馈持续优化搭配推荐，实现零库存定制，毛利率达 45%，远超传统服装行业。

综上，定制化模式重构的底层逻辑就是打造"需求洞察—生产自响应—服务自交付"的增长飞轮，构建利润的新护城河。

（1）**需求洞察轮是基础**。机器学习分析用户全维度数据，比企业了解用户，比用户还了解用户，这是定制化模式的基础。

（2）**生产自响应轮是中枢**。没有生产自响应，定制化难以快速实现。柔性制造系统＋自适应动态调整产线是保证成本比人工低的基础。

（3）**服务自交付轮是企业的生命线，也是客户服务保障线**。智能客服 24 小时提供专属服务保证了服务的完美交付。

定制化模式重构的"需求洞察—生产自响应—服务自交付"的增长飞轮如图 5-4 所示。

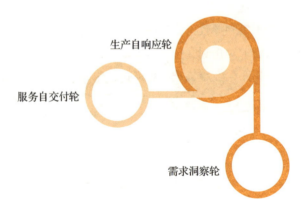

图 5-4 "需求洞察—生产自响应—服务自交付"增长飞轮图

## 5.5.2 四步重构法

"人工智能＋"下的定制化模式方兴未艾，已经探索出很多玩法。我认为，"人工智能＋"下的定制化模式的本质就是在打造"人工智能原生"的定制化商业模式，基于这种认识，我提出一套"人工智能原生定制四步重构法"。

### 1. 构建"用户数字孪生"——比用户更懂自己

构建"用户数字孪生"有两大关键要素。

（1）**数据采集矩阵**。数据采集矩阵不但要采集显性数据，还要采集隐性数据。

- **显性数据**：购买记录、点击行为，比如某服装定制平台根据用户在线定制衬衫时重复点击亚麻材质选项，自动优先推荐透气面料套餐。
- **隐性数据**：情感倾向、场景偏好，比如智能系统分析用户虚拟场景拖拽沙发动线轨迹，推断用户有社交型客厅布局偏好。

（2）**人工智能建模工具**。这方面的重点包括如下两个。

- 以聚类算法划分用户群体，比如用 K-means（无监督学习聚类算法）划分母婴用户细分需求。
- 用预测模型预判未来需求，比如 Netflix 提前 6 个月预测用户想看的内容。

**案例：Spotify 的"音乐基因库"**

通过分析 6 000 万首歌、400 亿次播放记录，Spotify 为每个用户建立包含"节奏敏感度""歌词关注度"等 128 维的音乐 DNA 模型。其"Discover Weekly"个性化歌单让用户收听时长提升 30%。

## 2. 设计"乐高式"服务模块——构建动态组合价值

设计"乐高式"服务模块有三大关键要素。

（1）**服务原子化**。将产品拆解为可重组单元，比如汽车＝外观颜色＋内饰材质＋智能功能包。

（2）**动态定价引擎**。基于用户支付意愿实时定价，比如豪华汽车在线定制工具实时生成选配价格。

（3）**实时配置系统**。用户在线"拖拽"形成定制方案，比如 Nike By You 鞋类设计平台。

**案例：保时捷的"数字孪生工厂"**

客户在官网选好车身部件、性能参数后，人工智能实时生成 3D 模型并计算价格。工厂通过工业机器人自动调整生产线，交付周期从 3 个月压缩至 3 周，定制化订单占比从 5% 飙升至 40%。

### 3. 打造"自进化"交付网络——越用越精准

打造"自进化"交付网络有两大关键要素。

（1）智能供应链，这有如下两个重点。

- **需求预测**：人工智能提前 3 个月预判区域化需求。
- **动态路由**：按订单配置自动优化零部件调拨路径，比如戴尔定制计算机实现全球 72 小时极速交付。

（2）服务机器人矩阵，这也有两个重点。

- **前端**：人工智能顾问提供个性化方案，比如美国眼镜品牌 Warby Parker 通过人工智能技术进行在线试戴，实现了个性化方案。
- **后端**：智能质检确保定制质量，比如 LVMH 用人工智能检测奢侈品工艺。

> **案例：Casper 的"睡眠生态"**
>
> 　　用户使用智能床垫检测睡眠数据，人工智能分析后自动调整床垫硬度、推荐助眠音乐、定制枕头高度。服务套餐价格从 79 美元 / 月到 299 美元 / 月，用户生命周期价值提升 5 倍。

### 4. 建立"参与式"利润池——让用户成为合伙人

建立"参与式"利润池有三大关键要素，具体如下。

（1）**数据变现分账**。用户贡献数据可以获得收益分成，比如特斯拉车主用数据换 FSD 折扣。

（2）**创意众包平台**。用户设计产品可以抽取版权费，比如美国 T 恤公司 Threadless 利用众包方式征集设计师和爱好者的作品，然后由大众投票，获胜者获得奖金，其设计也会被生产并销售。

（3）**社交裂变激励**。客户推荐新客要进行奖励，比如纳斯达克上市公司 Stitch Fix 是一家结合算法技术与人工造型师服务的个性化服装订阅电商平台，用户为其推荐好友会获得定制服饰奖励。

> **案例：Glossier 的美妆社区**
>
> 　　用户上传妆容照片，人工智能分析肤质、脸型后推荐产品组合。用户可参与新品试用并分享到社交平台，每带来一个购买奖励价值 10 美元的积分。Glossier 用 0 广告费实现了年增长 300%。

### 5.5.3　三大致命陷阱与破解秘诀

#### 陷阱 1：数据饥渴陷阱

**问题**：企业数据化程度不高，导致没有足够数据支撑定制。

**破解秘诀**：

（1）**冷启动策略**。用行业公开数据＋合成数据训练初期模型，比如服饰定制企业用行业数据和合成数据训练买家模型。

（2）**游戏化采集策略**。设计获取数据的互动机制，比如宜家通过人工智能设计工具，让用户玩 3D 装修游戏，宜家从中自动采集用户偏好。

#### 陷阱 2：过度定制陷阱

**问题**：过犹不及，过度定制会让企业陷入"长尾陷阱"，让企业疲于应付。尤其需要强调的是，100% 定制其实并不一定是客户需要的。

**破解秘诀**：

（1）**20/80 法则**。用人工智能找到 20% 可标准化模块，然后用其覆盖 80% 的需求，比如戴尔的计算机仅定制外壳与 CPU。

（2）**模块化定价**。基础模块保本，定制模块赚取溢价，比如耐克用基础款保本，用配色、印花定制款赚取溢价。

#### 陷阱 3：数据隐私陷阱

**问题**：用户一旦对企业产生数据信任危机，企业遭遇的将不再是利润降低，而是被抛弃。

**破解秘诀**：

（1）**采用联邦学习**。数据不出本地，比如金融机构对用户数据进行联邦建模以评估用户资信，数据不共享。

（2）**用区块链确权**。用户通过 NFT（非同质化通证）掌握数据主权，这是让用户真正觉得自己是上帝的玩法。比如宝马的用户数据钱包的模式就非常值得学习。

### 5.5.4　未来展望与当下行动攻略

企业要想主宰"个性化宇宙"，需要注重三大演变。

（1）从**"人找服务"**到**"服务找人"**。人工智能代理将主动预判需求，比如保险类企业通过人工智能监测用户健康数据后对满足条件的用户进行自动续约。

（2）**从"单一品类"到"场景生态"**。通过人工智能连接跨行业服务，比如健身手环数据触发运动饮料自动配送。

（3）**从"企业定制"到"用户自创"**。低代码人工智能工具让用户成为产品设计师，比如 Canva 用户设计海报，平台自动生产实物。

为了主宰"个性化宇宙"，企业应该做到如下几点。

（1）**立即行动**。选择 1 个高毛利产品线试点人工智能定制，比如服装、3C、食品。

（2）**数据筑基**。部署物联网设备＋用户行为埋点，构建数据资产。

（3）**生态卡位**。接入第三方人工智能平台，比如 DeepSeek、Salesforce Einstein 等平台，降低技术门槛。

现在，是时候按下重启键了：3 个月内，跑通最小可行性模型。1 年内，实现核心产品线人工智能定制化。3 年内，构建全场景个性化生态。

正如苹果 CEO 库克所说："人工智能定制不是选项，而是氧气。"在这场人工智能驱动的商业进化中，唯一的安全区是比对手更快、更深地拥抱定制革命。

## 5.6  小结

在"人工智能＋"下，一方面，所有的要素都数据化了，且数据的颗粒度非常小。另一方面，商业回归服务本质，无论是服务时间，还是服务效果都可以数据化，进而产品化。在这两大因素的融合之下，以服务数据作为收费的依据成为可能。所以，全面智能化的企业的商业模式就变成了以服务为主的新商业模式。一切皆服务，服务即一切，如果只用一个字来描述"人工智能＋"下的商业模式重构，那就是"服"字。

# 第 6 章

# 运营系统重构

企业的运营系统是指支撑企业经营执行的核心架构体系，包含流程、工具和方法 3 个基本要素，涉及企业运作的方方面面，旨在通过优化资源配置和流程管理，提升企业的运营效率和市场竞争力。

## 6.1 为什么要重构运营系统

"人工智能 +"下企业运营系统为什么要重构呢？因为人工智能技术的深度渗透正倒逼企业运营系统在流程、工具和方法 3 个维度进行根本性变革，这体现在以下层面。

（1）**流程重构：从线性固化到动态适应**。一方面，传统流程依赖人工审批与人的经验判断，难以应对市场高频波动，而智能流程能自动应对市场波动。另一方面，智能流程挖掘技术可自动识别效率瓶颈，动态优化路径。例如，某金融机构依托智能流程挖掘技术将信贷审批周期从 7 天压缩至 48 小时。

（2）**工具重构：从功能割裂到智能协同**。一方面，传统 ERP、CRM 等工具存在数据孤岛与响应滞后问题。另一方面，智能体技术通过自然语言交互与自主决策，实现跨系统协同。例如，在智能交通查询场景中，通过自然语言指令解析与跨平台数据接口实现了对话模式，将传统查询效率提升 80%。

（3）**方法重构：从经验驱动到数据智能。**传统运营依赖经验积累，易陷路径依赖困境。人工智能通过实时分析多维度数据，将决策颗粒度细化至分钟级。

运营系统重构的本质是技术革命与运营逻辑的共振：智能技术突破工具效能边界，数据流动重塑流程逻辑，算法迭代颠覆方法论体系。

智能时代的运营系统该如何重构呢？需要紧紧围绕 3 个核心维度展开：流程革新、工具换代、方法迭代展开。通过智能调度系统实现资源配置闭环管理，形成可量化的效率提升路径，帮助企业实现智能语境下的资源重置、经营重组、效率跃迁和利润倍增。其中，资源重置的重点在于构建企业智能信息流，经营重组包括智能化底座重构、研发设计系统重构、生产制造系统重构和业务系统重构等（见图 6-1）。运营系统重构的目标是构建智能运营系统。与传统运营系统相比，智能运营系统实现了数据驱动下的智能调度，这是质的飞跃！

图 6-1　运营系统重构

不同规模企业需要根据资源禀赋，选择适配路径完成运营系统的代际升级。针对大型央国企、大型民企、中型企业、小微企业和初创企业，我提出运营系统重构的模型，并提出了可落地的实施建议。

## 6.2　建设企业"新基建"

"新基建"是新型基础设施建设的简称，是国家提出的面向高质量发展需要，提供数字转型、智能升级、融合创新等服务的基础设施体系，主要包括 5G 基站建设、特高压、城际高速铁路和城市轨道交通、新能源汽车充电桩、大数据中心、人工智能、工业互联网七大领域，分为信息基础设施、融合基础设施和创新基础设施三大类。企业智能化转型升级，也必须打造智能化底座——企业新基建。我参照国家的三大分类，将企业新基建也分为三大类：企业信息基础设施、企业融合基础设施和企业创新基础设施。

### 6.2.1　传统信息基础设施的局限性

在经济增速放缓和智能化需求激增的双重压力下，传统信息化系统逐渐暴露出结构性问题，这些问题不仅制约了企业的运营效率，也影响了企业的竞争力和市场响应速度。相关调研报告显示，传统信息化系统存在以下五大结构性问题。

（1）**数据孤岛效应**：每家企业平均存在 18.7 套独立信息系统，这些系统之间缺乏有效的数据共享和交互机制，导致跨部门协同效率不足 35%。数据孤岛现象严重阻碍了企业的整体运营效率和决策能力。

（2）**边际成本悖论**：随着企业业务规模的扩大，服务器扩容成为必然需求。然而，当前服务器扩容的投入产出比出现负值，即增加投入并不能带来相应的收益增长，这给企业带来了沉重的财务负担。

（3）**响应能力疲软**：以某汽车集团为例，其订单系统处理峰值仅能支持日产 3 万台，而实际需求已达 5 万台。这种响应能力的不足直接导致客户满意度的下降和市场份额的流失。

（4）**安全防护滞后**：制造业企业平均每月遭受网络攻击次数高达 2 300 次，而传统信息化系统的安全防护措施往往滞后于攻击手段的发展，给企业带来了巨大的安全风险。

（5）**技术债堆积**：以某金融集团为例，其核心系统代码中仍有 13% 基于 COBOL 编写。这种老旧的技术栈不仅难以维护，也限制了企业对新技术的采用和创新能力。

> 某水泥企业在 2019 年便暴露出了典型的 IT 困境。其供应链系统与财务系统数据标准不统一，导致月度账务核对需耗费 14 人天。此外，工业控制网络延时达 380ms，使得窑炉温度波动超出工艺标准，严重影响了产品质量

和生产效率。为了克服这些难题，该企业开启了智能化新基建之路，通过引入先进的信息技术和管理理念，实现了设备在线率从76%提升至99.3%的显著成效。

### 6.2.2 克服传统局限，建设企业"新基建"

面对传统信息化系统的诸多局限性，企业必须积极寻求新的解决方案，建设符合时代发展需求的企业"新基建"。

#### 1. 企业新基建的三元架构

企业信息基础设施

企业信息基础设施是指人工智能与其他信息技术融合构建的通用基础设施，主要用于支持企业的基础运营和通用技术需求，是支持企业基础运营的技术基座。其核心组件如下。

（1）智能算力集群：包括国产化超算中心和边缘计算节点，为企业提供强大的计算能力和数据处理能力。

（2）全域数据管道：通过MBSE建模工具和数据清洗引擎，实现数据的全链路管理和高效传输。

（3）混合云架构：结合公有云和私有云的优势，为企业提供灵活、可扩展的IT资源和服务。

某电网企业搭建的"云—边—端"三位一体架构便是一个典型的例子。通过部署156个边缘计算站点，让设备响应时延降低至5ms，电网调度数据流吞吐量达到2.3TB/s，供电可靠性指标提升至99.999%。

企业融合基础设施

企业融合基础设施是指人工智能等信息技术与具体生产经营应用结合的专用基础设施，旨在支持特定业务场景的智能化需求，是垂直领域的专用智能系统。其实施要点如下。

（1）设备端：部署工业视觉模组、AGV（自动导航车辆）协同网络等智能设备，实现生产过程的自动化和智能化。

（2）场域级：建设物理信息融合系统，将物理世界和数字世界紧密连接，实现实时监控和优化。

（3）**企业级**：搭建 AIoT（人工智能物联网）智能中枢，集成各类智能设备和应用，实现全局的智能调度和优化。

> 三一重工的"灯塔工厂"便是一个成功案例。通过引入智能制造技术，该工厂实现了焊接自动化率 97%、生产节拍缩短 65%、产线换型时间压缩至 4.5 分钟的显著成效。

### 企业创新基础设施

企业创新基础设施是进行科技研发设计的专用基础设施，旨在支持企业的技术创新和产品研发，是驱动技术研发的智能平台。其具体建设要素包括如下几个。

（1）**协同设计系统**：通过数字孪生平台和 VR（虚拟现实）验证系统，实现跨地域、跨专业的协同设计和验证。

（2）**知识工程体系**：构建专利图谱和技术预警系统，帮助企业积累和管理知识资产，提高技术创新能力。

（3）**实验资源共享平台**：整合各类实验资源和数据，为研发人员提供便捷的实验条件和数据分析工具。

> 某汽车企业的全球协同研发平台便是一个典型例子。该平台整合了美、意、日、中四国研发中心，实现了数据交换延迟控制在 200ms 以内，新车研发周期从 42 个月压缩至 28 个月。

### 2. 企业新基建的双重价值

企业新基建不仅能够有效克服传统信息化系统的局限性，还为企业带来了双重价值：智能技术支撑体系和智能研发支撑体系。

### 智能技术支撑体系

企业信息基础设施和企业融合基础设施共同构成了企业的智能技术支撑系统。其中，企业信息基础设施是企业全面智能化转型的基石，涵盖了数据采集、数据处理、数据存储和数据传输的硬件设施和软件系统，确保企业能够快速、准确地获取、处理和应用各种数据。而企业融合基础设施则通过集成人工智能、物联网、大数据分析等先进技术，实现了不同技术和系统的整合，打破了传统信息系统的局限性，使企业能够实时监控和优化业务流程。

五级能力跃迁模型展示了企业智能技术支撑体系的发展路径：从硬件层的知识图谱搭建到数据层的数据湖建设，从算法层的模型推理到应用层的智能调度系统，再到服务层的智能客服系统，企业不断提升自身的智能化水平和市场竞争力。企业智能技术支撑体系五级能力跃迁模型如图 6-2 所示。

图 6-2　企业智能技术支撑体系五级能力跃迁模型

### 智能研发支撑体系

企业创新基础设施构成了企业的智能研发支撑系统，在推动企业技术创新和产品研发方面发挥着重要作用。四维知识工程架构展示了企业如何通过构建数据资产池、算法工场、验证沙盘和创新引擎，实现知识的积累、转化和创新。例如，某机械集团建设了设备故障数据库（数据量达 478TB），为研发人员提供了丰富的数据资源；某电网企业研发了输电线路故障预测模型库，提高了故障预测的准确性和效率；某科技集团建立了星载计算机数字孪生系统，为航天器的设计和验证提供了有力支持；华为诺亚方舟实验室则构建了百亿级参数新材料开发模型，推动了新材料领域的创新和发展。企业创新基础设施的四维知识工程架构如图 6-3 所示。

## 6.2.3　企业大模型开发或应用

企业大模型是具备多模态理解能力的认知中枢，在企业新基建中扮演着重要角色。其技术架构涵盖了数据萃取层、知识蒸馏层和推理决策层，在工业领域，它们分别负责工业设备实时数据流处理、领域经验数字化封装和动态业务规则运算。以下以工业企业为例解析企业大模型的技术架构和落地场景。

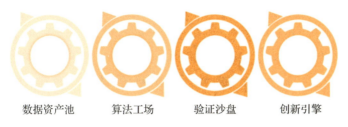

数据资产池　　算法工场　　验证沙盘　　创新引擎

图 6-3　四维知识工程架构

### 1. 技术架构解析

工业企业技术架构主要包括数据萃取、知识蒸馏、推理决策三层。

- **数据萃取层**：通过实时采集和处理工业设备的数据流，为后续的知识蒸馏和推理决策提供数据支持。
- **知识蒸馏层**：将领域专家的经验和知识数字化封装成模型或规则，以便在后续的推理决策中加以应用。
- **推理决策层**：基于数据萃取层提供的数据和知识蒸馏层提供的模型或规则，进行动态的业务规则运算和决策。

### 2. 落地场景

大模型在企业中有着广泛的应用，主要包括知识图谱构建、工艺流程优化、质量检测、预测性维护和智能决策等多种重要场景。例如，在知识图谱构建方面，东方电气建立了涉及 15 万个节点的电站设备知识引擎，为电站设备的运维和管理提供了有力支持；在工艺流程优化方面，三一重工利用企业大模型对混凝土泵车的生产工艺流程进行了优化，优化率达到了 18%；在质量检测方面，TCL 利用企业大模型对电视面板进行了缺陷识别，识别精度高达 99.7%；在预测性维护方面，中国中车利用企业大模型对轨道交通设备进行了故障预警，预警准确率达到了 91%；在智能决策方面，招商局港口利用企业大模型对吞吐量进行了动态调度，调度效率提升了 40%。

## 6.2.4　企业"新基建"建设准则

为了确保企业新基建的顺利建设和有效运营，企业需要遵循以下六大实施原则。

（1）**战略性投入原则**。企业新基建是企业生命的"动脉"，必须进行战略性投入。对于大中型企业来说，宁肯不建办公大楼，也需要在企业新基建上进行重金投入。对于中小企业来说，好钢用在刀刃上，重点聚焦于与业务应用相关的企业新基建轻资产投入，其他重资产投入则待企业有足够的资本之后再考虑。当然，即便是大企业，像高性能计算集群这样的重资产，也宜采用租赁而非自建的方式进行，因为这种计算资产更新快，维护成本也高。同时，需要用足、用好政府发放的"算力券"等资金和政策扶持。

（2）**与业务无缝结合原则**。所有的企业新基建都要着眼于业务开展，支撑老业务，开发新业务，与业务无缝结合。

（3）**长期主义原则**。企业新基建是长期资产，必须贯彻长期主义原则，需要总体规划，分步实施。

（4）**自研与合作双轮驱动原则**。无论小企业还是大企业，都可以采用自研与合作双轮驱动原则进行。比如，苹果这样的大公司，在中国推出 iPhone 人工智能手机也选择与阿里巴巴通义千问合作。

（5）**降本增效原则**。企业新基建是新生事物，其降本增效空间较大，这恰恰是中国企业的长项。要学习 DeepSeek 公司，在降本增效上下足"中国功夫"。

（6）**国产化优先原则**。鉴于国际局势等诸多不确定性，企业新基建要优先选择国产化技术、产品和服务商，以降低对外部供应商的依赖。

## 6.3 运营管理信息流重构

信息流是运营系统的神经传输系统，如果没有它，企业将会变成一具僵尸。在智能时代，传统的基于人的层级结构、依靠传统载体或者 IT 系统进行线性传递的信息流正受到严峻挑战，信息流的重构势在必行。

### 6.3.1 传统运营管理信息流存在的问题

#### 1. 传统运营管理信息流的基本模式和特点

在传统的企业运营管理中，信息流通常采用**层级式的结构，自上而下或自下而上地传递**。这种模式导致了信息传递的延迟和失真，因为信息需要通过多个层级才能到达决策者手中。此外，**各部门之间的信息相对独立，形成了所谓**

的信息孤岛，这主要是由于各部门使用不同的数据系统和工具，且缺乏有效的信息共享机制。这种孤立性不仅降低了工作效率，还可能导致决策失误。

**传统信息流模式对人工的依赖较大，效率低下问题显著且易出错**。例如，数据的录入和处理需要大量的人力投入，而且容易出现人为植入的错误。此外，由于缺乏自动化的工具和技术，信息处理的效率相对较低，难以满足快速变化的市场需求。

### 2. 传统运营管理信息流存在的不足

在传统运营管理信息流中，**信息孤岛现象尤为严重**，前文对此有过介绍，这里不再展开。

**信息传递效率低下**也是传统信息流的显著问题，前文对此有过介绍，这里不再展开。

**决策依赖经验，缺乏数据支持**是传统信息流的另一个重要问题。在传统模式下，企业的决策往往依赖的是管理者的经验和直觉，而不是科学的数据分析。这种主观性的决策方式带来了较大的风险，因为经验可能并不总是可靠的。例如，在制定市场策略时，管理者可能基于过去的经验做出判断，而忽视了市场环境和消费者需求的变化。

**传统信息流模式难以应对快速变化的市场环境**。在激烈的市场竞争中，企业需要迅速响应市场变化和消费者需求。然而，传统的信息流模式由于其层级式的结构和信息传递的延迟，往往无法及时提供决策所需的信息。例如，当市场需求突然发生变化时，企业可能无法迅速调整生产和营销策略，导致错失市场机会。

## 6.3.2　运营管理信息流重构的方法

### 1. 运营管理信息流重构的目标和原则

流处理技术是一种实时处理数据流的技术，能够在数据生成的同时对其进行处理和分析，而不需要将数据存储后再进行批量处理。流处理技术广泛应用于需要实时响应的场景，如金融交易监控、物联网数据处理、实时推荐系统等。得益于流处理技术和人工智能技术的发展，在企业实施全面智能化的过程中，重构信息流成为可能。

运营管理信息流重构的目标是构建智能信息流——一个高效、智能、安全的数据处理系统，以支持企业的全面智能化战略。这个系统的构建应遵循五全原则：全时原则、全流程原则、全域原则、全场景原则和全要素原则。我将遵循五全原则的智能信息流模型称为五全感知模型（5-Omni Perception Model）或者5O感知模型。通过五全原则的协同作用，企业可以实现对信息流实现全面智能化管理，从而提升企业的运营效率和决策质量。

### 五全感知模型

（1）**全时感知（Temporal Omniscience，TO）：时间维度无死角**。全时感知强调在时间维度上实现无死角的数据采集。利用传感器和物联网技术，通过实时采集全生命周期的数据流，企业可以消除信息延迟，确保业务运营的连续性。例如，某化工企业通过实时采集设备振动数据，能够提前预测设备故障，从而将停机时间减少37%。全时感知的核心价值在于穿透业务的时间连续性，为企业决策提供实时、准确的数据支持。

（2）**全流程感知（Processual Omniscience，PO）：业务链条无断点**。全流程感知注重在业务链条上实现无断点的数据贯通。它覆盖了从研发到生产再到交付的全价值链，确保每个环节的数据都能被有效采集和利用。例如，某汽车制造商通过打通冲压、焊接、涂装等车间的数据，使得工艺缺陷的追溯时间从3周缩短至8小时。全流程感知的核心价值在于保障运营的纵向穿透力，提升企业的整体运营效率。

（3）**全域感知（Holistic Omniscience，HO）：组织边界无壁垒**。全域感知旨在打破部门或系统间的数据孤岛，实现跨域协同。通过整合不同部门或系统的数据，企业可以实现信息的共享和协同，提升整体响应效率。例如，某零售企业整合CRM、ERP、SCM系统后，促销响应效率提升了52%。全域感知的核心价值在于构建系统的横向整合力，促进企业内部的协同合作。

（4）**全场景感知（Scenario Omniscience，SO）：决策环境无盲区**。全场景感知强调动态适配多样化业务场景，构建适应性知识库。通过不断学习和适应不同的业务场景，企业可以做出更加精准的决策。例如，某保险公司通过场景化风控模型，将反欺诈准确率提升至91%。全场景感知的核心价值在于强化决策的情景适应力，使企业在复杂多变的市场环境中保持竞争力。

（5）**全要素感知（Elemental Omniscience，EO）：生产要素无脱节**。全要素感知关注整合人、机、料、法、环五要素的数据联动，实现生产要素的全面感知。通过数字孪生技术，企业可以实时匹配设备状态与物料特性，优化生产流程。例如，某半导体工厂通过实时匹配设备状态与物料特性，使良品率提升了 6.8 个百分点。全要素感知的核心价值在于实现要素的全局耦合力，提升企业整体的生产效率和产品质量。

### 模型创新特点

五全感知模型在创新方面具有以下三大特点。

（1）**协同进化架构**：全域感知与全要素感知模块形成"空间网格"，实现跨域协同与要素整合；全时感知与全流程感知构建"时间链网"，确保数据在时间和空间上的连续性和贯通性；全场景感知实现动态映射，使模型能够适应不同的业务场景。

（2）**矛盾消解机制**：通过全域感知缓解"流程优化与部门割裂"的冲突，促进部门间的协同合作；通过全要素感知解决"设备效率与人员技能"的矛盾，实现人机协同的最佳状态。

（3）**动态平衡路径**：在不同转型阶段，企业可以侧重全时感知与全流程感知组合得到的"效率攻坚型"策略，也可以侧重全域感知与全要素感知组合得到的"生态重构型"策略，以实现企业运营的持续优化和升级。

### 模型应用注意事项

五全感知模型是一个理论模型，需要因企、因时、因事而动，企业在应用时需注意以下 3 点。

（1）**避免唯技术论**：技术的引入固然重要，但更重要的是同步推进组织流程重构与数据治理体系搭建，确保技术与业务的深度融合。

（2）**注重人才培养**：智能化转型离不开专业人才的支撑，企业需要注重培养具备智能化思维和创新能力的人才队伍。

（3）**持续迭代优化**：五全感知模型是一个不断进化的系统，企业需要根据实际情况进行持续迭代和优化，以适应不断变化的市场环境和业务需求。

### 2. 如何进行信息流重构

在智能时代，信息流的形态从传统单一的"静态信息流"演变为"静态信息流""动态信息流""智能涌现流"三者共存的复合形态。这种演变在企业的全面智能化转型中体现得尤为明显。

### 信息流形态简介

（1）**静态信息流：企业运营的底层数据支撑**。静态信息流是企业运营过程中相对固定、周期性更新的基础数据流动体系，主要包括用户档案、组织架构、产品参数等结构化数据，具有低频率传输和大数据量的特征。应用场景包括用户首次登录时的完整通讯录加载、季度性更新的产品参数库同步、年度组织架构调整时的全局信息推送等。

（2）**动态信息流：实时交互的运营神经网**。动态信息流是即时变化的运营数据流动网络，涵盖设备状态、交易记录、用户行为等实时信息，具有高频次、低延迟的特性，其传输频率可达毫秒级。应用场景包括生产线设备状态的毫秒级监控、电商平台的实时库存更新、金融交易系统的即时风控预警等。

（3）**智能涌现流：自组织的决策智慧体**。智能涌现流是通过人工智能技术实现的自进化数据流动形态，"企业大脑"就是典型代表，其特性包括如下3点。

- **自感知**：集成 5G+IoT 实现全要素数据采集。
- **自决策**：应用深度学习算法进行智能排产优化等经营决策。
- **自演进**：通过强化学习持续优化业务流程。

智能涌现流的应用场景包括互联工厂的自适应生产调度、港口吞吐量的动态智能调度、药物研发中的人工智能分子设计等。

智能时代的 3 种信息流如表 6-1 所示。

表 6-1  3 类信息流的特征对比表

| 类型 | 静态信息流 | 动态信息流 | 智能涌现流 |
| --- | --- | --- | --- |
| 存在形态 | 离散的、固化的数据（如纸质文档、离线数据库） | 实时流动的数据流（如物联网传感器数据、交易流水） | 通过复杂系统交互产生的自组织信息（如人工智能决策路径、群体智能演化） |
| 流动速度 | 以天/周为单位的批量更新 | 毫秒级实时流动（如金融高频交易数据延迟＜3毫秒） | 非线性突变（如大模型参数调整引发的业务逻辑重构） |
| 处理方式 | 人工录入＋规则化处理 | 流式计算引擎（如 Flink、Kafka） | 深度强化学习＋复杂系统仿真 |
| 价值密度 | 结构化数据占比＞80%，但信息时效性差 | 非结构化数据占比＞60%，蕴含实时业务状态 | 隐性知识占比＞90%，驱动商业模式创新 |
| 典型场景 | 月度财务报表、年度市场分析报告 | 实时供应链监控（如美的 M.IoT 平台每秒处理 2.3 万条数据） | 智能决策系统自主优化生产参数（如特斯拉工厂动态调整焊接机器人工作模式） |

**信息流形态突破**

这三种信息流的演进过程本质上是企业从"数据记录者"向"智能决策者"的转型过程。当前头部企业已进入智能涌现流建设阶段，如海尔互联工厂调度项目，通过构建工业互联网实现自优化能力。那么，该如何进行信息流重构呢？主要从如下 3 个方面进行突破。

（1）**基于智能算法和机器学习达到自适应优化**。在智能化运营管理中，智能算法和机器学习被广泛应用于系统的自适应优化。这种自适应优化能够根据实时数据动态调整运营策略，从而有效应对市场变化和企业内部资源的优化配置。例如，在库存管理中，智能算法可以根据历史数据和市场预测，自动调整库存水平，减少库存积压和缺货风险；在生产调度中，智能算法可以根据生产线的实时数据，自动调整生产计划和任务分配，提高生产效率。

智能算法和机器学习的应用，将使企业能够自动分析和处理数据，为企业提供更加精准的决策支持。同时，这种自适应优化也将提升企业的运营效率，降低运营成本，使企业在市场竞争中占据优势地位，从而提高企业的经济效益和可持续发展能力。

此外，智能算法和机器学习在运营管理中的应用还能提高企业的风险防控能力。通过实时监控和分析运营数据，智能系统能够及时发现潜在的风险点，并自动调整运营策略以降低风险。例如，在供应链管理中，智能算法可以预测供应链中断的风险，并提前调整采购策略和生产计划，以避免供应链中断对生产产生影响。这种风险防控能力的提升，将使企业能够更加稳健地应对市场变化和内部运营中的不确定性，保障企业的持续运营和发展。

（2）**基于五全感知提升预测能力**。物联网和大数据技术的应用极大地增强了企业对市场变化和内部运营状态的感知能力。通过实时采集设备运行状态、环境参数等数据，使得企业能够实时监控生产设备和生产环境。此外，通过对海量数据的分析和挖掘，使得企业能够揭示市场趋势和消费者需求。

这种基于五全感知的预测能力，将使企业能够更加精准地预测市场变化和内部运营状态。同时，这种预测能力的提升也将使企业能够更加灵活地应对市场变化和内部资源的优化配置，提升企业的运营效率和市场竞争力。预测能力的提升还能帮助企业优化供应链管理，提高供应链的稳定性和效率。通过实时监控和预测供应链各个环节的状态，企业能够提前调整采购和生产计划，避免供应链中断和库存积压等问题，从而降低运营成本和提升客户满意度。

此外，基于五全感知的预测能力还能帮助企业实现精准营销。通过对消费者行为和偏好的实时分析，企业能够制定更加精准的营销策略，提升营销效果和客户转化率。例如，某消费品公司通过实时数据分析，精准定位目标客户群体，制定个性化的营销方案，实现了销售额的显著增长。这种精准营销的实现，不仅提升了企业的市场竞争力，还增强了客户满意度和品牌忠诚度。

（3）**基于数据驱动进行精准决策**。在智能化运营管理中，数据模型和分析体系支持企业做出更加精准的决策。例如，某银行利用大数据分析，实现精准风险管理，有效降低了不良贷款率。这种数据驱动的决策方式减少了传统决策中的不确定性和风险，提高了决策的质量和效率。

此外，数据驱动的精准决策还能帮助企业提升客户满意度和品牌形象。通过对客户反馈和行为数据的实时分析，企业能够及时发现客户的需求和痛点，并迅速做出响应和改进。例如，某服务型企业通过大数据分析客户投诉数据，发现服务过程中的关键问题，并采取针对性的改进措施，提升了客户满意度和品牌口碑。

### 6.3.3　构建"企业大脑"

"企业大脑"是智能信息流的中枢系统，能够实时处理和分析来自企业各个方面的数据，提供智能化的决策支持和自动化运营管理。在全面智能化中，"企业大脑"扮演着核心角色，它不仅能够优化现有业务流程，还能预测市场趋势和潜在风险，帮助企业做出更快的响应和更准确的决策。

#### 1. "企业大脑"建设路径

构建"企业大脑"是实现企业智能化转型的关键步骤之一。"企业大脑"主要由智能数据湖、动态知识图谱和决策推演引擎三大核心组件构成。

（1）**智能数据湖**：通过整合企业内外部的各类数据资源，构建一个统一的数据存储和管理平台。

（2）**动态知识图谱**：基于智能数据湖中的数据资源，构建包含实体、关系和属性的知识图谱。

（3）**决策推演引擎**：基于智能数据湖和动态知识图谱提供的数据和知识资源，构建能够进行复杂决策和推演的算法模型。

海尔工业智能研究院通过构建家电研发大脑，实现了新场景模型开发周期从 32 天缩短至 5 天、模型推理性能从每秒 5000 次提升至 38 万次的显著成效。这不仅提高了研发效率，也降低了研发成本，为企业带来了显著的经济效益。

### 2. 通过构建"企业大脑"实现信息流的全面智能化

通过构建"企业大脑"，企业能够实现运营管理信息流的全面智能化。这包括实时数据的深度挖掘，提升数据利用效率；提供智能化的预测和预警功能，助力企业规避风险和抓住机遇；支持企业战略决策和资源配置优化，提升整体运营水平。例如，通过数据中台的集中数据处理，企业能够快速响应市场变化，优化产品设计和生产计划。

"企业大脑"通过集成和分析实时数据，使得企业能够实时监控和调整运营策略。此外，"企业大脑"还可以通过智能算法和机器学习，自动分析和预测市场趋势和潜在风险，提供智能化的预测和预警功能，帮助企业规避风险和抓住机遇。例如，"企业大脑"可以通过分析供应链数据，预测供应链风险和机会，帮助企业优化供应链管理，提升供应链的稳定性和效率。

需要指出的是：在建设"企业大脑"时必须厘清两种关系：

（1）**"企业大脑"与企业新基建的关系**。企业新基建——企业信息基础设施、融合基础设施和创新基础设施属于信息系统和基础设施，可以把它理解为企业信息高速公路。"企业大脑"是决策系统和指挥中枢，它基于企业新基建，同时又管理和指挥企业新基建。

（2）**"企业大脑"与运营系统的关系**。"企业大脑"是企业运营管理信息流的决策中枢，是企业运营系统重构的最高目标。它管理和指挥着企业运营系统的 3 个子系统——研发设计系统、生产系统和业务系统。

总之，在智能化转型背景下，运营管理信息流重构是企业提升效能与竞争力的关键路径。通过打破传统层级壁垒、消除信息孤岛，构建五全感知智能信息流系统，企业可实现从经验驱动向数据驱动的跨越——利用流处理、物联网等技术捕捉实时数据，借助智能算法优化资源配置，并通过"企业大脑"实现全局决策协同。在重构过程中应聚焦 3 个核心：强化数据治理基础，打通跨部门协作通道；逐步推进技术融合，避免"一步到位"的陷阱；同步升级组织能力，确保技术落地与业务需求紧密咬合。面对市场的不确定性，唯有通过智能化信息流的敏捷响应与精准决策，方能在存量竞争中突围，实现可持续增长。

## 6.4　研发设计系统重构

"人工智能＋"首当其冲可以用来加速科技研发，谁利用人工智能加速科技研发，谁就会拥有新质生产力的核心竞争力和未来话语权。

### 6.4.1　传统研发设计系统的局限性

在深入探讨传统研发设计系统的局限性之前，我们需要明确一点：这些局限性并非意味着传统研发设计系统完全失效，而是在日益复杂多变的商业环境和技术进步背景下，它们显得越发捉襟见肘，难以适应新时代的要求。局限性主要体现在如下几点。

（1）**传统研发设计系统往往受限于其固有的刚性结构和流程**。这些系统多数基于线性、顺序性的研发模式，每个步骤都严格依赖前一步的完成，缺乏灵活性和应变能力。在快速变化的市场中，这种僵化的模式可能导致企业错失宝贵的市场机遇，或因无法及时调整研发策略而面临巨大风险。

（2）**传统研发设计系统在数据处理和分析方面存在明显不足**。随着大数据和人工智能技术的兴起，企业能够获取和处理的数据量呈指数级增长。传统研发设计系统往往无法有效整合和利用这些数据资源，导致大量有价值的信息被忽视或浪费。这种数据处理能力的局限不仅影响了研发效率，还可能阻碍企业从数据中洞察市场趋势和客户需求的能力。

（3）**传统研发设计系统在创新支持方面的欠缺也是不容忽视的问题**。创新是企业持续发展的核心动力，而研发设计系统作为支持创新的重要工具，理应具备激发和培育创新能力的功能。由于传统系统过于注重流程和规范，往往限制了研发人员的创造性和探索精神，使得企业难以在激烈的市场竞争中脱颖而出。

### 6.4.2　智能研发支撑体系——企业创新基础设施在研发设计中的作用

如前文所述，以人工智能为驱动的企业创新基础设施在企业研发设计中扮演着举足轻重的角色。其在科学研究、技术开发和产品研制过程中起到了至关重要的促进作用。这种新型基础设施不仅提升了研发设计的效率，还为企业带来了前所未有的创新能力和竞争优势。

（1）**提高研发效率**。人工智能技术的引入，使得企业能够更有效地进行数据分析、模拟实验和设计优化。通过智能算法，可以快速处理大量数据，为研发团队提供即时反馈，从而加速科学研究的进程。例如，在材料科学领域，人工智能可以预测新材料的性能，指导实验方向，大幅缩短研发周期。

（2）**推动技术创新**。在技术开发方面，创新基础设施通过机器学习和深度学习技术，帮助企业从海量数据中提取有价值的信息，发现新的技术趋势和市场需求。这种能力使得企业能够迅速调整技术策略，开发出更符合市场需求的产品。此外，人工智能还可以辅助进行复杂系统的设计，提高产品的性能和可靠性。

（3）**推动产品升级**。对于产品研制而言，创新基础设施提供了强大的仿真和测试能力。通过虚拟仿真技术，可以在设计阶段就预测产品性能和潜在问题，从而减少实物测试的次数和成本。同时，人工智能技术还可以用于产品的个性化定制，满足不同客户的独特需求，提升市场竞争力。

## 6.4.3　智能研发四步法模型构建

在智能时代，新材料、新技术、新工艺和新产品的智能研发设计系统的构建成为企业提升竞争力的关键。基于技术演进方向与实践反馈，我提出了智能研发四步法模型。

### 1. 建立生成式数据合成架构

建立生成式数据合成架构（Generative-Orbital Data Fabrication，GO）就是用人工智能搭建"数据组装车间"，在云端通过人工智能自动生产和调配研发所需的数据原料。需要什么数据，系统就会将散乱的实验记录、设备传感器数据、行业报告以及其他可获取的数据，按需"合成"为标准数据原料并精准输送到实验环节。这不仅能自动补全缺失数据，还能预测未来可能的实验方向，从而将研发数据准备时间从数月压缩到几天。其底层逻辑是通过生成式人工智能技术构建数据合成体系，解决真实数据不足、隐私合规等问题。

（1）**构建要点**：具体如下。

- **数据智能补全**：运用生成式人工智能技术自动填充实验缺失数据，如在开发新合金时，系统可根据元素特性逆向推测性能参数，减少 30% 实物实验次数，压缩研发周期。

- **数据多维贯通**：构建工艺参数、性能指标与成本数据的动态关联体系。例如电池企业精准追踪不同电解液配比对续航里程的影响，并与单瓦时成本计算联动，确保技术突破不牺牲商业价值。

- **严控数据品质**：引入制造业 6σ（六西格玛）标准，建立数据清洗与校验机制。某碳纤维企业通过修复 23% 的数据错误，使良品预测准确率从 85% 跃至 93%，避免因数据偏差导致的千万级量产损失。

（2）**核心价值**：构建全域可信数据底座，降低试错成本 50% 以上，解决企业两大难题，即让企业 70% 左右的休眠数据"复活"；破解企业缺乏研发数据的难题，解决研发"巧妇难为无米之炊"的困境。

（3）**关键优势**：具体如下。

- 数据生成成本比传统实验获取数据的成本低 80% 左右，例如某纳米材料企业实现单组数据成本从 3700 元降至 620 元。

- 突发研发需求响应时效提升 6 倍左右，例如某企业为应对友商新品发布，在 5 天内就生成应对方案数据集。

- 激活"沉睡"数据创造新价值，例如某胶黏剂企业通过数字化 1950 年—2000 年的纸质报告，提炼出 3 项高价值专利。

### 2. 构建跨领域知识迁移协同平台

构建跨领域知识迁移协同平台（Omni-domain Knowledge Leverage Synergy，OL）就是组建"人工智能研发天团"，即让材料分析师、工艺优化师、成本精算师等数字角色协同工作。通过不同角色不断互相学习，实现跨领域知识迁移与智慧共享，快速找到最佳参数组合，避免工程师陷入试错泥潭。其底层逻辑是借助智能体通过知识迁移实现多领域能力融合，例如将医疗诊断策略迁移至工业质检领域。

（1）**构建要点**：核心是构建"研发大脑"体系，通过构建三大核心智能模块群，为研发创新提供系统化解决方案。

- **模拟分析模块**：即模拟分析 Agent（如分子模拟智能体），可对复杂研发参数进行智能建模与推演。

- **流程优化模块**：即流程优化 Agent（如工艺优化智能体），能实时调整生产工艺路径。

- **资源评估模块：** 即成本计算 Agent，可以实现多维度的成本效益测算。

这三个模块构建了"研发大脑"核心 Agent 群，形成闭环协作系统，可有效解决传统研发中试错成本高、跨专业协同难的问题。

为突破研发效率瓶颈，系统采用符号逻辑增强的深度强化学习技术（SL-DRL），将行业知识规则与自主学习能力深度融合。该技术通过结构化知识引导算法探索方向，同时利用深度网络处理海量数据特征，使算法在保证决策可靠性的前提下，将传统研发中耗时的参数验证、工艺迭代等环节压缩60%以上。这种技术既继承了专家经验的可解释性，又具备智能算法的高效优化能力，可广泛应用于新材料开发、装备制造、医药研发等需要复杂系统优化的领域。

（2）**核心价值：** 实现参数空间多目标全局寻优，相当于用人工智能提炼顶尖专家的集体智慧，24 小时不间断攻关。

（3）**关键优势：** 具体如下。

- **知识复利引擎：** 将领域专家的经验转化为可迭代升级的知识资产库，如将资深工程师数十年的工艺参数选择逻辑编码为智能决策规则。新员工借助该系统快速继承企业核心技术"基因"，仅需数月即可达到高级工程师的决策水准。这种能力沉淀机制有效解决了人才断层危机，确保企业核心工艺持续精进。

- **跨域协同增效：** 通过建立知识迁移的算法通道，打破专业领域壁垒。例如将航空航天材料抗疲劳优化策略智能适配到医疗器械精密结构件设计中，使 2 年的开发周期压缩至半年。这套机制大幅提升企业跨界创新能力，在多元化业务拓展中形成独特战略优势。

- **永续优化体系：** 基于超大规模参数搜索能力，以 7×24 小时不间断的智能推演替代传统人工试错。例如，在芯片导热材料开发中，系统对 10 万种分子排列组合进行物性模拟，发现反常规的镂空拓扑结构，在保障导电性的同时散热效率提升17%。这种超越人类经验框架的创新能力，为新质生产力的爆发式增长提供了技术基底。

这三重能力协同作用，实质是为企业构建了价值积累的两大飞轮：显性层面缩短 50% 左右研发周期，隐性层面沉淀出可指数增值的知识资产库。当面临市场突变或技术代际更迭时，这类企业往往具备更强的抗风险能力与创新响应速度。

### 3. 数字孪生动态迭代

数字孪生动态迭代（Dynamic Twin Iteration Framework，DT）可以理解为在计算机中建立"虚拟实验室"。先用数字替身跑完 10 万次模拟实验，筛选出最有潜力的 10 个方案进行真正的实验。每次实验结果又反过来训练人工智能，形成"越用越强"的正循环，确保每次实验经费都花在刀刃上。其底层逻辑是覆盖从虚拟仿真到物理反馈的闭环优化过程，例如通过合成数据模拟极端场景。

（1）**构建要点：**具体如下。

- **构建虚实联动的数字孪生实验场。**通过构建物理设备与虚拟模型的实时映射系统（即数字孪生体），企业可在虚拟环境中模拟设备运行、材料性能及工艺参数。例如，在芯片制造中可提前预测材料热膨胀对良率的影响，避免实际试错成本。该平台支持全生命周期管理，从设计到维护阶段均能动态优化。

- **建立"预测—实验—反哺"三循环机制。**通过预测模型（基于历史数据与物理规律）、实验验证（快速原型测试）及数据反哺（将实验结果反馈至模型优化）的闭环迭代，显著缩短研发周期。某芯片材料实验室通过该机制，将迭代效率提升 8 倍。例如，预测模型指导实验参数设定，实验结果修正模型偏差，形成螺旋式技术升级。

- **实施技术成熟度（TRL）梯级验证。**引入 TRL 等级（1～9 级）分阶段验证技术可行性。例如：TRL1-2 级对应进入实验室前的基础验证；TRL3-5 级（实验室验证）验证材料基础性能；TRL6-8 级（系统集成）模拟实际产线环境测试；TRL9 级（量产应用）确保技术稳定性和经济性。通过梯级验证，企业可精准评估技术风险，避免过早投入大规模资源。该体系将虚拟仿真、快速迭代与风险管控结合，适用于芯片、新能源等高技术产业，帮助企业缩短 30% 以上研发周期，降低 50% 左右试错成本。

（2）**核心价值：**将物理实验需求减少 70% 左右，试错成本降低 80% 左右，突破性发现概率提升 5 倍。

（3）**关键优势：**具体如下。

- **成本剃刀模式：**通过数字化仿真技术替代传统物理实验。

- **危机预演练兵场：**这种模式借鉴军事演练思维，通过模拟"压力测试"将风险管控前置，如同军队通过特情推演提升实战能力，帮助企业建立风险免疫系统。例如，某车企构建包含 200 种极端工况的数字沙盘（如 −50℃ 极寒环境下的电池性能测试），借此提前发现设计缺陷，避免因产品缺陷召回导致的 12 亿元损失。

- **黑马方案孵化器**：采用混沌工程原理，在虚拟环境中注入非常规参数组合，这类似于创新加速器的运作逻辑——搭建跨界资源平台，通过技术赋能、场景对接，促成反常识的创新突破。例如，某光纤企业在常规思路碰壁时，通过人工智能提出"高温骤冷"新路径，发现反常识但有效的全新工艺，突破了技术瓶颈。

### 4. 产业级智能制造原型验证

产业级智能制造原型验证（Industrial-grade Prototype Validation，IP）可以理解为实验室成果直通量产车间的"星光大道"。用人工智能模拟实际产线条件（如设备精度限制、工人操作误差），确保新材料、新工艺从第一天就满足可制造性要求，避免"样品惊艳，量产火葬场"的行业魔咒。其底层逻辑是通过数字孪生和合成数据技术验证原型的可行性，降低物理试错成本。

（1）**构建要点**：具体如下。

- **生成式设计 + 制造智能化**：通过人工智能自动生成创新设计方案，并同步进行可制造性验证（包含设备精度限制、生产工艺配套性等）。例如，某光电薄膜企业通过此方法，将高透光率材料的量产可行性评估时长从 3 个月压缩至 11 天，设计返工率下降 75%。

- **全链协同控制系统**：构建"原料配方—部件性能—产线参数"联动的智控系统，确保新工艺从实验室到量产的无缝转化。例如，某半导体材料企业实现从纳米级前驱体配方到 8 英寸晶圆产线的精准匹配，新品良品率从试产阶段的 58% 直接提升至量产阶段的 93%，节约工艺调试费用 2 600 万元 / 年。该模式适用于需要突破"工艺—设备—材料"耦合瓶颈的行业，在环保新材料、精密电子等领域已获验证。

（2）**核心价值**：将新产品上市周期砍半，规避千万级量产事故风险。

（3）**关键优势**：针对制造业企业在技术转化、知识产权保护和市场转化效率方面的核心痛点，以下解决方案可助力企业构建系统性竞争力。

- **量产风险熔断机制**：通过数字化模拟技术，可提前预判生产环节中因人员操作差异带来的质量波动。例如某芯片封装企业通过构建 2 000 名虚拟操作工的技能模型，优化工艺参数容差设计，使试产良率从 68% 跃升至 93%。该机制本质是通过"虚拟试错"筛选出抗干扰能力强的工艺路线，降低产线调试成本。

- **专利壁垒快速构建**：采用"技术树"专利布局法，同步生成"工艺—设备—材料"的复合型专利包——围绕核心工艺同步申请设备改良、材料适配等衍生专利。例如，某显示面板企业在开发新型蚀刻技术时，不仅保护核心工艺参数，还针对配套的真空腔体结构、靶材成分等申请 37 项专利，形成立体保护网。这种复合型专利包使竞争对手需突破多重技术关卡，显著延长了技术领先周期。

- **上市周期压缩系统**：通过建立"实验室—中试—量产"的工程参数映射模型，打通研发数据与生产设备的语义转换，避免传统"试错式"工艺适配造成的时间损耗，特别适用于新材料、新能源等创新领域。例如，某碳陶刹车盘企业将技术转化匹配度从 67% 提升至 89%，产品上市周期从行业平均的 22 个月缩短至 9 个月。

智能研发四步法模型通过三大创新机制助力企业高效创新。

（1）**双引擎驱动结构**。所谓双引擎就是如下两个。

- **前端数据燃料舱**：生成式数据合成架构（GO）＋跨领域知识迁移协同平台（OL）形成数据燃料舱。即通过生成式技术获取创新数据，将跨领域知识迁移到优化研发流程上，如同炼油厂将原油转化为高标号燃料。

- **后端价值转化舱**：数字孪生动态迭代（DT）＋产业级智能制造原型验证（IP）构成价值转化舱。即用数字实验系统快速验证可行性，用智造优化模块保障量产质量，形成从实验室到车间的"零损耗传输带"。

（2）**经济性智能护航系统**。在这个系统中要植入如下四大核心约束智算模块。

- 实时研发成本预警（如材料涨价自动匹配替代方案）。

- 专利壁垒扫描（提前规避 95% 以上侵权风险）。

- 供应链弹性模拟（极端事件下的材料替代路径规划）。

- 碳足迹核算（确保技术路线符合碳排放新规）。

（3）**差异化实施策略**。

- **大型央国企、大型民企**：标配数字孪生系统实现全价值链贯通。例如，某光伏企业建立全球实验舱网络，24 小时多时区协同研发，技术迭代速度超过行业均值 3.2 倍。

- **中型企业、小微企业、初创企业**：聚焦生成式数据合成架构与跨领域知识迁移协同，从而构建轻量级研发中台，快速实现定向突破。例如，某医疗材料团队 6 个月即推出首个市场级产品。

产业级智能制造原型验证的企业行动对照表如表 6-2 所示。

表 6-2　产业级智能制造原型验证企业行动对照表

| 企业痛点 | 对应模块 | 成果验证 |
| --- | --- | --- |
| 历史数据多但用不起来 | GO | 某食品企业复活 20 世纪 80 年代关键配方，年省研发费 2 000 万元 |
| 专家退休导致技术断代，或尖端人才招聘难、留不住 | OL | 某家电企业新人工程师 3 个月达到专家 80% 的决策水平 |
| 试错成本吞噬利润 | DT | 某材料企业单材料研发成本从 720 万元降至 130 万元 |
| 实验室到车间总掉链子 | IP | 某大型企业新品量产爬坡期从 11 个月缩至 4 个月 |

## 6.4.4　微软 MatterGen 模型案例

微软发布的 MatterGen 模型，能直接"生成"新材料，而不是靠传统的反复试错实验。

### 1. 扩散模型"想象"新材料

MatterGen 的核心是一个专为材料设计打造的扩散模型。它的工作原理非常巧妙：就像图像扩散模型能根据文字提示通过修改像素颜色来生成图片，MatterGen 能从随机结构开始，通过调整以下 3 个关键参数来生成新的材料结构。

（1）**原子位置**：确定每个原子在三维空间中的具体位置。

（2）**元素种类**：选择和组合合适的化学元素。

（3）**周期晶格**：调整原子的周期性排列方式。

### 2. 精准调控材料性质

MatterGen 最强大的地方在于它的属性调控能力。模型可以根据多种技术参数约束条件来生成材料：化学成分系统（指组成材料的元素种类及比例，决定核心特性）、空间群（指晶体中原子的排列对称规律，影响物理性能）、磁性密度（指单位体积材料蕴含的磁性强弱，关联电子设备功能）、能带间隙（指电子跃迁难易程度，决定导电性，半导体必备属性）、体积模量（指抗压缩能力参数，保障产品结构稳定性）、HHI评分（指所用元素在地壳中的稀有程度，影响供应链成本）、能量高于凸包（指材料稳定性的标尺，数值越低越可能被实际应用）。这些技术参数最终对应产品性能、生产成本、量产可行性等关键商业指标。这意味着科学家可以直接告诉模型他们需要什么样的材料性质，由模型直接提供，而不是在茫茫数据库中搜索。

### 3. 成功案例

在深圳先进技术研究院李文杰教授团队的配合下，研究人员成功将MatterGen的设计变成了现实。当研究团队要求MatterGen生成一个体积模量为200GPa的材料时，它提出了TaCr2O6这个新的晶体结构。实验室合成后发现：该晶体结构与预测基本一致，实测体积模量为169GPa，相对误差不到20%，从实验角度看已经相当精确。

## 6.5 生产系统重构

无论是农业还是制造业，在智能时代都需要对生产系统进行重构。虽然它们的行业属性不同，但重构的底层逻辑是相通的。同理，一些内容制作行业，包括影视、动漫、音乐等行业，也可以参照农业和制造业进行生产系统的重构。

### 6.5.1 农业

农业企业的生产系统重构相对简单，需要聚焦技术驱动的流程再造，核心路径主要涉及如下两个方面。

（1）物联网＋人工智能精准化生产：部署田间传感器网络以实时采集土壤墒情、气象数据，可以结合DeepSeek等人工智能模型动态优化水肥配比，据测算可以实现灌溉效率提升30%、化肥减量20%。通过卫星遥感与无人机巡检构建数字农田模型，实现播种密度智能调节，据测算可以实现亩均增产8%～12%。

（2）**智能装备集群作业**：应用采摘机器人（效率达人工 8 倍）、投喂机器人（饲料利用率提升 45%）等设备，突破人力作业瓶颈，形成 24 小时无人化生产闭环。

## 6.5.2 内容行业

文生文、文生图、文生音频、文生视频等内容生成式人工智能技术的发展使得媒体、影视、动漫、音乐等行业的内容生产对人的依赖性大大降低。具体来说，内容行业的生产系统可以从如下两个方面入手。

### 1. 构建智能创作引擎

部署人工智能内容中台，整合全网热点数据库与用户行为分析系统，结合 DeepSeek 等生成式大模型实现创意自动化。通过语义理解与多模态学习，可动态生成短视频脚本、动漫分镜或新闻初稿。

- **热点追踪**：实时抓取社交平台前 500 垂类话题，通过情感分析模型预判爆款趋势，选题通过率可以提升 40%。
- **智能编剧**：基于角色关系图谱与剧情冲突算法，自动生成剧本关键情节，创作周期可以缩短 50%。
- **素材优化**：用人工智能视觉引擎对原始拍摄素材进行智能标注与片段重组，剪辑效率可以提升 8 倍。

### 2. 构建智能协作网络

构建"策划—制作—分发"智能协作网络，突破创意工业化瓶颈。

（1）数字资产管理方面，示例做法如下。

- 搭建人工智能素材库，通过图像识别自动分类视频、图片资源，提升检索准确率。
- 用区块链存证系统实现版权自动化确权，提升维权响应速度。

（2）智能生产矩阵方面，示例做法如下。

- 用虚拟数字人系统实现 7×24 小时直播，这可使表情动作捕捉精度达 0.1 毫米级，人力成本可以降低 60%。
- 自动化渲染农场，利用 GPU 集群并行处理，这可使 4K 影视特效渲染耗时可以从 72 小时压缩至 3 小时。

（3）精准分发网络方面，示例做法如下。

- 用户画像系统整合 LBS（基于位置的服务）定位与消费偏好数据，实现内容智能推荐，点击转化率可以提升 35% 左右。
- 跨平台发布机器人同步适配多种渠道格式规范，分发效率达到人工操作的 15 倍左右。

从严格意义上来说，精准分发网络并不是内容生产的组成部分，但在内容行业中与内容生产密不可分，并影响内容生产。

内容行业通过人工智能改造生产系统将是革命性的，所得经济效益也是惊人的，以下是对某些典型场景的经济测算。

- 短视频团队应用人工智能脚本系统后，日均产出量从 50 条增至 300 条，流量收益提升 240%。
- 动漫工作室引入智能渲染管线，单集制作成本下降 45%，IP 开发周期缩短至原有时长的 1/3。
- 融媒体中心通过数字人主播替代常规新闻播报，年度人力成本节约超 200 万元。

对于内容行业的智能生产系统，需要优先部署人工智能内容中台与数字资产管理系统，分阶段引入虚拟制作与智能分发模块。中小微初企业可聚焦垂直场景，如电商直播虚拟人或自媒体文案工厂，通过 SaaS（软件即服务）模式快速实现轻量化转型。

### 6.5.3 制造业

制造业在人工智能应用方面相对慢一些，原因是制造业的信息化水平和数字化水平相对较低，工业数据相对复杂且数据治理基础较差。但是，未来人工智能在制造业的长期价值和回报在某种程度上甚至会超过金融和零售行业。

未来几年，人工智能技术与工业的深度融合仍将是国际竞争的焦点，实现"人工智能＋制造"是大势所趋。一方面，从产业政策看，中国是世界第一工业大国，从工业大国向工业强国转型是国家战略，发展智能制造是产业支持的重点。另一方面，从技术结构看，人工智能技术与工业大数据、工业软件、工业云、边缘计算等技术之间存在联动效应，利用人工智能、物联网、云计算等技术实现实体世界与虚拟世界的交互将成为智能制造发展的突破环节。

因此，利用人工智能对传统制造进行重构、发展智能制造将是企业全面智能化的战略高地，也将是回报率较高的利润高地。

### 1. 传统制造系统的不足

在深入探讨传统制造系统的不足之前，我们有必要理解制造系统在现代工业生产中的核心地位。制造系统不仅是生产线上的机械设备和工艺流程的简单组合，更是一个涵盖了物料采购、生产计划制订、加工制造、质量控制以及产品配送等多个环节的复杂体系。传统制造系统虽然在过去几十年里为工业发展作出了巨大贡献，但随着科技的飞速进步和全球市场竞争的日益激烈，其局限性也逐渐显现出来。

（1）**传统制造系统往往存在着刚性过强的问题。**这意味着生产线一旦建立，就很难根据市场需求的变化进行快速调整。在当今这个客户需求日益多样化和个性化的时代，这种缺乏灵活性的制造模式显然已经难以适应。此外，传统制造系统在数据采集和分析方面的能力也相对较弱。生产线上的大量数据无法被实时捕捉和有效利用，导致企业在决策时常常缺乏足够的数据支持，难以做出最优的选择。

（2）**传统制造系统还面临着资源利用效率低下和质量控制能不足的问题。**在生产过程中，由于设备老化、工艺落后以及管理不善等原因，大量的原材料、能源和劳动力被浪费。这不仅增加了企业的生产成本，也对环境造成了不必要的污染。同时，传统制造系统在质量控制方面也存在一定的局限性。尽管许多企业已经引入了自动化检测设备，但由于缺乏智能化的数据分析和运营管理系统，这些设备往往只能发挥有限的作用，无法从根本上提高产品质量。

（3）**传统制造系统在应对复杂生产环境方面的能力也有待提升。**随着产品复杂性的增加和生产工艺的日益精细化，制造过程中出现的各种问题和挑战也越来越多。传统制造系统由于缺乏智能化的故障预测和排除机制，往往难以在第一时间发现并解决这些问题，导致生产效率和产品质量受到严重影响。

传统制造系统在面对现代工业生产的多样化需求时已经显得力不从心。为了保持竞争优势并实现可持续发展，企业必须对传统制造系统进行全面重构和升级。通过引入先进的信息技术、制造技术和人工智能技术，构建更加灵活、智能、高效和绿色的新型制造系统，以适应不断变化的市场环境和客户需求。

### 2. 智能制造系统的构建

在智能化时代，对制造系统进行重构就是要将传统的自动化、半自动化制造系统重构为具有自感知、自决策、自执行、自适应和自学习的智能制造系统。

（1）**自感知能力是智能制造系统的基础**。通过集成各类传感器和物联网技术，智能制造系统能够全时感知生产环境中的各种参数，如温度、湿度、压力、振动等，从而准确掌握生产过程中设备的实时状态。这种自感知能力为后续的决策和执行提供了数据支持。

（2）**自决策能力是智能制造系统的核心**。基于大数据分析和人工智能技术，系统能够根据全时感知的数据进行智能决策，确定最佳的生产策略。这种自决策能力使得生产过程更加灵活和高效。

（3）**自执行能力是智能制造系统的关键**。通过先进的自动化技术和机器人技术，系统能够自动执行生产任务，减少人工干预，提高生产效率。自执行能力还体现在系统对生产设备的远程监控和调试上，这进一步提升了生产的便捷性和安全性。

（4）**自适应能力也是智能制造系统的重要特性**。在生产过程中，系统能够根据实际情况进行动态调整，以适应不同的生产需求和环境变化。这种自适应能力使得智能制造系统具有更强的灵活性和鲁棒性。

（5）**自学习能力是智能制造系统持续优化的动力**。通过机器学习和深度学习技术，系统能够不断从生产过程中学习并优化自身的决策和执行策略。这种自学习能力使得智能制造系统能够持续进步，不断提高生产效率和质量。

在智能制造系统中，自决策能力是最为核心的能力。这个能力的实现，得益于对先进的人工智能技术的集成与应用，它使制造系统不再仅是执行预设程序的机器，而是能够根据实时数据、环境变化和任务需求进行自我调整、优化决策的智能体。

为了赋予制造系统自决策能力，企业需要引入并深度融合多种人工智能技术。例如，通过深度学习技术，系统可以学习和模拟人类的思维方式，从海量数据中提取有用信息，形成对复杂问题的深刻理解。同时，结合强化学习技术，系统能够在与环境的交互中不断学习和优化决策策略，以适应不断变化的生产环境。

在实际应用中，具备自决策能力的制造系统能够展现出显著的优势。

（1）**自决策能力能够显著提高生产效率**。由于系统能够根据实际情况进行自我调整和优化，因此可以在最短时间内找到最佳的生产方案，减少不必要的停机和调整时间。

（2）**自决策能力能够降低生产成本**。通过精确的数据分析和预测，系统可以优化资源配置，减少浪费和损耗，从而降低整体生产成本。

（3）**自决策能力能够提升产品质量**。借助先进的控制算法和实时监测技术，系统可以确保生产过程的稳定性和一致性，从而提高产品质量和客户满意度。

（4）**自决策能力还能够实现对生产设备进行远程监控和预测性维护，提高设备的利用率和维护效率**。

要实现制造系统的自决策能力，并不能一蹴而就。企业需要投入大量的研发资源和时间，对现有技术进行改进和创新。同时，还需要建立完善的数据采集、存储和分析体系，为系统的自主学习和决策提供有力支持。此外，随着技术的不断进步和应用场景的不断拓展，企业还需要持续关注市场动态和技术发展趋势，及时调整和优化自身的全面智能化转型策略。

### 3. 智能制造的实施路径与挑战

智能制造的实施路径涉及多个关键环节。

（1）**企业需要对生产线进行智能化改造**。引入自动化设备和传感器，实现生产数据的实时采集和传输。这一步骤是智能制造的基础，为后续的数据分析和优化提供了丰富的数据源。

（2）**建立强大的数据分析平台是智能制造的关键**。这个平台需要整合各种数据源，运用大数据技术和算法，对生产过程中产生的数据进行深度分析。通过这种方式，企业可以洞察生产流程中的瓶颈和问题，及时调整生产策略，优化资源配置。

（3）**智能制造还需要实现高级计划与排程系统（APS）的智能化**。APS 能够根据实时的生产数据和设备状态，智能生成生产计划和排程，确保生产按照最优的顺序和效率进行。这不仅可以提高生产效率，还能有效降低库存和成本。

（4）**质量追溯也是智能制造不可或缺的一环**。通过建立完善的质量追溯系统，企业可以对产品的生产过程进行全面监控，确保产品质量符合标准。一旦出现问题，企业可以迅速定位原因，采取有效措施进行改进。

（5）**智能制造还需要与供应链运营管理系统紧密结合**。通过实现供应链的智能化管理，企业可以确保原材料和零部件的供应及时、稳定，从而降低生产成本和风险。

（6）**智能制造还需要注重跨领域的知识整合**。智能制造被视为知识与智慧的综合体现。其中，知识是智能的基础，而智慧则代表了获取和应用知识解决问题的能力。智能制造涵盖了智能制造技术和智能制造系统，在实际应用中，智能制造系统能够不断地丰富知识库，并提升自我学习的能力。此外，它还能收集和理解环境和自身信息，进而分析、判断和规划自己的行为。

在实施智能制造的过程中，企业也面临着诸多挑战。首先，技术更新迭代速度快，企业需要不断学习新技术并应用于实际生产中，这无疑增加了企业的学习成本和技术压力。其次，智能制造需要大量的资金投入，包括购买先进设备、建设智能化生产线以及培训专业人才等，这对于一些资金紧张的企业来说是一个不小的挑战。此外，智能制造还涉及数据安全和隐私保护等问题，企业需要加强信息安全建设，防止核心技术和商业机密泄露。

为了应对这些挑战，企业需要采取一系列措施。在技术方面，企业可以与高校、科研机构等建立合作关系，共同研发新技术并推动其在实际生产中的应用。在资金方面，企业可以通过政策扶持、产业投资等多种渠道筹集资金，以减轻资金压力。同时，企业还需要加强内部管理，建立完善的信息安全体系，确保智能制造的顺利推进。

### 4. 智能制造的典型应用模式

智能制造在实践中创造了多种多样的应用模式，企业可以根据自身实际需求和行业特点，选择适合自己的应用模式。当然也可以在学习借鉴的基础上创造更好的应用模式。下面给出一些参考应用模式。

（1）**互联工厂**：打通企业运营的"信息孤岛"，实现各部门、各系统之间的信息共享和协同工作。其效果是极大地提高了企业内部运营效率，优化了资源配置。

**典型案例：海尔互联工厂**

海尔通过互联工厂模式，打通了设计、生产、物流、销售等环节的"信息孤岛"，实现了全流程的数据共享和协同。生产效率提升了30%，产品交付周期缩短了50%，客户满意度显著提高。

**行业影响**：海尔互联工厂成为全球智能制造标杆，推动了家电行业的全面智能化转型。

（2）**全过程能源优化管理**：主要应用于石油化工、有色材料、钢铁等行业，通过 MES（制造执行系统）采集各装备、各环节的能效数据，构建能源运营管理系统并进行持续优化。其效果是极大地提高了能源资源利用率，降低了能耗成本。

> **典型案例：宝钢股份**
> 宝钢通过 MES 采集能源数据，构建了能源运营管理系统，优化了炼钢、轧钢等环节的能耗。能源利用率提高了 15%，年节约能源成本超过 1 亿元。
> **行业影响**：宝钢的能源优化管理模式为钢铁行业提供了可借鉴的经验。

（3）**产品全生命周期可追溯**：主要应用于食品、制药等领域，让产品在全生命周期具有唯一标识，企业可通过 MES 开展质量检测和预警。其效果是极大地提升了产品质量管控能力，确保了产品质量安全。

> **典型案例：蒙牛乳业**
> 蒙牛通过 MES 和物联网技术，实现了从奶源到成品的全生命周期追溯。产品质量问题追溯时间从原来的数天缩短到几分钟，客户信任度显著提升。
> **行业影响**：蒙牛的全生命周期追溯模式在食品行业树立了质量管控的新标杆。

（4）**柔性制造**：主要应用于铸造、服装等领域，让生产线可同时加工多种产品、零部件，以快速响应多样化的市场需求。其效果是极大地提高了生产线的灵活性和效率，满足了个性化定制需求。

> **典型案例：红领集团（专指酷特智能<sup>⊖</sup>）**
> 红领集团通过柔性制造系统，实现了服装生产线的多品种、小批量快速切换。生产效率提高了 30%，定制订单交付周期缩短至 7 天，满足了全球客户的个性化需求。
> **行业影响**：红领集团的柔性制造模式成为服装行业智能制造的典范。

（5）**大规模个性化定制**：主要应用于服装、纺织、家居、家电等消费品领

---

⊖ 酷特智能脱胎于红领集团，由红领集团剥离定制化业务，重组合得到。

域，通过产品模块化设计、构建个性化定制服务平台等手段实现定制服务。其效果是极大地满足了用户个性化需求，提高了市场竞争力。

> **典型案例：尚品宅配**
>
> 尚品宅配通过模块化设计和个性化定制服务平台，实现了家居产品的规模化定制。客户满意度提升了25%，市场份额显著增长，成为定制家居行业的领军企业。
>
> **行业影响**：尚品宅配的模式推动了家居行业向个性化、智能化方向发展。

（6）**网络协同制造**：主要应用于航空航天、汽车制造等领域，主要是建设跨企业制造资源协同平台，实现企业间研发、管理和服务系统的集成和对接。其效果是极大地优化了供应链，提高了生产效率和产品质量。

> **典型案例：中国商飞（COMAC）**
>
> 中国商飞通过构建跨企业协同平台，实现了飞机研发、制造和供应链的高效协同。C919大型客机的研制周期缩短了20%，供应链成本降低了15%。
>
> **行业影响**：中国商飞的网络协同制造模式为航空航天行业提供了重要参考。

（7）**产品全生命周期数字一体化**：主要应用于航空装备、汽车、船舶、工程机械等装备制造领域，通过MBD（基于模型的定义）产品研发技术、PLM（产品生命周期管理）等手段实现缩短产品研制周期的目标。其效果是极大地提高了产品研发效率，降低了研发成本。

> **典型案例：三一重工**
>
> 三一重工通过MBD技术和PLM系统，实现了工程机械产品的全生命周期数字化管理。产品研发周期缩短了30%，研发成本降低了20%，市场响应速度显著提升。
>
> **行业影响**：三一重工的数字一体化模式成为装备制造行业的标杆。

## 6.6　业务系统重构

业务系统主要包括供应链模块、营销模块、客服模块和个性化定制服务模块等。在智能时代，这些模块也必须重构。

## 6.6.1　传统业务系统的局限性

传统业务系统在智能时代显现出其局限性。这些局限性不仅限制了企业的市场拓展能力，还可能影响客户满意度和企业的整体竞争力。

（1）**传统业务系统通常缺乏实时性和灵活性。**在智能时代，市场动态瞬息万变，客户的需求和偏好也在不断变化。然而，传统业务系统往往难以迅速捕捉和响应这些变化，因为它们通常依赖于定期的市场调研和数据分析，而无法实现实时的市场洞察和策略调整。这就可能导致企业在面对市场变化时反应迟钝，错失商机。

（2）**传统业务系统的个性化营销能力有限。**随着客户对个性化产品和服务的需求日益增长，企业需要能够提供更精准、更个性化的营销信息和服务。然而，传统业务系统往往采用"一刀切"的营销策略，难以满足客户的个性化需求。这不仅降低了营销效果，还可能引发客户的反感和抵触。

（3）**传统业务系统在跨渠道整合方面存在挑战。**在智能时代，客户通过多种渠道与企业进行互动，包括线上平台、社交媒体、实体店等。然而，传统业务系统往往难以有效整合这些渠道的数据和信息，导致企业在制定营销策略时缺乏全面的视角。这可能影响营销活动的协调性和一致性，降低整体营销效果。

（4）**传统业务系统的成本效益比也值得关注。**由于缺乏精准的目标定位和个性化的营销策略，传统业务系统可能导致大量的资源浪费和无效投放。这不仅增加了企业的营销成本，还可能对品牌形象造成负面影响。

## 6.6.2　智能业务系统构建概述

构建智能业务系统的第一步是云化连接。企业将业务系统迁移至云端，不仅能为数据的集中存储和处理提供了便利，还能通过网络连接（包括物联网）实现更广泛的业务协同和信息共享。这种云化部署使得企业能够全时感知市场动态、客户需求以及内部运营状况，从而做出更快速、更准确的反应。

云化连接带来的好处是多方面的，具体如下。

（1）**数据集中管理。**它可以实现业务数据的集中管理和安全存储，确保数据的完整性和可追溯性。这为企业提供了强大的数据分析基础，有助于发现潜在的市场机会和运营风险。

（2）**实时监控**。网络连接使得企业能够实时监控生产设备的运行状态、产品的流通情况以及客户的需求变化。

（3）**快速响应**。使企业能够全时感知市场动态和内部运营状况，更快速、更准确地做出反应。

在实现云化连接的过程中，企业需要关注几个关键点。

（1）选择可靠的云服务提供商，确保数据的安全性和服务的稳定性。

（2）对现有的业务系统进行必要的改造和升级，以适应云端环境。

（3）加强员工的培训和技能提升，使他们能够熟练掌握云端工具和应用。

（4）建立完善的数据治理机制，确保数据的准确性和有效性。

智能业务系统主要由智能供应链模块、智能营销模块、智能客服模块和个性化定制服务模块等组成。

（1）智能供应链模块是一种基于物联网、大数据、人工智能、区块链等先进技术实现的供应链管理模块，旨在通过数据驱动、智能决策和全流程协同优化，实现供应链的高效运作与动态适应。

（2）智能营销模块通过大数据和人工智能技术，对市场趋势进行深度分析，为企业的营销策略提供科学依据。它能够自动收集、整理和分析市场数据，预测未来的市场走向，从而帮助企业做出更加明智的决策。此外，智能营销模块还能够根据客户的购买行为和偏好，进行精准的目标客户定位，提高营销活动的针对性和效果。

（3）智能客服模块则利用自然语言处理和机器学习技术，实现与客户的智能互动。它能够自动识别客户的问题和需求，提供即时的解答和帮助。与传统的客服系统相比，智能客服模块不仅响应速度更快，而且能够处理更加复杂的问题，极大地提升了客户服务的质量和效率。

（4）个性化定制服务模块根据客户的个性化需求，提供量身定制的产品和服务。它能够分析客户的喜好、风格和预算，为客户打造独一无二的产品体验。这种服务模式不仅满足了客户对个性化的追求，也为企业创造了更大的商业价值。

尚未建立智能业务系统的企业，需要大干快上。而已经建立了基于传统软件架构而非人工智能架构的传统智能业务系统的企业，需要升级甚至重构原系统。

### 6.6.3 构建智能供应链模块

智能供应链模块需要从数据治理、技术架构、算法驱动、韧性构建和协同升级 5 个方面突破，我称之为"智能供应链五大夫剑"（"五大夫剑"是金庸武侠小说《笑傲江湖》中的武功）。

#### 1. 数据治理：构建实时可信的数据底座

供应链模块重构的基础在于数据治理。传统供应链常因数据孤岛、信息滞后导致决策失误，需通过业务对象数字化（如物料编码标准化）、过程数字化（如物流轨迹实时追踪）及规则数字化（如成本核算逻辑代码化）建立统一数据池。例如，华为供应链通过对 ERP、IoT 设备等多源数据进行整合，实现了从采购到交付的全链路透明化，数据准确率提升至 98% 以上。同时，人工智能驱动的数据清洗技术可解决"一物多码"问题。例如，某企业通过智能分类与去重匹配，数据管理效率提升 40%。

#### 2. 技术架构：分布式决策与智能中枢融合

传统 ERP 的刚性架构难以应对动态需求，需采用"数字主线 + 分布式决策 + 控制塔"的模式。数字主线（Digital Thread）就像一条贯穿产品全生命期的"数据项链"，将设计、制造、运维等环节的零散数据像串珍珠一样串联起来，形成统一、可追溯的信息链条。例如，某半导体企业应用该技术后替代料响应周期缩短 82%。分布式决策则依托智能合约与区块链技术实现。例如，某汽车厂商构建供应商关系图谱，风险识别时效从 21 天缩短至 45 分钟。此外，供应链控制塔整合了 ERP、CRM 等系统，就像机场控制塔指挥飞机起降一样管理供应链运作，实现全局可视化与自动化响应。

#### 3. 算法驱动：从预测到执行的闭环优化

机器学习与运筹优化是智能决策的核心。需求预测方面，人工智能模型要融合历史销售、市场舆情等多维数据。例如，某消费电子企业采用这种方法让预测误差从 15% 降至 8%，库存成本降低 37%。生产排程中，强化学习算法可动态平衡资源。例如，某装备制造商通过人机协同排产，让交付准时率提升58%。物流环节可采用路径优化算法。例如，某物流企业采用这种方法让路由网络自主更新频率达 10 分钟 / 次，使运输成本下降 22%。

#### 4. 韧性构建：风险感知与弹性响应机制

智能供应链需嵌入风险预警与弹性调节能力。通过 IoT 传感器和舆情监控，系统可实时感知断供、价格波动等风险。例如，某半导体企业建立数字孪生压力测试模型，模拟 500 种中断场景后，上市延误风险降低 78%。弹性响应则依赖预案库与资源动态调配。例如，某航空企业通过备件网络优化节省成本达 2.1 亿美元。此外，区块链技术可保障数据可信度。例如，宁德时代与宝马共建的"电池云端实验室"就采用了区块链技术实现加密数据共享。

#### 5. 协同升级：从线性链条到生态网络

重构需打破企业边界，构建跨组织协同平台。Zara 通过开放销售数据给 5 000 家供应商，实现 48 小时内产线调整，库存周转速度达行业平均水平的 3 倍。技术层面，API 与中间件都应实现多系统对接。例如，华为供应链将 80 多个子系统服务化，新业务上线周期缩短 60%。生态级协同还可通过工业互联网平台实现，某新能源汽车联盟共享产能池，设备利用率提升至 85%。

**智能时代供应链重构的本质是通过数据、算法与协同技术的深度融合，实现从静态响应到动态自适应的转变。企业应优先夯实数据基础，逐步引入智能决策工具，并构建开放协同的生态网络。**

### 6.6.4 构建智能营销模块

智能营销模块的底层逻辑主要包括以下几个方面。

（1）**数据驱动**：系统通过收集、处理和分析来自多渠道的数据，包括客户信息、购买历史、市场趋势等，形成全面的客户画像和市场洞察。这些数据是制定营销策略和进行个性化推荐的基础。

（2）**精准定位**：基于客户画像和市场洞察，系统能够精准定位目标客户群体，实现广告的定向投放和个性化推荐，提高营销的针对性和转化率。

（3）**自动化执行**：系统通过预设的规则和算法，自动执行营销活动，如邮件推送、短信提醒、广告投放等，减轻人工操作负担，提高营销效率。

（4）**持续优化**：系统能够根据营销活动的效果反馈，不断优化算法和策略，实现营销的持续优化和迭代升级。

此外，智能营销模块还注重跨平台整合和用户体验。通过打通不同平台的数据壁垒，实现全渠道数据整合和共享，提升客户体验的一致性和满意度。

### 1. 如何实施智能营销模块

实施智能营销模块需要遵循九个步骤，我称之为"智能营销独孤九剑"（"独孤九剑"是金庸武侠小说《笑傲江湖》中的武功）。

（1）**明确营销目标**：企业需要明确自身的营销目标，如提高品牌知名度、增加销售额、提升客户满意度等。这些目标将指导智能营销模块的建设和实施。

（2）**分析当前营销流程和存在的问题**：企业需要对当前的营销流程进行全面分析，找出存在的问题和瓶颈。这些问题将是智能营销模块需要解决的重点。

（3）**规划智能营销体系的建设目标和路径**：根据营销目标和问题分析结果，企业需要规划智能营销体系的建设目标和路径。这包括确定需要引入的技术和平台、制订实施计划等。

（4）**选择适合的技术和平台**：企业需要根据自身的业务需求和资源情况，选择适合的技术和平台来构建智能营销模块，其中可能包括 CRM 系统、大数据分析工具等。

（5）**部署相关技术和平台**：在选择了合适的技术和平台后，企业需要进行部署工作。这包括数据集成、系统配置、员工培训等环节。确保数据安全和系统稳定运行是部署过程中要重点考虑的。

（6）**收集并整合数据**：企业需要收集并整合来自不同渠道的数据，如客户信息、购买历史等。这些数据将用于构建客户画像和制定营销策略。

（7）**构建算法模型并进行训练和测试**：基于业务需求和数据特点，企业需要构建合适的算法模型。这些模型将用于构建客户画像、精准定位、个性化推荐等任务。在算法模型构建完成后，企业需要对算法模型进行训练和测试，不断优化算法模型的性能，提高预测准确率。

（8）**开发功能模块并集成到统一平台上**：企业需要开发智能营销平台所需的功能模块，如客户管理、产品推荐等，并将这些功能模块集成到统一的平台上，实现多渠道销售和个性化服务。

（9）**上线运营并持续监控和优化**：在智能营销模块上线运营后，企业需要持续监控系统的性能和数据表现。根据监控结果，企业需要不断调整和优化系统配置和营销策略，以确保系统能够达到预期的效果。

### 2. 智能营销模块实施中的数据问题

在实施智能营销模块时，数据问题是关键环节，需要特别关注以下几个方面。

（1）**数据收集与整合：** 这涉及如下方面。

- **多渠道数据整合：** 智能营销模块需要从网站、社交媒体、电子邮件、线下活动等多种渠道收集客户数据，并进行整合，形成统一的客户画像。

- **数据清洗与去重：** 数据收集过程中常常存在重复和错误数据，系统需要具备数据清洗功能，要能自动识别并合并重复记录，确保数据的准确性和完整性。

（2）**数据质量：** 这涉及如下方面。

- **数据准确性：** 数据质量差是人工智能营销失败的主要原因之一。数据不准确、不完整或不及时，会导致人工智能模型的预测和决策能力大打折扣。

- **数据来源一致性：** 企业通常从多个渠道获取数据，不同来源的数据格式和内容可能不一致，这增加了数据整合的难度。企业需要建立有效的数据标准和流程，确保数据的一致性。

（3）**数据安全与隐私保护：** 这涉及如下方面。

- **数据最小化原则：** 仅收集实现特定业务目标必需的数据，避免过度采集不必要的个人或敏感信息，降低潜在的风险。

- **加密与匿名化技术：** 采用加密技术保护数据在传输和存储过程中的安全性，同时对个人身份标识符进行匿名化处理，防止数据泄露。

- **用户同意与透明度：** 建立透明的用户同意机制，清晰说明数据收集的目的、方式及使用规则，并获得用户的明确同意。

- **法律法规合规性：** 随着数据隐私法规的日益严格，企业必须确保数据收集和使用符合相关法律法规的要求，避免法律风险。

（4）**数据管理和使用：** 这涉及如下方面。

- **数据分类分级：** 根据数据的敏感程度和重要性，将其划分为不同的级别，如绝密、机密和秘密等，以便采取相应的安全保护措施。

- **访问控制：** 实施严格的访问控制策略，确保只有经过授权的人员才能访问敏感数据。

- **定期备份与恢复：** 建立定期数据备份机制，确保在数据泄露或其他意外情况发生时能够迅速恢复数据。

- **数据生命周期管理：** 建立内部数据全生命周期管控系统，从数据的收集、存储、使用到销毁，确保每个环节都符合安全规范。

（5）**数据反馈与优化**：这涉及如下方面。

- **实时监控与评估**：系统应具备实时监控和评估功能，能够快速响应市场变化，及时调整营销策略。
- **数据反馈机制**：建立有效的数据反馈机制，通过数据反馈发现和纠正系统存在的问题，持续优化人工智能模型。

通过以上措施，企业可以有效应对智能营销模块实施中的数据问题，确保数据的安全性、准确性和合规性，从而提升营销效果和用户体验。

## 6.6.5 构建智能客服模块

智能客服模块的技术基础是自然语言处理和机器学习。通过自然语言处理技术，系统能够准确地解析用户的提问，理解其意图，并从海量的知识库中检索相关信息，最终给出令用户满意的答复。这种技术突破了传统客服只能处理固定格式问题的限制，使得智能客服模块能够应对更为复杂和多样化的用户咨询。

机器学习则是智能客服模块不断进化的动力源泉。通过机器学习算法，系统能够从大量的历史对话数据中不断学习，自我优化，提高问题解答的准确性和效率。这种学习能力使得智能客服模块能够不断适应企业业务的发展和用户需求的变化，始终保持最佳的服务状态。

### 1. 智能客服模块构建的关键环节

在构建智能客服模块的过程中，4 个环节至关重要，它们确保了系统的高效运作和提供服务的优质性，我称之为"智能客服四象掌"（"四象掌"是金庸武侠小说《倚天屠龙记》中的武功）。

（1）**知识库的建设**：知识库是智能客服模块的基石。通过整理和归纳常见问题及其解决方案，知识库奠定了快速响应客户咨询的基础。它不仅能提高响应速度，更关键的是能提升准确率，确保用户能够得到一致、高质量的服务体验。同时，知识库的持续更新和优化也是不可或缺的，它保证了系统能够与时俱进，不断适应新的服务需求。

（2）**对话引擎的开发**：对话引擎是智能客服模块的核心。它能够理解和解析用户的提问，精准捕捉用户意图，并从庞大的知识库中检索出相关信息，最终给出满意的答复。一个高效的对话引擎能够显著提升用户满意度，增强系统的实用性。

（3）**数据训练和算法优化**：数据训练和算法优化至关重要。通过大量的数据训练，系统能够更准确地识别和理解客户的语义，从而提供更加精准的答复。同时，持续优化算法能够进一步提升系统的运行速度和稳定性，确保在任何情况下都能为用户提供可靠的服务。

（4）**用户行为分析**：通过对用户行为的细致洞察，系统可以更加主动地为用户提供所需服务，甚至预测用户可能的需求，从而大幅提升用户体验。

### 2. 智能客服模块与其他系统的整合

智能客服模块的价值不仅体现在其自身具备的智能化和自动化能力，更体现在它与其他关键业务系统的高效整合上，这可为企业提供全方位的服务支持。它与 CRM 系统和订单运营管理系统的无缝对接，就是这种整合的重要体现。

智能客服模块与 CRM 系统的结合，可以极大地提升客户服务的效率和质量。通过 CRM 系统，企业可以集中管理客户信息，深入分析客户需求和行为模式。而智能客服模块则能够实时响应客户的咨询和问题，提供个性化的服务方案。当这两个系统无缝对接时，客服人员可以在第一时间了解客户的详细信息和历史交互记录，从而更加精准地满足客户需求，提升客户满意度。

此外，智能客服模块与订单运营管理系统的整合，也是提升企业运营效率的关键。订单运营管理系统负责处理客户订单信息，确保订单的准确性和时效性。而智能客服模块可以提供即时的订单状态查询和物流信息更新功能，让客户随时了解订单进度。这种整合不仅提高了客户服务的透明度，也减少了因信息不同步而导致的误解和纠纷。

通过与其他系统整合，智能客服模块可为用户提供一站式服务体验。从用户咨询、订单处理到售后支持，所有环节都可以通过智能化的系统得到高效处理。

## 6.6.6 构建个性化定制服务模块

在智能时代，个性化定制正逐渐成为企业营销服务的新趋势。它不仅满足了客户对独特性和专属感的追求，还为企业创造了新的价值增长点。通过综合运用大数据分析和人工智能技术，企业可以精准捕捉并理解客户的偏好，从而为其提供量身打造的产品或服务。

个性化定制服务的实施也分为 4 个关键环节，我称之为"个性化定制服务四门刀法"（"四门刀法"是金庸小说《书剑恩仇录》中提及的武功）。

（1）**构建精细的用户画像**：实现个性化定制的基础是构建精细的用户画像。企业应收集并分析客户的购物记录、浏览行为、搜索历史等多维度数据，以揭示客户的消费习惯、品味偏好和生活方式。这些数据不仅能帮助企业更全面地了解客户，还能为后续的定制化服务提供数据支撑。

（2）**利用人工智能技术进行深度学习和模式识别**：通过人工智能技术，企业可以对客户行为进行深度学习和模式识别。例如，利用机器学习算法，企业可以预测客户未来的购买意向和需求变化，从而提前准备相应的产品和服务。这种预测能力对于提升客户满意度和忠诚度至关重要。

（3）**定制化设计与生产**：在掌握了客户的个性化需求后，企业需要将这些需求转化为具体的定制化产品和服务。这要求企业具备灵活的生产和设计能力，以便根据不同客户的需求进行快速调整。智能设计和制造技术在这个过程中发挥着关键作用，如3D打印技术和虚拟现实技术，使企业能够生产出符合客户特定需求的产品，并让客户在购买前体验定制化的产品或服务。

（4）**评估与优化**：评估和优化是个性化定制过程中不可或缺的一环。企业需要定期收集客户的反馈和数据，以评估定制化服务的效果。通过对比分析，企业可以识别出哪些定制策略是有效的，哪些需要改进。这种持续的优化过程有助于企业不断提升个性化定制的服务质量。

个性化定制服务的实现是一个涉及数据分析、人工智能应用、定制化设计和生产以及持续优化等多个环节的复杂过程。通过这个过程，企业不仅能够满足客户的多样化需求，还能在激烈的市场竞争中脱颖而出，实现可持续增长。随着技术的不断进步和客户需求的持续升级，个性化定制服务将在未来营销服务中发挥越来越重要的作用。

## 6.7 运营系统重构分类实施建议

运营系统重构是一个复杂且至关重要的过程，它不但涉及业务流程的深刻变革，更重要的是要依托以人工智能为核心的新一代信息技术进行升级。这个过程要花钱，但要想方设法降低成本，就像曾鸣教授说的"低成本技术就是竞争力"。运营系统重构不仅不能带来沉没成本，还要成为企业的利润引擎。不同企业有不同选择，我按照大型央国企、大型民企、中型企业、小微企业和初创企业给出分类实施建议。

## 6.7.1 重构五阶方法论

基于国内外 412 家典型企业的实践经验，我们提出了一套严格遵循"现状诊断→架构设计→平台建设→场景突破→持续优化"流程的五阶方法论。该方法论具有如下四大显著特征。

（1）**全量数据驱动**：用数据穿透式梳理替代局部经验判断，确保决策的科学性和准确性。

（2）**价值闭环验证**：每个阶段都必须输出可量化的业务价值，确保重构工作达到实际效果。

（3）**柔性适配原则**：保留 20%～30% 的架构调整冗余空间，以适应未来可能的变化和需求。

（4）**智能进化能力**：嵌入自主优化算法模块，使系统具备自我学习和进化的能力。

五阶方法论的实施是一个开放闭环，具体要点如下。

（1）**现状诊断阶段**（Diagnosis Phase）：该阶段的核心任务是对企业的业务流程进行数字孪生建模，以清晰地反映企业的运营现状和存在的问题。关键产出物是价值流智谱图，例如，可以包含多项关键绩效指标（KPI），用于评估企业的运营效率。例如，三一重工在装产线识别中，通过此方法发现了 37.8% 的非增值环节，为后续的改进提供了明确的方向。

（2）**架构设计阶段**（Architectural Design Phase）：该阶段的核心任务是进行智能原生架构规划，设计出能够支撑企业未来发展的动态可插拔系统蓝图。例如，京东方在 8.5 代生产线智能化设计中，通过此阶段的工作，成功缩短了交付周期 49%，展现了设计阶段的巨大价值。

（3）**平台建设阶段**（Platform Construction Phase）：在该阶段，企业需要部署自适应技术平台，以实现业务能力的开放和共享。例如，宁德时代通过构建数字工厂平台，支持了 0 延时数据同步，极大地提升了生产效率和响应速度。

（4）**场景突破阶段**（Scenario Breakthrough Phase）：该阶段的核心任务是实现关键场景的人机协同，例如，可以打造出 ROI≥200% 的示范场景。例如，海尔洗衣机在这一阶段通过智能检测技术的应用，将误判率降至 0.003‰，显著提升了产品质量和用户满意度。

（5）**持续优化阶段（Optimization Continuously Phase）**：该阶段的目标是通过智能体的自进化验证功能，持续推动系统的演进和升级。例如，柳工装备通过对自优化算法的应用，让月均迭代达到了 3.7 次，实现了系统的持续优化和性能提升。

我将五阶段的首字母组合为 DAPSO，将五阶方法论称为 DAPSO 方法论，其内在意义可解读为 Data——数据驱动，Architecture——架构引导，Platform——平台支撑，Scenario——场景验证，Optimization——持续优化，直接对应五阶方法论核心逻辑链：**通过数据洞察驱动架构再设计，依托技术平台实现场景突破，最终达成可持续优化闭环。**

## 6.7.2　分类实施策略与建议

### 1. 五类企业重构逻辑差异

基于对企业资源禀赋与短板的分析，得运营系统重构的 3 类约束条件：技术适配性、规模经济性和管理渗透度。不同类型的企业在重构过程中会面临不同的挑战并采用不同的应对策略。

（1）**大型央国企**：面临遗留系统兼容、国产化替代、跨部门协同等挑战。某央企通过建立企业级数据治理委员会，有效应对了这些挑战。

（2）**大型民企**：主要挑战包括组织变革阻力、投资回报周期长、技术债务高等。某家电集团通过设立 3 亿元转型风险准备金，为转型提供了有力的资金保障。

（3）**中型企业**：面临人才储备不足、资金投入受约束、战略定力不足等挑战。某汽配企业采用"季度渐进式"改造路径，逐步推进智能化转型。

（4）**小微企业**：基础数据缺失、工具选型困难、试错成本高等问题较为突出。杭州某服装厂通过使用免代码配置工具，降低了智能化转型的门槛。

（5）**初创企业**：模式验证压力大、系统伸缩能力不足、合规风险大是主要困难点。某生鲜电商采用云端订阅解决方案，灵活应对初创期的各种挑战。

### 2. 分类实施策略矩阵

基于企业规模与智能化进程的双维度分析框架，我提出了分类实施策略矩阵（见表 6-3），以指导不同类型企业进行智能化转型。

表 6-3 五类企业实施策略矩阵

| 企业类型 | 硬件投入占比 | 软件投入占比 | 服务投入占比 | 迭代周期 |
|---|---|---|---|---|
| 大型央国企 | 28%～35% | 40%～45% | 20%～27% | 3～5 年 |
| 大型民企 | 25%～30% | 50%～55% | 15%～20% | 2～3 年 |
| 中型企业 | 35%～40% | 45%～50% | 10%～15% | 1～2 年 |
| 小微企业 | 15%～20% | 60%～65% | 20%～25% | 6～12 个月 |
| 初创企业 | 5%～10% | 70%～75% | 20%～25% | 按月迭代 |

实施策略四维模型如下。

（1）**新基建模型**：大型央国企应注重构建自主可控技术栈，确保技术安全，符合国家战略需求。

（2）**平台选择模型**：大型民企应优选开放式工业互联网平台，以实现产业链上下游的协同与共享。

（3）**场景聚焦模型**：中小微民企应锁定"最小可行智能单元"（如智能质检），以最小的投入实现最大的效益。

（4）**生态融合模型**：初创企业应善用公有云服务，借助外部资源加速成长。

必须强调的是：所有企业必须建立两化融合贯标（即将信息化和工业化进行深度融合，达到国家标准）体系，确保智能化转型的规范性和可持续性。

### 3. 分类实施全景路径图
**大型央国企重构策略**

**核心课题**：实现国家战略与企业效率的二元平衡——基础设施＋大模型。

**实施重点**：

（1）严格按照信创目录选择技术供应商，确保技术自主可控。

（2）分阶段推动国产化替代，年均替换率≥15%，降低对外部技术的依赖。

（3）建立数据主权审查机制，保障数据安全和国家利益。

**典型案例**：某大型航空公司构建了民航业首个"天枢"智能运营平台，实现了三大突破：雷达数据实时接入延迟从 15 分钟降至 0.8 秒，航班恢复决策时间缩短至 7 分钟，年均节约航油成本 2.3 亿元。

### 大型民企重构策略

**核心课题：** 打破组织边界实现产业链协同——开放技术平台＋柔性制造＋智能决策。

**实施重点：**

（1）聚焦 3～5 个高价值业务重构场景，集中资源实现重点突破。

（2）构建开放技术平台，提供丰富的 API（≥ 500 个），促进产业链上下游的协同与共享。

（3）配置专项数字化转型基金，为转型提供稳定的资金支持。

**典型案例：** 比亚迪深圳基地试点"数字双胞胎＋柔性制造"，实现了新车型导入周期缩短 62%（28 天→11 天），生产异常停机时间降低 47%（3.2h/天），BOM 清单自动校验率提升至 99.4%。

### 中型企业重构策略

**核心课题：** 精准投资能力建设与确定性回报保障——关键环节智能化。

**实施重点：**

（1）重点改造关键瓶颈工序，提升生产效率和产品质量。

（2）采用轻量级智能化工具包，降低智能化转型的门槛和成本。

（3）对标行业先进企业智能化经验，借鉴成功案例加速转型进程。

**典型案例：** 山东某化工企业聚焦反应釜智能控制，部署了机理模型＋人工智能的复合控制系统，使原材料消耗下降 16%，产品优级品率提升 23 个百分点，投资回收期仅为 14 个月。

### 小微企业重构策略

**核心课题：** 生存压力下的智能化突围——云服务＋智能工具链。

**实施重点：**

（1）单点功能优先（如智能客服、自动报表），快速提升业务效率。

（2）采用免维护 SaaS 化产品，降低运维成本和风险。

（3）借助产业平台共享资源，实现资源的优化配置和协同利用。

**典型案例：** 江苏某五金作坊应用人工智能排产工具，使订单响应速度提升 2.3 倍，原料库存周转率改善 41%，用工需求减少 30%，实施成本仅为年营收的 1.2%。

**初创企业重构策略**

**核心课题：**构建智能基因——数据驱动运营基础体系，避免二次转型。

**实施重点：**

（1）基础设施全云端部署，降低前期投入和运维成本。

（2）优先保障数据资产规范性，为后续的数据分析和应用奠定坚实基础。

（3）嵌入式智能原生设计，确保系统从诞生之初就具备智能化能力。

**典型案例：**某医疗创业公司设计了人工智能原生检测系统，使报告生成速度提升 7 倍，获证周期缩短 60%，单用户服务成本降低 83%，天使轮估值溢价 2.7 倍。

大型央国企、大型民企、中型企业、小微企业和初创企业运营系统重构分类实施建议如表 6-4 所示。

**表 6-4　运营系统重构分类实施建议表**

| 企业类型 | 重点领域 | 注意事项 |
|---|---|---|
| 大型央国企 | 基础设施 + 大模型 | 国产化要求、数据主权 |
| 大型民企 | 开放技术平台 + 柔性制造 + 智能决策 | 组织适配、流程再造 |
| 中型企业 | 关键环节智能化 | ROI 精准测算、分步实施 |
| 小微企业 | 云服务 + 智能工具链 | 最小可行方案、快速迭代 |
| 初创企业 | 数据驱动运营基础体系 | 轻资产模式、生态资源借力 |

## 6.8　小结

智能时代，运营系统重构一定是一个不断进行的过程，在生成式人工智能、具身智能等新技术的驱动下，运营系统将不断向"动态自洽"方向进化，企业需要建立常态化的更新机制。但不管如何重构，数据驱动运营都是核心基础，所以，"人工智能＋"下的企业运营系统重构的核心围绕一个字展开：数。

第 7 章

# 企业全面智能化的四大闭环管理体系

如何对企业全面智能化转型进行管理呢？我提出了关键的四大闭环管理体系，分别是用户闭环管理体系、业务闭环管理体系、财务闭环管理体系和风险闭环管理体系，它们是企业每天必须面临的四大循环，循环通畅则企业兴，循环不畅则企业怠。它们是企业的生命循环，不亚于战略、组织、商业模式和运营系统的重要性。四大闭环管理体系是一种理想化的沙盘模型，它环环相扣，可以对企业的全面智能化转型进行匡正与优化。

## 7.1　用户闭环：构建基于数据的用户共创智能体系

在竞争激烈的市场环境中，用户是企业生存与发展的核心资源。然而，随着用户需求的多样化和市场变化的迅速性，如何有效管理用户数据、协同产品优化以及通过反馈驱动迭代，成为经营者必须面对的重要课题。我提出一种基于 MSS（Measurement Synergy Stimulation，整合－协同－敏捷迭代）的三阶用户闭环标准化管理体系（简称 MSS 体系），通过系统性的方法降低用户流失率，提升复购率与用户贡献度，从而建立可持续增长的用户价值生态。

### 7.1.1 现状分析与问题诊断

根据相关机构的数据，中国电商行业 2023 年平均用户流失率高达 22%。这个数据意味着，在庞大的用户基数中，有不少用户正在逐渐流失，这给企业带来了巨大的损失。更为严峻的是，其中 38% 的流失用户对服务不满，但企业却未能有效识别并挽留这些用户。电商行业并非孤例，用户流失几乎是企业的通病。

流失用户的典型问题如下。

（1）**浪费资源**。某家电企业每年投入高达 2 000 万元用于收集用户行为数据，然而，由于数据未能有效整合与利用，72% 的点击流数据未与购买记录匹配，导致这些宝贵的数据资源白白浪费。

（2）**行动滞后**。某教育公司收到了用户提出的 1 200 条改进建议，但仅有 15 条被采纳，且响应周期超过 90 天。这种迟缓的反馈机制不仅挫伤了用户的积极性，也错失了及时优化产品的机会。

### 7.1.2 MSS 体系分解详解

MSS 体系分为三个步骤，具体如图 7-1 所示。

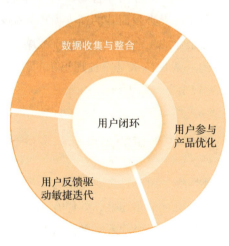

图 7-1 "人工智能 +" 用户闭环图

#### 1. 数据收集与整合

构建 MSS 体系的第一步是建立一套标准化的数据收集与整合（Measurement

System Sync）流程。数据来源主要分为三类。

（1）**第一方数据**：来自企业自有渠道（如官网、App、门店）的用户注册、交易、服务记录。

（2）**第二方数据**：合作伙伴共享的用户行为数据，如支付平台的消费偏好等。

（3）**第三方数据**：通过公开市场采集的行业趋势与舆情分析。

在数据收集与整合过程中，企业面临着数据孤岛和数据质量低等挑战。为了应对这些挑战，可以采取以下对策。

（1）**数据孤岛**：部署统一 ID 系统（如手机号、MD5 加密邮箱匹配），打通线上线下用户数据，实现跨渠道用户识别。例如，某美妆品牌通过部署统一 ID 系统，成功打通了线上线下的用户消费记录，识别出 28% 的跨渠道复购用户。

（2）**数据质量低**：建立 100 多项数据清洗规则，如删除操作间隔小于 0.3 秒的疑似机器人记录，提高数据的有效性和准确性。某社交平台通过实施这些规则，让有效用户识别准确率提升至 97%。

在数据收集过程中，需要明确重点采集项的优先级。对于页面跳出率超过 70% 的环节需要通过埋点分析原因，找出影响用户体验的关键因素。

对于客服咨询的高峰时段与高频问题，需要实时标记并同步给产品团队，以便及时调整产品和服务。

### 2. 用户参与产品优化

构建 MSS 体系的第二步是设计一套用户参与产品优化（Synergy Solution Build）的协同机制。这包括用户分级管理模型和众包平台的搭建。

用户分级管理模型涉及如下两项。

（1）**用户分级**。根据用户的活跃度、标签丰度和付费深度，对用户进行贡献度评价，按照用户价值积分将用户分为 S 级、A 级和 C 级等不同级别。用户价值积分 = 活跃度 × 标签丰度 × 付费深度。

（2）**制定分层行动规则**。根据用户级别制定相应的协同策略。例如，针对 ToC 企业和 S 级用户（月交互≥50 次 + 年消费≥5 万元），可以为其开通产品经理直连通道，邀请其参与季度线下共创会；针对 A 级用户（月交互≥20 次 + 年消费≥1 万元），可以为其定向发放内测资格，并提供专属需求反馈模板；针对 C 级用户（流失风险评分≥80%），自动触发优惠召回方案，减少资源投入。

通过搭建众包平台，将标注、测试、创意提交等标准化任务拆解后发布给用户。用户完成任务后，可获得现金和虚拟勋章等即时激励。同时，集成人工智能质检工具对用户提交的数据自动打分，确保数据质量。

**案例：某新能源汽车企业用户协同**

某新能源汽车企业向 1 200 名车主开放辅助驾驶算法的优化建议通道。通过众包平台，企业收到了 427 条有效反馈，其中 38 条被用于算法升级。迭代后的系统紧急制动误报率下降了 52%，不仅提升了用户体验，还降低了企业的维护成本。此次协同优化的成本包括人均奖励 150 元和运营人力成本 8 万元，但带来的收益远超过成本。

### 3. 用户反馈驱动敏捷迭代

构建 MSS 体系的第三步是建立敏捷响应机制，及时处理用户反馈并驱动产品迭代（Stimulation Strategy Execution）。其中，及时处理用户反馈主要包括制定反馈分级处理标准和建立即时反馈仪表盘两项工作。

（1）**制定反馈分级处理标准**。根据反馈的重要性和紧急性，将反馈分为 S 级、A 级和 B 级等不同等级。S 级反馈（涉及安全、合规、重大体验缺陷的问题）需在 24 小时内响应；A 级反馈（功能改进建议、竞品对比差距）需在 72 小时内响应；B 级反馈（界面优化、非核心体验提升需求）则可在双周迭代周期内处理。

（2）**建立即时反馈仪表盘**。用户可实时查看建议的处理进度与影响范围。被采纳的建议将永久标记贡献者信息，如 App 内的"智慧星贡献榜"，以增强用户的参与感和归属感。

在敏捷响应的基础上，企业还需要通过数据验证和模型优化来确保迭代效果。这包括 AB 测试流程的实施。

（1）**方案设计**：基于用户建议生成两个或多个优化版本，如某教育 App 将课程推荐算法改为"掌握度优先"与"兴趣优先"双版本。

（2）**灰度发布**：选择部分用户（如 5%）进行试运行，收集行为数据以评估优化效果。例如，在"掌握度优先"组中，完课率提升了 23%。

（3）**全量上线**：根据灰度发布阶段的数据结果，决定最终方案并全量上线。如某教育 App 全平台切换新算法后，预计年度营收将增加 1 200 万元。

为了保持用户的持续参与和贡献，企业需要构建用户激励机制。这包括即时反馈仪表盘、长期价值绑定等措施。例如，年度贡献 TOP10 用户可受邀参与企业战略发布会；参与 3 次以上产品优化的用户可终身享受 VIP 折扣等。这些激励措施不仅增强了用户的参与感和归属感，还为企业带来了持续的创新动力。

### 7.1.3　MSS 体系实施成本与收益测算

在 MSS 体系的实施过程中，企业需要投入一定的成本。以年营收 5 亿元的企业为例，成本可分解为以下模块。

（1）数据整合：必要投入包括数据中台建设（约 300 万元）和埋点开发（约 50 万元 / 年）。可选扩展包括第三方数据采购（100 万～500 万元 / 年），具体根据企业需求而定。

（2）协同优化：必要投入包括众包平台开发（约 150 万元）和用户激励（约 80 万元 / 年）。可选扩展包括线下活动运营（约 30 万元 / 年），以增强用户互动和体验。

（3）敏捷迭代：必要投入包括 AB 测试系统（约 120 万元）和分析团队（约 200 万元 / 年）。可选扩展包括自动化补偿工具（约 50 万元），以提高迭代效率和用户体验。

通过实施 MSS 体系，企业可以预测获得的收益。收益预测模型可表示为：

$$年收益增值 = \Delta\,用户留存率 \times 总用户数 \times LTV + \Delta\,客单价 \times 付费用户数 - 总投入$$

其中，$\Delta$ 用户留存率表示用户留存率的提升幅度，例如原留存率为 70%，优化后提升至 75%，则 $\Delta$ 用户留存率 =5%。用户留存率提升会增加活跃用户基数，延长用户生命周期价值（CLV），从而提高长期收益。$\Delta$ 客单价表示平均每个用户单次消费金额的提升量，例如原客单价为 100 元，优化后增加至 110 元，则 $\Delta$ 客单价 = 10 元。$\Delta$ 客单价将直接提高用户单次交易的收入贡献。

这个收益预测模型表明，MSS 体系不仅能够帮助企业降低用户流失率、提升用户价值，还能带来显著的经济效益。

### 7.1.4　90 天落地路径

为了确保 MSS 体系的有效实施，企业需要制定详细的落地路径。以下是一个为期 90 天的落地计划。

（1）首个 30 天：基建部署，数据整合。

- **数据源确认**：召开跨部门会议，列出所有可用的用户数据源（销售数据、客服数据、供应链系统清单），确保数据的全面性和准确性。

- **技术采购与调试**：购买埋点分析工具（如神策、GrowingIO），配置服务器资源，并进行压力测试以确保峰值数据处理能力。

（2）中间 30 天：协同优化启动。

- **种子用户招募**：从现有会员中筛选 500 名高活跃用户，通过电话邀约他们参与内测，并签署保密协议与贡献奖励条款。

- **任务设计与培训**：制定用户可理解的标注规则（如"勾选图片中衣服的破损位置"），上线教学视频和 24 小时答疑通道，确保用户能够顺利完成任务。

（3）最后 30 天：闭环验证，敏捷迭代。

- **建立响应 SOP**：发布《用户反馈处理手册》，规定技术、产品、客服团队的协作流程；每日晨会同步优先级任务。

- **首轮成果发布**：在用户端推送改版说明，列明被采纳建议的贡献者名单；对管理层汇报关键指标变化，比如 NPS（净推荐值）提升、客诉下降等。

## 7.1.5　风险预警与避坑指南

常见失败原因主要有如下两个。

（1）**数据滥用争议**。就是未经用户同意而使用数据，比如某零售企业未经用户同意将行为数据用于个性化定价，遭遇集体诉讼。

（2）**激励失效**。就是激励政策没有得到用户认可，比如某平台勋章体系无实质权益关联，用户参与率 3 个月内下降 72%。

合规性检查清单包括《中华人民共和国个人信息保护法》用户授权文件、数据跨境传输安全评估（若使用海外云服务）以及用户贡献内容的知识产权归属协议。

## 7.1.6　中小微初企业 MSS 体系解决方案

基于 MSS 体系核心架构，针对中小微初企业特性，我提出了下列分类轻量化方案，具体如表 7-1 所示。

表 7-1　中小微初企业轻量化用户共创体系表

| MSS 阶段 | 核心模块 | 中型企业实施路径 | 小微初企业实施路径 | 工具选型对比 | 验收标准 |
|---|---|---|---|---|---|
| 数据整合 | （1）数据源覆盖<br>（2）清洗治理 | （1）打通 ERP、CRM、App 埋点<br>（2）部署 MD5 加密 ID 匹配系统<br>（3）建立不少于 50 项的数据清洗规则 | （1）使用 SaaS 工具聚合关键数据（购买/登录/咨询）<br>（2）人工标注关键异常数据 | 中型企业：神策/GrowingIO+自研规则引擎<br>小微企业/初创企业：Google Analytics+Excel 脚本 | 有效用户识别率≥90% |
| 协同优化 | （1）用户分层运营<br>（2）包任务设计 | （1）S/A/C 三级分层（LTV 算法）<br>（2）开发轻量众包平台支持标注/测试任务 | （1）简化分群（活跃/付费/流失）<br>（2）利用第三方平台发布任务（问卷星/腾讯问卷） | 中型企业：金蝶用户画像+自建众包模块<br>小微企业/初创企业：草料二维码+钉钉任务中心 | 用户参与率≥15% |
| 敏捷迭代 | （1）敏捷响应机制<br>（2）激励闭环 | （1）建立 S/A/B 级反馈 SOP<br>（2）开发贡献值兑换系统 | （1）划定两类优先级（紧急/常规）<br>（2）设置助力章+小额红包激励 | 中型企业：Jira 系统+微信积分商城<br>小微企业/初创企业：Teambition+企业微信红包 | 建议采纳周期≤7 天 |

### 1. 分类实施策略说明

中小微企业在数据整合方面的差异化如下。

（1）**中型企业**：构建私有化数据中台，年投入预算 50 万～80 万元（含数据治理团队）。

（2）**小微初企业**：采用现成的 SaaS 工具组合，年成本控制在 0.5 万～5 万元（如 GA+微盟）。

中小微初企业在协同优化方面的适配方案如下。

（1）**用户分层**：中型企业使用 CLV 算法计算用户权重（活跃度占 30%+ 消费占 40%+ 标签占 30%），小微初企业以近 30 天消费次数简易划分用户。

（2）**众包任务**：中型企业月均发放 100～300 个任务，奖励区间 50～500 元 / 人；小微初企业周均 5～20 个任务，奖励 5～50 元 / 人。

敏捷迭代能力是中小微初企业的一项关键能力，具体如表 7-2 所示。

表 7-2　中小微初企业敏捷迭代能力表

| 响应层级 | 中型企业标准 | 小微初企业标准 |
| --- | --- | --- |
| 紧急问题（S 级） | 24 小时修复 + 补偿方案 | 24 小时响应 + 代金券 |
| 功能优化（A 级） | 双周迭代周期 | 月度更新周期 |

### 2. 成本收益 ROI 测算

降本增效能力是中小微初企业的关键竞争力，所以成本收益 ROI 测算是一项重要工作，具体测算如表 7-3 所示。

表 7-3　成本收益 ROI 测算表

| 模块 | 中型企业 ROI | 小微 ROI |
| --- | --- | --- |
| 数据整合 | >3 倍（LTV 提升驱动） | >5 倍（数据浪费减少） |
| 协同优化 | 每万元投入带来 7 万元收益 | 每万元投入带来 12 万元收益 |
| 敏捷迭代 | NPS 提升 15～25 分 | 复购率提升 8%～12% |

### 3. 90 天轻量化推进时序

为了确保 MSS 体系有效实施，中小微初企业需要制定详细的推进计划，具体如表 7-4 所示。

表 7-4　中小微初企业 90 天轻量化推进时序表

| 阶段 | 中型企业里程碑 | 小微企业 / 初创企业里程碑 |
| --- | --- | --- |
| 第 1～30 天 | 完成三大系统数据对接 | 上线基础埋点监测 |
| 第 31～60 天 | 招募首批 300 名 S 级用户 | 启动 20 人种子用户群 |
| 第 61～90 天 | 首轮 AB 测试验证模型 | 发布首个用户建议采纳公告 |

上述解决方案通过核心流程复用（MSS 三阶模型）、工具集约化选型（自建系统 /SaaS 工具组合）和响应标准分级（中型企业精细化、小微初企业敏捷化），实现 3 类企业在用户共创体系上的低成本快速落地，以保障核心用户流失率下降 10%～25% 的基准目标。

需要强调的是，MSS 体系可将用户从被动消费者转化为主动共建者，通过量化可执行的协作规则，在降低流失率的同时创造新的增长点，这是从"堵"到"疏"的跃迁。MSS 体系的本质是建立用户与企业之间的双向价值循环——企业获得持续优化动力，用户获得参与感与长期回报。智能时代，无论是大企业还是小微初企业，构建基于数据的用户共创智能体系都是时不我待的！

## 7.2　业务闭环：构建人机双循环的业务智能闭环体系

在瞬息万变的商业环境中，企业面临的挑战日益复杂多样。为了保持竞争力并实现可持续发展，企业需要构建一套高效、智能的业务闭环。D-BOSS 框架，即 Data-Business Operation Synergy System（数据－业务运营协同系统），正是为此而生的。通过 D-BOSS 框架企业可以实现业务全链路的自主优化，提升市场竞争力。

### 7.2.1　业务闭环的核心标准与价值

业务闭环，顾名思义，是指企业通过一系列紧密相连的步骤和环节，形成一个完整的循环体系。在 D-BOSS 框架中，业务闭环的目标是让企业通过数据采集、智能分析、决策执行、效果验证的循环过程，实现运营全链路的自主优化。这个体系必须满足以下 3 个核心标准。

（1）目标量化：所有操作需指向可衡量的业务目标。这些目标可以是销售额、毛利率、周转率等关键绩效指标，它们能够清晰地反映企业的运营状况和市场表现。

（2）**数据贯通**：关键数据需要实时跨部门流动，以消除信息孤岛。这意味着不同部门之间的数据壁垒被打破，数据能够自由流通和共享，为决策提供全面、准确的信息支持。

（3）**自主迭代**：基于执行结果自动校准策略，而非依赖人工经验。这意味着企业能够通过智能分析系统对业务运营数据进行实时监测和分析，根据分析结果自动调整策略，实现业务的持续优化和改进。

在实际运营中，许多企业面临着业务未形成闭环的困境。以下两个案例展示了典型未形成闭环的场景及其为企业带来的困境。

**案例1：快时尚品牌库存失控**

在快时尚行业，库存控制是企业面临的一大挑战。某快时尚品牌在市场部根据潮流预测设计新品时，由于缺乏实时数据验证机制，设计的产品与市场需求脱节。生产部门则按固定配额进行生产，未建立动态需求响应模型，进一步加剧了库存积压问题。当滞销款积压超过3周才启动调拨时，人工盘点的效率低下使得问题更加严重。该品牌因此遭受了巨大的经济损失，年度滞销损失高达1.2亿元，占净利润的23%。

**案例2：制造企业采购低效**

在制造行业，采购流程的低效是另一个常见问题。某制造企业在采购过程中，所有采购需人工逐级审批，平均耗时长达5.3天。这种复杂的审批流程不仅降低了采购效率，还增加了因备用供应商切换延迟导致的停产风险。每次停产损失高达130万元，严重影响了企业的正常运营和利润水平。

## 7.2.2 D-BOSS框架核心模块

D-BOSS框架的关键是协同数据驱动环（Data-Driven Loop）与业务优化环（Business Optimization Loop）进行人机双循环，从而构建"数据－业务运营协同系统"。D-BOSS框架即企业"人工智能+"业务闭环，如图7-2所示。

### 1. 数据驱动环

数据驱动环是D-BOSS框架的基础和核心，它主要包括两个模块：动态数据中台和智能预警引擎。

图 7-2　"人工智能 +"业务闭环图

### 动态数据中台模块

动态数据中台（Dynamic Data Hub）模块是 D-BOSS 框架的数据基石，它负责全域数据的整合与治理。该模块通过全渠道埋点（如 App、门店、小程序等）采集消费行为数据，利用设备传感器实时监控生产运营数据（如温度、转速、能耗等），并关注外部环境数据（如竞品动态、国家政策、天气预警等）。所有采集的数据均经过严格的数据治理规则处理，确保数据的质量和准确性。

在数据类型上，动态数据中台模块覆盖了从消费者行为到生产运营再到外部环境的全方位数据。在采集标准上，它采用了先进的隐私数据脱敏技术，确保用户的隐私安全。在治理规则上，它设定了严格的数据延迟和更新间隔要求，确保数据的实时性和有效性。

动态数据中台模块的数据体系参如表 7-5 所示。

表 7-5　动态数据中台模块数据体系表

| 数据类型 | 采集标准 | 治理规则 |
| --- | --- | --- |
| 消费行为数据 | 全渠道埋点（App/门店/小程序） | 隐私数据脱敏率 100% |
| 生产运营数据 | 设备传感器实时监控（温度/转速/能耗） | 数据延迟≤200ms |
| 外部环境数据 | 竞品动态/国家政策/天气预警 | 更新间隔≤15 分钟 |

### 智能预警引擎模块

智能预警引擎（Early-Warning Engine）模块是 D-BOSS 框架的决策支持系统。它基于动态数据中台模块提供的数据资源，构建了一系列智能预警模型。以滞销风险预判模型为例，当库龄超过 60 天且周销量环比下降超过 20% 时，智能预警引擎模块将触发清仓指令，并生成折扣方案。同时，它还会同步通知生产部门调整排产计划，以避免库存积压。

通过智能预警引擎模块的实时监测和预警功能，企业能够及时发现并应对潜在的风险和问题。某服饰企业在应用智能预警引擎模块后，滞销库存占比从 17% 降至 3%，显著提升了库存周转率和资金利用效率。

### 2. 业务优化环

业务优化环是 D-BOSS 框架的执行与验证环节，通过 4 个核心组件——业务规则中枢（Business Rules Engine，B）、运营执行中枢（Operational Execution Hub，O）、系统整合层（System Integration Layer，S）和自主优化模块（Self-Optimizing Module，S）——构建了一个高效、智能的业务优化体系，这四个组件合称 BOSS。

### 业务规则中枢

业务规则中枢是 BOSS 的基石，是业务流程的标准化引擎，专注于业务流程的标准化管理。它的核心功能在于策略库管理和自动决策。策略库管理预设了多种业务规则，如定价规则、排产规则和供应商准入规则等，这些规则旨在确保业务流程的一致性和高效性。自动决策则通过预设的逻辑判断，实现了业务流程的自动化处理。

例如，在采购审批场景中，当采购金额小于或等于 50 万元且供应商评级为 A 级或以上时，系统会自动通过审批，这极大地提高了审批效率。某企业应用此规则后，采购审批时效从原先的 5 天缩短至 1.7 小时。同样，在门店补货场景中，当库存量低于安全阈值且未来 3 天客流预测将增加 20% 时，系统会自动触发调拨，使得缺货率下降了 63%。此外，在客服质检场景中，当投诉工单响应超过 30 分钟未处理时，系统会自动升级至由值班经理处理，这使客户满意度提升了 18 个百分点。

### 运营执行中枢

运营执行中枢是 BOSS 的执行层，是 BOSS 无缝落地的保障。它负责将战略目标转化为具体的部门级 KPI，并确保这些 KPI 得到有效执行。通过任务拆解，它将核心指标（如月销售额提升 10%）细化为各部门的具体任务，如生产部提高产能利用率至 85%、市场部提高客户转化率 2%、物流部确保次日达履约率不低于 95% 等。

在执行过程中，运营执行中枢还通过执行追踪机制，实时监控各项 KPI 的完成情况。一旦发现某项 KPI 的达标率低于 80%，系统将自动触发一系列应对措施，如供应链检查、市场分析、运营复盘等。以某食品企业为例，当系统发现某区域销售额达成率仅为 72% 时，自动触发了跨仓调货措施，成功挽回了430 万元的损失。

### 系统整合层

系统整合层是 BOSS 的纽带，是消除信息孤岛的连接器。它通过 API 将ERP、CRM、WMS（仓储管理系统）等系统全量打通，实现数据互通率不低于95%。这个举措有效消除了企业内部的信息孤岛，使得各部门之间的信息共享更加顺畅。

通过系统整合层，企业在新品上市、大促筹备、客户投诉等场景中，能够实现从需求预测到原料采购、从生产排期到库存分配、从投诉分类到生产追溯的全链条联动。例如，在新品上市场景中，市场部与生产计划不再脱节，而是实现了需求预测与生产排期的一键联动；在大促筹备场景中，仓储部门能够实时响应促销预期销量，迅速生成库存分配及物流筹备方案；在客户投诉场景中，客服与品控部门的信息同步，实现了投诉分类、生产追溯和改进报告的闭环管理。

### 自主优化模块

自主优化模块是 BOSS 的智慧核心，是驱动持续进化的智慧大脑。它通过效果验证、根因分析和自动校准 3 个步骤，持续推动企业的业务优化。

首先，通过对比执行结果与预设目标（如销售额差异率、成本偏差值），自主优化模块能够评估当前业务表现。

其次，利用人工智能技术进行根因分析，定位问题源头（如供应链、市场、运营维度）。

最后，根据分析结果自动调整相关参数，实现业务的持续优化。下面是零售企业的参数调整示例：

$$新补货阈值 = 原阈值 \times \left(1 + \frac{近7天销量波动率}{2}\right)$$

例如，某零售企业通过自主优化模块的动态调参功能，将补货阈值调整为：原阈值 ×(1+ 近 7 天销量波动率 /2)，成功提升了库存周转率 23%。这个举措不仅提高了库存管理水平，还为企业带来了显著的经济效益。

综上所述，业务优化环通过 4 个核心组件的紧密协作，为企业提供了一个高效、智能的业务优化体系。通过这个体系，企业能够实现业务流程的标准化、执行的无缝落地、信息的全面整合以及业务的持续优化，从而在激烈的市场竞争中脱颖而出。

### 7.2.3　制造行业实证研究

为了验证 D-BOSS 框架的有效性和可行性，我对某汽车零部件厂商进行了实证研究。该厂商年营收 8.6 亿元，但在运营过程中面临着采购审批耗时多、设备故障率高、经销商返利政策审批缓慢等痛点。

#### 1. 企业现状诊断

在现状诊断阶段，该厂商利用 Lucidchart 流程工具绘制了价值流图，并识别出了在采购审批、设备故障处理和经销商返利政策审批等关键环节上的堵点。通过深入分析这些堵点的成因和影响，为后续的 D-BOSS 实施路径的制定提供了有力支持。

#### 2. D-BOSS 实施路径

针对具体情况，该厂商制定了以下 D-BOSS 实施路径。

（1）**数据基建（45 天）**：在数据基建阶段，该厂商部署了工业物联网设备，装配线加装了 500 个传感器以监测温度、振动和电流等关键参数。同时，构建了采购数据池，整合了 ERP、SRM 和财务系统等多个重要系统的数据资源。这些举措为后续的智能分析和决策提供了坚实的数据基础。

（2）**业务闭环落地（75 天）**：在业务闭环落地阶段，该厂商对采购流程进行了智能改造，实现了自动化审批占比提高至 73% 和黑名单供应商拦截率 100% 的显著成效。同时，还引入了设备预测性维护模型，通过对振动超标时长和电流波动频率等参数的实时监测和分析，提前预判设备故障风险并采取相应的维护措施。这个举措成功地将非计划停机时间减少了 89%，显著提升了生产效率和设备利用率。

（3）**价值验证（90 天）**：在价值验证阶段，该厂商对改造前后的各项关键指标进行了对比分析。结果显示，生产次品率从 5.2% 降至 0.9%，年节省返修成本 2 100 万元；紧急采购响应时效从 127 小时缩短至 1.7 小时，减少产能损失 1 500 万元 / 年；经销商政策审批时效从 14 天缩短至 8 小时，加速资金周转释放现金流 1 200 万元。这些数据充分证明了 D-BOSS 框架具有的显著成效和价值。

## 7.2.4　企业实施指南

为了帮助更多企业成功实施 D-BOSS 框架，我制定了以下企业实施指南。

### 1. 四阶实施路径

（1）**现状诊断**：在现状诊断阶段，企业需要定位出至少 3 个核心业务断点，并绘制价值流图以识别关键堵点。这个步骤可以借助 Lucidchart 流程工具等进行辅助分析和可视化展示。

（2）**数据整合**：在数据整合阶段，企业需要完成 85% 以上重要系统的数据对接工作，并建立数据质量奖惩制度以确保数据的准确性和及时性。阿里 DataWorks 等工具可以为这个步骤提供有力支持。

（3）**规则部署**：在规则部署阶段，企业需要配置 15 项以上的智能决策规则，并进行历史数据回测试验以验证规则的准确性和有效性。金蝶云·苍穹规则引擎等工具可以为这个步骤提供智能决策支持。

（4）**闭环运行**：在闭环运行阶段，企业需要完成至少 2 个完整业务周期的验证，例如，质量管控要点可以设置为偏差率 >5% 的环节须重新优化等。Tableau 监控看板等工具可以为这个步骤提供智能决策支持。

### 2. 风险控制方案

（1）决策僵化防范，具体如下。

- **问题场景**：过度依赖历史数据导致创新停滞。
- **解决方案**：设置战略沙盒机制，每季度预留 5% 资源用于探索性项目，比如新品试制、新市场测试等。

（2）数据失真应对，具体如下。

- **典型风险**：例如刷单数据污染销量预测模型。
- **控制措施**：包括建立数据清洗规则（如屏蔽单账号高频操作）、设置动态校验阈值（预测值与实际值偏离 >20% 时报警）等。

## 7.2.5　体系演进方向

技术赋能深化，具体如下。

- **实时响应增强**：部署边缘计算节点，关键决策延时压缩至 50ms 内（如价格动态调整）。
- **跨域学习升级**：基于联邦学习技术，在不泄露商业机密的前提下共享行业优化模型。

组织能力重构，具体如下。

- **岗位权责再造**：制定《智能系统操作权责手册》，明确各层级人工智能决策权限边界。
- **人才技能重塑**：全体员工需通过"数据驱动业务"认证考核，年度通过率≥85%。

## 7.2.6　中小微初企业 D-BOSS 框架解决方案

基于 D-BOSS 核心架构，针对中小微初企业特性，我提出了下列分类轻量化方案，具体如下。

### 1. 核心建设模块

中小微初企业核心建设模块需要针对数据驱动环和业务优化环分别制定适配方案，具体如表 7-6 所示。

表 7-6　核心建设模块表

| 模块 | 中型企业适配方案 | 小微初企业超轻量方案 |
| --- | --- | --- |
| 数据驱动环 | • 动态数据中台：通过钉钉 / 企业微信对接 ERP+CRM 基础数据<br>• 智能预警引擎：Excel+VBA 实现滞销 / 缺货预警 | • 使用腾讯文档形成季度销售数据表<br>• 使用 Excel 公式设置库存预警线 |

（续）

| 模块 | 中型企业适配方案 | 小微初企业超轻量方案 |
|---|---|---|
| 业务优化环 | • 业务规则中枢：金蝶云·星辰配置 3 条采购审批规则<br>• 运营执行中枢：分拆 KPI 开放至钉钉待办<br>• 系统整合层：Zapier 实现 App-ERP 数据互通<br>• 自主优化模块：用 Power BI 基础版（数据偏差监控），每月人工数据对比校准模型 | • 用飞书多维表格配置基础审批条件<br>• 用白板拆解核心 KPI 并完成每周三会<br>• 用小程序 +Excel 对数据导入或导出<br>• 用 Excel 数据透视表（手动分析）设置季度人工调整关键参数阈值 |

### 2. 关键指标控制点

中小微初企业需要根据目标量化、数据贯通和自动迭代 3 个闭环节点制定控制要点和预警阈值等关键指标，具体如表 7-7 所示。

表 7-7　关键指标制定表

| 闭环节点 | 控制要点 | 预警阈值 |
|---|---|---|
| 目标量化 | 聚焦销售额与周转率 2 个核心指标 | 周同比波动 >15% 触发预警 |
| 数据贯通 | 关键系统接口完成率≥70% | 数据延时 >24 小时亮红灯 |
| 自动迭代 | 月维度的半自动复盘机制 | 同类问题重复出现 3 次启动参数校准 |

### 3. 分阶段实施路径

中小微初企业需要分阶段实施 D-BOSS 框架，一般中型企业宜制订 45 天计划，小微初企业宜制订 30 天计划，具体如表 7-8 所示。

表 7-8　分阶段实施路径表（周期压缩版）

| 阶段 | 中型企业（45 天） | 小微初企业（30 天） |
|---|---|---|
| 数据基建 | • 3 周完成 ERP+CRM 对接<br>• 部署财务机器人自动对账 | • 1 周建立在线协同数据表<br>• 启用发票扫描 OCR 工具 |
| 规则部署 | • 配置 5 条采购 / 补货规则<br>• 设置自动审批条件 | • 制定 3 条商品下架规则<br>• 创建审批自动抄送机制 |
| 执行验证 | • 完成 1 个完整经营周期测试<br>• 次品率偏离 >3% 时回查 | • 2 周密集测试留存率数据<br>• 客诉响应超时立即人工接管 |

### 4. 低成本工具矩阵

中小微初企业实施轻量化方案的基础就是有效利用低成本工具，按照预警系统、流程控制和可视化等功能需求选用工具，具体如表 7-9 所示。

表 7-9　低成本工具矩阵表

| 功能需求 | 中型企业工具 | 小微初企业工具 |
| --- | --- | --- |
| 预警系统 | Trello 看板 + IFTTT 触发 | 飞书机器人 + 公式提醒 |
| 流程控制 | 明道云低代码平台 | 腾讯文档智能表 |
| 可视化 | Power BI 基础版 | 百度 Sugar BI 免费版 |

### 5. 风险应急方案（通用）

风险应急方案（通用）包括如下几个方向。

（1）**决策疲劳规避**：保留 20% 人工干预权限（如针对供应商白名单中的部分进行例外审批）。

（2）**数据纠偏机制**：每月人工抽样验证系统决策结果，误差率 >10% 时冻结自动策略。

（3）**断点熔断设计**：关键系统断连超 1 小时自动切换至线下台账模式。

### 6. 差异点注意

中型企业着重系统整合层建设（如 ERP 与 CRM 深度打通），小微企业侧重规则中枢简化应用（预设高频场景），初创企业可跳过自主优化模块，采用季度人工策略复盘 + 参数手动校准替代。

实施成本梯度：中型企业 < 20 万元，小微初企业 < 3 万元，通过组合 SaaS 工具实现低成本启动。

上述方案保留 D-BOSS 框架核心闭环逻辑（数据—规则—执行—优化），通过工具降维和周期压缩实现敏捷部署，可满足不同规模企业小步快跑的智能化需求。

D-BOSS 框架的本质是将企业转化为具备"自我感知→智能决策→快速执行→持续进化"能力的有机体，以期在任何市场环境下，企业均可通过闭环体系实现稳健增长，这才是"人工智能 +"下的业务闭环构建的核心逻辑所在。

## 7.3　财务闭环：构建智能财务管理体系

智能时代，企业的财务管理体系正面临着前所未有的挑战与机遇。传统财务体系由于固有的局限性和滞后性，已逐渐无法适应企业智能化转型的需求。

## 7.3.1　FIND 智能财务管理体系

我们先来看一个案例。DM（化名），作为国内头部汽车轴承制造商，投入2.3 亿元启动产线智能化改造，以期通过人工智能技术提升生产效率和产品质量。然而，这一雄心勃勃的转型计划却遭遇了重重困难，最终未能达到预期效果。因为公司在财务方面存在三大严重问题。

（1）**资源错配**。在智能化改造过程中，DM 发现人工智能质检设备的年摊销费用高达 1 800 万元，但其降低质量事故的收益 326 万元却未能计入财务核算。这导致企业无法准确评估人工智能投资的真实回报，进而影响了后续的资源配置决策。此外，35% 的电力被用于人工智能模型训练，但这些费用却被错误地归类为一般行政支出，这进一步加剧了资源错配的问题。

（2）**资产价值低估**。DM 在智能化转型过程中投入了大量资金用于算法专利和数据集的研发，但这些技术资产的价值却未能得到充分体现。价值 3 200 万元的算法专利和数据集未被资产化，导致技术投资长期被低估。同时，研发投入占总成本的 23%，但仅有 5% 转化为可量化收益，这进一步凸显了资产价值低估的问题。

（3）**风险失控**。人工智能质检误判导致 DM 遭受了 550 万元的废品损失，这一事件直接影响了企业的季度利润目标。此外，由于财务体系的滞后性，DM在季报后 3 个月才发现资金缺口，从而错失了补救窗口。这种风险失控的状况给企业带来了巨大的经济损失和声誉损害。

DM 的智能化转型失败案例绝对不是个案，揭示了传统财务体系的核心问题。

（1）**数据采集不完整**：关键人工智能运行指标（如 GPU 利用率、算法迭代频率）未接入财务系统，导致财务数据无法全面反映企业的实际运营状况。

（2）**核算规则滞后**：技术资产（如人工智能专利）与传统设备采用相同的摊销方式，违背了人工智能算法快速迭代的特性，导致资产价值被低估。

（3）**决策响应延迟**：依赖季度财务报告调整预算，无法实时应对市场变化和风险挑战。

上述三大问题都暴露了传统财务体系基本是一个开环，要形成闭环还有很多课要补，那么该如何补呢？

我提出了一种 FIND 智能财务管理体系（简称 FIND 体系），以帮助企业实现财务闭环，从而在智能时代实现价值升级。

FIND 体系有 4 个模块，分别是动态预算与战略规划模块（Flexible Budgeting & Planning Module）、智能资本化模块（Intelligent Capitalization Module）、智能化风险控制模块（Neural Risk Control Module）和决策智能中枢模块（Decision Intelligence Hub），取每个模块的首字母就构成了 FIND。智能时代的财务管理不但要善于发现问题，还要善于解决问题，因此，我为这个体系赋予了新的内涵：财务智能导航与决策（Financial Intelligence Navigation & Decision）体系。FIND 体系的 4 个模块如图 7-3 所示。

图 7-3 "人工智能＋"财务闭环图

## 7.3.2 动态预算与战略规划模块

动态预算与战略规划模块（简称 FBP 模块）作为企业全面财务预算的中枢系统，覆盖从人工智能研发到传统业务的资源配置，通过动态调整实现资金、算力、人力的全局最优，旨在构建基于 FIND 体系的企业全面财务预算管理体系。

### 1. 核心目标与价值

在短期内，FBP 模块能够根据实时业务数据（如收入、成本、风险）调整预算分配，从而降低资源浪费。而针对长期，它致力于将企业战略分解为可执行的财务指标，并通过弹性预算确保战略的有效落地。

### 2. 核心功能架构

FBP 模块的核心功能包括数据采集与清洗、动态预算优化、战略目标拆解和执行反馈闭环。

（1）**数据采集与清洗**：通过 Kafka 数据管道和 Informatica<sup>⊖</sup>数据清洗引擎，对接销售、生产、研发等业务系统，生成标准化的 XBRL<sup>⊖</sup>格式预算编制源数据。

（2）**动态预算优化**：利用 Google Vertex AI 强化学习模型，按小时滚动更新现金流模型，生成精确到部门或项目层级的资金分配方案。

（3）**战略目标拆解**：借助微软 Power BI 战略地图工具，将 5 年战略规划分解为季度财务 KPI，生成各部门滚动预算包（含资源与考核指标）。

（4）**执行反馈闭环**：通过 Oracle EPM（企业绩效管理平台），对比预算与实际数据，在达到条件时触发自动调整机制，确保预算修订指令在 48 小时内完成全系统同步。

### 3. 与企业财务工作的强关联性

FBP 模块通过从局部人工智能到全局财务的穿透管理，解决了传统预算管理中存在的资源争夺与重复浪费问题。它实现了全局可视和动态平衡，当某业务线面临挑战时，能够自动调整其他业务线的预算，以确保整体战略目标的实现。

财务部门之所以需要数据采集能力，一方面是因为财务数据真实性受《中华人民共和国会计法》约束，必须掌握原始数据溯源权；另一方面，技术部门的技术指标（如生产线良品率、算法迭代次数）需要转换为财务语言（如成本节约、资产增值），以便更好地进行资源配置和预算管理。

在协同机制设计上，财务部门和技术部门分工明确：技术部门负责采集生

---

⊖　Kafka 数据管道是基于 Apache Kafka 构建的实时数据传输系统，Informatica 清洗引擎是 Informatica 数据集成工具中的核心组件，两者常结合使用构建完整的数据处理链路。

⊖　XBRL 数据是指基于可扩展商业报告语言（XBRL）标准标记的财务和商业信息。它通过电子标签对会计科目、财务指标、关联关系等数据进行结构化定义，使计算机能够自动识别、处理和分析这些信息。

产线传感器日志等原始数据，而财务部门负责定义核算规则，如将 GPU 利用率映射为研发费用。同时，财务部门应发布《XBRL 数据接入标准》，确保技术部门按标准传输数据。此外，通过区块链存证关键数据，确保财务数据可追溯、可验证。

### 4. FBP 模块的三大核心价值

FBP 模块具有如下三大核心价值。

（1）缩短决策周期：传统预算调整需要各部门线下博弈，平均耗时长达 21 天。而 FBP 模块通过实时数据驱动，实现了小时级的预算调整，效率提升了 500 倍。

（2）降低资源错配率：以某汽车零部件厂为例，应用 FBP 模块后，人工智能算力浪费率从 37% 降至 9%，低效营销预算减少了 42%。

（3）战略执行可量化：FBP 模块能够将企业战略拆解为具体的财务指标，并通过弹性预算规则确保战略执行的可量化。例如，当技术资产收益率低于 8% 时，系统会自动触发投入策略复审。

### 5. 实施路径与验收标准

大型央国企与大型民企一般采用三阶段实施法。

第一阶段，数据贯通：对接 ERP、MES、CRM 等系统，实现业财数据实时同步。验收标准为数据延时小于 5 秒，覆盖率达到 95% 以上。

第二阶段，规则内嵌：预设 200 个以上预算调整策略，构建动态预算推演模型（含风险场景库）。验收标准为自动化执行率达到 70% 以上。

第三阶段，价值闭环：实现研发收益反哺预算，制定《技术资产——预算联动管理办法》。验收标准为技术资产投资 ROI 提升 2 倍以上。

比如，某企业初期部署成本约为 180 万元（含 SAP 许可、算法开发等费用）。预计 3 年内，资源错配成本可降低 610 万元，战略目标达标率提升 55%。

FBP 模块不仅是企业战略与财务执行的连接器，更是企业实现资源优化配置和战略落地的关键工具。它通过数据穿透与动态优化，将企业所有资源投入转化为可度量、可调控的战略执行单元，使每分钱的花费都与长期价值强绑定，从而终结"财务只管记账，战略空谈落地"的割裂状态，助力经营者实现企业的可持续发展。

### 7.3.3　智能资本化模块

在智能时代，企业的价值越来越依赖于技术资产，如人工智能算法专利、数据集等。然而，传统的财务体系难以准确识别和量化这些新型资产的价值，导致技术资产的真实价值被埋没。为此，我提出了智能资本化模块（Intelligent Capitalization Module，ICM）体系。

#### 1. 核心作用

ICM 的核心作用是识别、量化、运营企业技术资产，解决传统财务体系对人工智能算法专利、数据集等新型资产的价值埋没问题。

企业为什么要高度重视技术资产资本化呢？这是因为有如下三大痛点。

（1）**传统资产失效**：制造业设备、房产等实物资产在企业总资产中的占比已降至 28%（麦肯锡 2024 年的数据），而技术资产已成为企业价值的核心载体。

（2）**财务披露倒逼**：国际财务报告准则（IFRS）修订草案要求披露人工智能技术资本化信息，我国正在完善这方面的披露机制，这进一步凸显了技术资产的重要性。

（3）**现实痛点**：德勤相关数据显示，90% 的中国企业将研发投入 100% 费用化，这导致技术资产的真实价值低于市场估值的 35%～60%。

#### 2. 标准化工作流程

ICM 标准化工作流程如下。

（1）**资产识别**：采用"法律确权性 + 商业可行性"双维度判定标准，借助亚马逊 AWS FinSpace 资产图谱和国家专利数据库等工具对技术资产进行识别。

（2）**价值量化**：通过"技术价值密度 + 商业化可行性指数"（TVI + CFC）双模型评估，运用 MATLAB 蒙特卡洛模拟和知识密度系数算法对技术资产进行量化。蒙特卡洛模拟量化是一种基于概率统计的数值计算方法，通过随机抽样和统计试验生成大量可能情景，量化评估复杂系统的风险、收益等不确定性指标，常用于金融、投资组合优化及工程决策等领域。

（3）**合规入表**：按技术资产类别设定资本化规则（摊销年限、重估周期），利用 SAP S/4HANA 资产模块和区块链存证系统实现技术资产合规入表。

（4）**持续运营**：提供技术资产的并购、剥离决策支持，并通过收益反哺研发预算，利用 Palantir Foundry 资产运营平台实现技术资产持续运营。

### 3. 对企业财务的核心价值

ICM 对企业财务的核心价值主要体现在如下方面。

（1）**缓解融资困境**。银行通常只接受厂房设备抵押，通过技术资产难以融资。在数字中国战略和数据资产入表的大背景下，ICM 的价值在于有效解决了技术资产融资可能性问题，通过技术资产资本化，企业可将技术资产转化为可融资的资产。例如，某消费电子企业通过技术资产资本化，将价值 3.2 亿元的算法专利确权，并成功获得 2 亿元的知识产权质押贷款；同时，数据资产组合估值 1.8 亿元，并发行 ABS 证券融资（指以项目或企业拥有的资产及其未来可产生的现金流为基础，通过结构化设计和信用增级，在资本市场发行债券募集资金的一种融资方式）。

（2）**优化税负结构**。技术资产的资本化与费用化是企业经营人士经常思考的问题，其实通过动态调整资本化策略，企业可以优化税负结构。例如，对于 CFC≥0.7（关于 CFC 的介绍见后文）的高潜力技术资产，采取资本化策略（8～10 年摊销），虽然短期内税负增加，但税盾<sup>⊖</sup>总额增加 40% 以上；对于 CFC < 0.3 的衰退技术资产，采取费用化策略（当期抵扣），以短期减税缓解现金流压力。某医药企业通过此策略，在 3 年内节省了 8 900 万元税金。

（3）**精准激励研发**。研发投入创造价值，然后价值再反哺研发投入，从而形成闭环，这是每个企业都希望看到的。在传统财务管理模式下无法可视化这一闭环，导致高管没有决策依据。由于研发投入无法体现价值，高管倾向于削减研发预算。通过 ICM，可以设立技术资产运营账户，将技术收益（如授权费、降本分成）的 30% 自动转入次年研发预算。例如，某新能源企业实施此方案后，研发积极性显著提升，成果转化周期缩短了 40%。

### 4. 技术资产价值计算

研发投入到底是成本还是资产？这个问题让企业非常困扰，它涉及两个问题：第一是费用思维与资产思维的转换问题；第二是如何界定技术资产，尤其是还未形成的技术资产。

技术资产作为一种新型资产，传统核算方式根本无法计算其价值。那么该

---

⊖ 税盾（Tax Shield）指企业通过合法的财务支出，比如利息、折旧、摊销等，来减少应税利润，从而降低应缴税款的效应。这类支出在税前扣除，形成对税负的"屏蔽"保护，故称"税盾"。简单来说：税盾 = 可抵扣费用 × 税率。

如何计算其价值呢？我提出了技术资产价值计算公式。

$$资产价值 = \sum(研发投入 \times TVI指数) + \sum\left(\frac{预测收益_t \times CFI指数}{(1+WACC)^t}\right)$$

式中：

- TVI（Technological Value Intensity，技术价值密度）指数用于衡量技术成果的稀缺性与有效性。
- CFI（Commercial Feasibility Index，商业化可行性）指数用于量化技术转化的市场适配度。
- WACC（Weighted Average Cost of Capital，企业加权平均资本成本）反映资金时间价值与风险溢价。

其中，$\sum(研发投入 \times TVI指数)$ 对应的是技术含金量，$\sum\left(\dfrac{预测收益_t \times CFI指数}{(1+WACC)^t}\right)$ 对应的是市场折现。这个公式勾画了一个研发成果分解模型：显性研发效能报告 + 潜在收益预测。

所以，该公式综合了技术资产的内在技术价值和市场转化潜力，核心逻辑是用多维指标量化技术的稀缺性、防御能力、变现效率，并通过加权反映其对企业长期价值的真实贡献，符合经营实际，尤其适用于技术发展中期及试量产阶段。

需要强调的是，虽然上面的公式看起来复杂，但只需要开发一个小应用软件，再加上人工智能模型训练，根本不需要人工计算就能够可视化技术资产价值的形成。

下面对 TVI 指数、CFC 指数和 WACC 的计算进行详细介绍。

### TVI 指数公式

TVI 指数公式为：

$$TVI指数 = \frac{专利强度 \times 技术壁垒层级}{研发效率指数（万元/人年）}$$

（1）专利强度（Patent Strength，PS）：表示专利的质量与商业价值高低，通过引用率、权利要求数量、维持年限等维度进行综合评估。其数据来源一般是 Derwent/Incopat 专利数据库。

$$PS = \left(\frac{被引用次数}{行业均值} \times 0.4\right) + \left(\frac{权利要求数}{行业均值} \times 0.3\right) + (维持年限 \times 0.3)$$

比如，某专利被引次数为 32 次，而行业均值为 9 次。该行业权利要求数为 6 个，而行业均值为 3 个，维持年限为 5 年，则 PS = (32/9 × 0.4) + (6/3 × 0.3) + (5 × 0.3) = 3.52。

（2）**技术壁垒层级**（Technology Barrier Level，TBL）：用于衡量企业对核心技术的独占性和行业领先程度，主要应用于知识产权或技术竞争力分析领域。其数据来源一般是专家评审会议。

$$TBL = 5 级分类 (1～5 分) + 产业链覆盖环节数 (每环节 + 0.2 分)$$

（3）**研发效率指数**（Research and Development Efficiency，RDE）：用于衡量研发投入（如人力、资金）与产出（如专利、产品化成果）的转化效能。其数据来源一般是财务系统与研发管理平台。

$$RDE = \frac{有效技术成果数}{研发总投入(万元)} \times 转化率$$

例如，某企业的 TVI 指数达到 12.6，而行业基准指数只有 3.2，这表明该企业的技术价值密度较高，需要重点资本化。

### CFC 指数公式

CFC 指数用于量化技术成果市场转化的概率与收益规模，其计算公式为：

$$CFC 指数 = \left(\frac{市场适配度}{100}\right) \times \left(\frac{政策支持权重}{100}\right) \times ROI 达标率$$

式中，市场适配度、政策支持权重和 ROI 达标率的计算公式如表 7-10 所示。

表 7-10　市场适配度、政策支持权重和 ROI 达标率的计算公式表

| 参数 | 子公式 | 示例计算 | 数据来源 |
|---|---|---|---|
| 市场适配度（MAD） | MAD = (已覆盖客户 / 目标客户 × 0.6) + (新需求成功率 × 0.4) | 比如，覆盖 63% 客户 (37.8 分) + 新需求转化率 85% (34 分) → MAD = 71.8% | 销售 CRM 系统 / 市场调研 |
| 政策支持权重（PSW） | 财政补贴 ( 每 1% 计 2 分 ) + 税收减免 ( 每 1 月 计 5 分 ) + 行业准入 ( 每 省计 2 分 ) 等加权求和 | 比如，补贴 3.2% (6.4 分) + 免税 8 月 (40 分) + 覆盖 23 省 (46 分) → PSW = 6.4 + 40 + 46 = 92.4 分 | 政府文件 / 财务台账 |
| ROI 达标率（RAR） | RAR = min ( 实际 ROI/ 预期 ROI, 1.2) | 比如，预期 18%，实际 22%，22%/ 18% = 1.22，取封顶值则 RAR = 1.2 | 项目结题审计报告 |

CFC 的阈值标准如下。

（1）CFC≥0.7：强制资本化。

（2）0.3≤CFC < 0.7：暂缓资本化，观察市场。

（3）CFC < 0.3：费用化处理。

### WACC 成本公式

WACC 成本公式如下：

$$WACC = \left(\frac{E}{V} \times R_e\right) + \left(\frac{D}{V} \times R_d \times (1 - T_c)\right)$$

式中，各字母的参数定义与计算方法如表 7-11 所示。

表 7-11　WACC 成本计算表

| 符号 | 全称 | 定义 | 数据来源 | 示例计算 |
| --- | --- | --- | --- | --- |
| $E$ | 权益市场价值（Equity） | 公司股东权益的公允价值，通常取市值（上市公司）或评估值（非上市公司） | 股票市值 / 评估报告 | A 公司当前股票总市值 60 亿元 |
| $D$ | 债务市场价值（Debt） | 公司所有付息负债的公允价值（债券、银行贷款等），优先按市场交易价计算，次选账面价值 | 债券报价 / 财务报表 | A 公司债券市场估值 + 银行贷款为 20 亿元 |
| $V$ | 资本总额（Value） | $V = E + D$，代表企业总资本结构 | 复合计算 | 60 亿 + 20 亿 = 80 亿 |
| $E/V$ | 权益资本占比 | $E / V \times 100\%$ | 计算得出 | 60 亿 / 80 亿 = 75% |
| $D/V$ | 债务资本占比 | $D / V \times 100\%$ | 计算得出 | 20 亿 / 80 亿 = 25% |
| $T_c$ | 企业所得税税率（Tax Rate） | 企业适用的法定所得税率（需考虑地方税收优惠） | 税务申报表 | 中国高新技术企业所得税税率为 15% |

DM 固态电池资产项目经过智能化改造后，相关数据如下：

（1）专利 32 次被引用（行业均值 9 次），权利要求数量为 14 项（行业均值 8 项），维持年限为 3 年。

（2）技术壁垒层级为 L4 级，覆盖 3 个产业链环节。

（3）2023 年度研发投入为 5.8 亿元（即 58 000 万元），有 28 项成果，转化率达到 80%。

（4）2024、2025、2026 三年预测收益分别为 3.2 亿元、8.5 亿元和 15.0 亿元。

（5）WACC 为 12%。

TVI 按照专利强度（PS）、技术壁垒（TBL）和研发效率指数（RDE）3 个参数进行计算，具体如表 7-12 所示。

表 7-12　TVI 计算表

| 参数 | 计算过程 | 得分 |
| --- | --- | --- |
| 专利强度（PS） | (32 次被引 / 行业均值 9 次 ×0.4) + (14 项权利要求 /8 项 ×0.3) + 3 年维护 ×0.3 = 2.847 | 2.847 |
| 技术壁垒（TBL） | L4 级 (4 分) + 覆盖 3 个产业链环节 ( 每环节 + 0.2 分为 0.6) = 4.6 | 4.6 |
| 研发效率指数（RDE） | 28 项成果 /58 000 万元 ×80%=0.000 386 | 0.000 386 |
| TVI | 2.847 × 4.6/0.000 386 ≈ 33 928 | 33 928 |

CFC 指数按照市场适配度（MAD）、政策支持（PSW）和 ROI 达标率（RAR）3 个参数进行计算，具体如表 7-13 所示。

表 7-13　CFC 指数计算表

| 参数 | 计算过程 | 得分 |
| --- | --- | --- |
| 市场适配度 | 覆盖 63% 客户 (63% × 0.6 = 37.8%) + 新需求转化率 85% (85% × 0.4 = 34%) = 71.8% | 71.8% |
| 政策支持 | 财政补贴 3.2% (3.2 × 2 = 6.4) + 免税 8 月 (8 × 5 = 40 分 ) = 46.4 分 | 46.4 |
| ROI 达标率 | 实际 ROI 25% / 预期 18% → 封顶值 120% | 120% |
| CFC | 71.8% × (46.4/100) × 120% ≈ 0.400 | 0.400 |

研发投入价值：5.8 亿元 ×33 928/10 000 行业基准) = 19.68 亿元

收益折现（WACC = 12%），则预测收益现值计算如表 7-14 所示。

表 7-14　预测收益现值计算表

| 年度 | 预测收益（亿元） | 现值计算（亿元） |
| --- | --- | --- |
| 2024 | 3.2 | $3.2 × 0.400/(1.12) ≈ 1.14$ |
| 2025 | 8.5 | $8.5 × 0.400/(1.12^2) ≈ 2.71$ |
| 2026 | 15.0 | $15.0 × 0.400/(1.12^3) ≈ 4.27$ |
| 总计（亿元） | | 8.12 |

结论：经 FIND 体系改造后，DM 技术资产总值 = 19.68 亿元 + 8.12 亿元 = 27.8 亿元，较原值 5.8 亿元提升 3.8 倍。

### 5. 实施指南（制造型企业模板）

以制造型企业为例，技术资产识别清单可包括如下几项。

（1）**人工智能算法专利**：须具备注册专利号、年费缴纳证明，且 CFC ≥ 0.7，方可入表为无形资产——专利权（8 年摊销）。

（2）**工业数据集**：须满足数据量 ≥50TB、调用频次 ≥1000 次 / 天，方可入表为无形资产——数据集（季度重估）。

（3）**工艺参数优化方案**：须至少在 3 家企业实施且降本效益 ≥ 15%，方可入表为长期待摊费用（3 年摊销）。

漏洞防御机制如下。

（1）**技术资产泡沫监控**：设立折旧占比警戒线（技术资产折旧 / 净利润 ≤ 30%），一旦超过警戒线，则降低估值系数以防范泡沫。

（2）**审计争议应对**：利用区块链存证技术记录数据资产的使用日志（包括调用时间、用户 IP、输出结果等），以应对审计争议。

总之，ICM 不仅是对会计科目的调整方案，也是对传统财务黑洞制定的对冲方案，通过 TVI-CFC 双模型评估，化黑洞于无形，化费用为资本——让隐形技术显性化、显性技术资本化、资本技术流通化。ICM 的最终目标是构建"技术投入→资产增值→融资扩张→技术再投入"的战略闭环，为企业价值坐标重新锚定提供有力支持。

ICM 与财务体系的对冲关系如表 7-15 所示。

表 7-15　ICM 与财务体系的对冲关系表

| 传统财务黑洞 | ICM 解决方案 |
| --- | --- |
| 巨额研发投入形成财报"亏损" | 技术资产资本化提升净利润率 |
| 技术骨干离职导致价值流失 | 专利价值入表后建立竞业限制补偿机制 |
| 创新成果无法质押融资 | 生成技术资产评估报告对接金融机构 |

## 7.3.4　智能化风险控制模块

智能化风险控制模块（Neural Risk Control Module，NRC 模块）旨在构建

财务安全人工智能免疫系统——一个覆盖技术、合规与战略的自动化风控网络。通过数据驱动实现风险从感知到拦截再到修复的秒级应对闭环，确保企业从日常运营到智能化转型实现稳定穿越。

### 1. 智能时代的"新财务风险"

在智能时代，财务风险不再局限于传统范畴，而是衍生出了诸多新类别。以下是一些风险维度及其对应的传统风险与人工智能相关新增风险。

（1）**技术衍生风险**：从设备故障扩展到人工智能模型误判和数据隐私泄露。例如，IBM OpenPages 合规监测可用于应对数据隐私泄露风险。

（2）**合规升级风险**：除了税务稽查，还包括算法歧视和跨境数据流通违规等。亚马逊 AWS Audit Manager 是应对此类风险的有效工具。

（3）**系统性风险**：除了经济周期波动，还包括技术路线更迭导致的资产报废。Palantir 风险推演引擎能帮助企业预测和应对这些风险。

（4）**价值链风险**：供应链中断的风险已升级为算力垄断引发的采购成本失控。SAS Demand Forecasting 等工具可以帮助企业预测和控制采购成本。

### 2. 标准化三级防御机制

NRC 模块提供了一套标准化的三级防御机制，以适应企业的各种场景。

（1）**L1 级（业务防御层）**：响应速度不超过 2 小时。当条件触发（如现金储备低于 3 个月运营成本）时，自动冻结非核心支出并启动紧急融资预案。某车企因此避免了 12 亿元的流动性资金损失。

（2）**L2 级（技术修复层）**：响应速度不超过 12 小时。当人工智能质检误判率连续 3 小时超过基准 50% 时，系统会切换备用模型版本并启动生产批次追溯补偿机制。某消费电子企业因此减少了 8 500 万元的损失。

（3）**L3 级（战略重构层）**：响应速度不超过 24 小时。L3 级一般在大型企业中才会出现，例如当面临欧盟 GDPR 天价罚款风险（预估超过年度净利润的35%）时，企业会动用风险准备金并重构数据主权架构（如本地化部署联邦学习模型）。某科技集团因此减少了 9.4 亿元的损失。

### 3. 技术架构

NRC 模块的技术架构如下。

（1）**数据穿透采集**：从业务系统（如 ERP、IoT、CRM）中提取风险特征，通过 Apache Kafka 进行传输；同时，从财务指标（如现金流、利润率）中建模风险敞口，利用 Python 量化库进行分析。

（2）**智能决策中枢**：预设规则引擎（如"如果现金储备低于 $X$，则……"）结合机器学习预测（如用 XGBoost 训练历史风险事件库）来做出决策。

（3）**执行验证反馈**：将措施效果回传（如回传冻结支出后资金缺口缩小的速度），并将修复记录上链（如使用 Hyperledger 存储审计轨迹）。

工具包括数据采集工具 Splunk（实时日志分析）、决策引擎工具 ServiceNow GRC（风险自动化）、区块链存证工具阿里云 BaaS 等。

### 4. 对企业财务管理的核心价值

NRC 模块对企业财务管理的核心价值体现在以下 3 个方面。

（1）**资源浪费治理（明面成本）**：解决传统痛点，如低效支出难追溯。某零售企业部署 NRC 模块后，冗余采购支出下降了 61%，人工智能算力浪费率从 35% 降至 7%。

（2）**隐性成本防御（风险折现）**：解决传统估值盲区，如未来罚款、赔偿计提不足。通过蒙特卡洛模拟量化摄像头数据泄露损失，计提专项基金（可以设定占年收入的 1.8%）以规避破产风险。

（3）**战略可持续保障（长期价值）**：当技术路线变动时，系统自动评估现有算法资产贬值风险、新旧技术切换最优预算分配比例以及研发团队重组成本。

### 5. 强制管理机制

为了解决模糊争议，确保 NRC 模块可有效实施，宜采用以下强制管理机制。

（1）**跨部门责任绑定**：CTO 和 CFO 必须签署《季度技术风险评估声明》，重点确认人工智能模型泛化能力下降阈值和数据主权改造的财务可行性。未按时签署该声明将触发 L2 级预警（限制技术预算拨付）。

（2）**区块链存证要求**：必须存储所有风控决策日志（含人工干预记录）、模型版本迭代与风险评估关联数据以及外部监管机构问询及响应文件。使用国家保密局认证级加密算法（SM2/SM3）存储副本至多地司法链节点。

### 6. 实施模板（以制造企业为案例）

NRC 模块的部署路径包括以下几个阶段。

（1）**风险图谱构建（30 天）**：输入历史审计报告和事故数据库，输出《企业人工智能风险热力分布图》。

（2）**防御规则内嵌（60天）**：确定 100 个以上关键风险阈值，输出 L1～L3 级响应策略代码包。

（3）**实战压力测试（90天）**：模拟突袭式攻击（如数据泄露、模型崩溃），输出《抗压认证报告》和修复速度基准指标。

总之，NRC 模块就是财务安全的智能抗体。不同于传统风控采用的"灭火器"模式，它通过本质安全设计（风险预测前置化）、快速免疫响应（执行自动化）与基因进化能力（区块链存证学习），让企业获得应对智能时代黑天鹅的先天抗性。

NRC 模块功能逻辑对照如表 7-16 所示。

表 7-16　NRC 模块功能逻辑对照表

| 传统风控缺陷 | NRC 解决方案 |
| --- | --- |
| 季度检查＝马后炮 | 实时扫描→分钟级拦截（如现金断流前 64 小时预警） |
| 部门扯皮延误战机 | 智能合约自动执行（如超标采购订单付款自动驳回） |
| 纸质记录易篡改 | 司法级区块链存证（审计轨迹不可逆） |

## 7.3.5　决策智能中枢模块

决策智能中枢（Decision Intelligence Hub，DIH）模块旨在确保战略选择始终与财务健康度实时匹配，实现风险可控的敏捷转型。

### 1. 核心使命与功能定位

DIH 模块的本质是数据驱动的战略决策引擎，是企业战略与财务数据的"中央处理器"。通过整合实时业务流、财务指标及人工智能预测结果，可驱动关键决策从经验导向升级为数据导向，构建从策略生成到执行、验证、进化的闭环决策体系，确保战略可落地、风险可量化、资源可联调。其核心使命如下。

（1）**财务指标前置化**：将 ROI、现金流嵌入战略推演全流程，避免决策与财务健康度脱节。

（2）**战略敏捷进化**：通过场景化建模预演市场突变，缩短决策响应周期至行业 1/3 的水平。

（3）**资源动态联控**：建立"财务资源池—业务需求端"实时匹配机制，消除资源错配黑洞。

DIH 模块的关键功能包括全链路数据溯源管理、战略推演沙盘、动态策略执行和反馈进化回路。这些功能共同协作，确保数据的准确性和决策的科学性。

（1）全链路数据溯源管理：确保财务数据与业务数据同源同频，误差控制在 0.3% 以内，采用 SAP Analytics Cloud 对账引擎实现。

（2）战略推演沙盘：利用多智能体仿真系统（如 AnyLogic 平台）评估决策对财务指标（如 ROI、现金流）的冲击。

（3）动态策略执行：通过金蝶云·苍穹（执行 API）和 RPA 流程机器人自动触发预算调整 / 资源重分配指令。

（4）反馈进化回路：将决策效果转化为模型优化参数，利用 MLflow 模型管理和 Prometheus 监控指标库实现。

### 2. 对企业全面财务的核心价值

DIH 模块对企业全面财务的核心价值主要体现在如下方面。

（1）财务指标到战略动作的直通车。在传统模式下，业务部门制定扩张计划后，财务部门往往只能在事后发现资金链问题。而在 DIH 模块中，通过输入目标，系统自动推演现金流缺口，并生成平衡方案，实现财务指标到战略动作的直通车。

> 案例：某电商企业通过 DIH 模块发现单纯降价冲量将导致现金流断裂，转而采用"会员费＋定向补贴"的组合策略，这让 ROI 提升 27%。

（2）风险折现的财务化决策。DIH 模块每日预演多种危机场景，通过计算财务损失，实现动态优先级排序，避免高管陷入局部最优。这为企业提供了更为科学的决策依据。

（3）资源最优化配置方案。利用遗传算法求解多约束条件下的最大财务收益解集，DIH 模块的智能系统自动寻找企业的黄金配置点：在保证研发底线（≥营收的 8%）、现金流安全（≥4 个月支出）、人工智能合规的前提下，系统会像金融操盘手一样，每秒测试上万种资金与算力的组合方案，最终找出那条既不会踩红线又能让利润最大化的路径。这意味着企业不会再为"该砍哪块预算"争吵，系统直接给出谁都挑不出毛病的最优解。

### 3. 标准化工作流（以制造业为例）

（1）全链路数据溯源管理。财务主导规则，确保数据准入标准为 XBRL 格式，误差容忍度不超过 0.3%。差异处理机制以业务修正为主，而非财务调账。

（2）**战略场景库构建**。构建包含供应链断裂、技术路线突变、监管合规升级等场景的战略场景库，并明确财务评估指标和推演输出物，具体如表 7-17 所示。

表 7-17　战略场景库构建表

| 场景类别 | 财务评估指标 | 推演输出物 |
| --- | --- | --- |
| 供应链断裂 | 现金流断流临界值（月） | 《供应商替代方案成本效益对比表》 |
| 技术路线突变 | 资产减值预提比例（%） | 《现有专利组合商业化可行性重估报告》 |
| 监管合规升级 | 罚款 / 整改成本占净利润比（%） | 《合规架构改造预算最优分配方案》 |

（3）**策略执行与追踪**。设定自动化指令，如库存周转率低于行业均值时冻结采购订单并启动促销清仓 RPA，确保策略执行的高效与准确。

### 4. 跨部门协同与权责机制

作为决策规则制定者和决策效果审计方，财务部门在 DIH 模块中扮演着至关重要的角色。技术部门应保障数据管道延时低于 5 秒，并维护模型的可解释性，输出 SHAP 值报告供财务验证。当推演显示 ROA 将跌破债务利息覆盖阈值时，CFO 有权直接冻结投资，以确保企业的财务安全。

### 5. 实施效益与成本验证

相比传统模式，DIH 模块的引入显著改善了战略决策时效、资金链断裂预警提前量和资源错配率。

（1）**战略决策时效**：比如，从 45 天缩短至 9 小时。

（2）**资金链断裂预警提前量**：比如，从 30 天以内提升至 90 天以上。

（3）**资源错配率**：比如，从 41% 降低至 8%。

部署 DIH 模块往往具备高杠杆效益，即用中等投入撬动高回报。表 7-18 所示是某制造企业部署成本与 3 年收益的对比。

表 7-18　某制造企业部署成本与 3 年收益的对比表

| 指标 | 成本收益对比 | 数据依据 |
| --- | --- | --- |
| 部署成本 | 初装费用：购买 SAP 分析云（年费约 300 万元）+ 风控算法开发（900 万元），覆盖系统上线第一年必要支出 | 按某制造企业实际采购订单测算（软硬件许可+服务费） |
| 显性收益 | 3 年内靠系统即时预警主动规避重大战略失误（如错误并购、过度扩张），避免真金白银损失 3.8 亿元（原平均年损失 1.8 亿 ×3 年 ×70% 改进率≈3.8 亿元） | 参照 IDC 对 43 家企业的调研：DIH 模块相比传统决策体系减少 71.2% 重大战略失误 |

（续）

| 指标 | 成本收益对比 | 数据依据 |
|---|---|---|
| 隐性收益 | 资本市场对敏捷型企业的估值溢价（行业平均 PE 倍数从 15 升到 16.8，升幅 12%），对应市值增长远超显性收益（例：百亿市值企业市值会提升 12 亿元） | 按 MSCI 智能决策指数成分股的估值重估系数（2023 年报）计算，应用 DIH 模块的企业市净率（PB）较同业高 0.3～0.5 个百分点 |

表 7-18 所示案例表明：虽然部署成本约为 1 200 万元，但 DIH 模块带来显性收益——减少决策失误损失 3.8 亿元，以及极为显著的隐性收益——战略敏捷性带来的市场估值溢价≥12%，企业市值提升 12 亿元，且长期战略护城河持续生效。

需要强调的是，DIH 模块与传统 BI 工具是有本质区别的，其功能对标如表 7-19 所示。

表 7-19　DIH 模块与传统 BI 功能对标表

| 能力维度 | 传统 BI 工具 | DIH 模块 |
|---|---|---|
| 数据时效性 | T+1 日报表 | 实时数据流（15 分钟级更新） |
| 决策主动性 | 描述性分析（过去发生了什么） | 规范性指令（现在该做什么 + 未来如何最优） |
| 财务绑定深度 | 孤立指标展示 | 策略生成直接穿透会计科目调整 |
| 自进化能力 | 静态看板 | 决策效果反馈驱动模型参数实现周级迭代 |

DIH 模块作为"财务领导力"引擎，重塑了财务部门的定位——从后台记账员升级为战略导航员。DIH 模块可让系统实时监测每项决策的资金消耗和回报潜力，自动拦截亏损风险，确保每一分钱都花在刀刃上。财务不再是业务的附庸，而是价值的裁决者与保卫者。

## 7.3.6　中小微初企业 FIND 体系解决方案

中小微初企业落地 FIND 体系需要贯彻几个原则：

（1）工具集约化：中型企业可以选择"部分自建 + 部分 SaaS 化"，小微初企业建议全部 SaaS 化。

（2）规则简配：这样具有更高可操作性。

（3）验收标准分级：实现 FIND 体系在中小微初企业 90% 左右的功能覆盖，投入成本压缩至原体系的 15%～6%，中型企业 ROI > 2.5 倍、小微初企业建议在 6 个月内回本。FIND 体系落地建议具体如表 7-20 所示。

表 7-20 FIND 体系落地建议

| FIND 模块 | 核心能力 | 中型企业实施路径 | 小微初企业实施路径 | 工具链分级选型 | 验收标准 |
|---|---|---|---|---|---|
| FBP 动态预算 | 实时预算调控 | • 部署简化版 EPM 系统实现部门级预算滚动（周更新）<br>• 预设 10 条以上核心业务线联动规则 | • 使用云表格模板建立现金流模型（2 次/月修订）<br>• 绑定银行账户实时余额提醒 | • 中型企业：Oracle NetSuite 标准版<br>• 小微初企业：钉钉智能表格 + 支付宝商家版 | • 预算偏离纠正 <3 个工作日 |
| ICM 智能资本化 | 技术资产价值显性化 | • 开发简易 TVI-CFC 评估工具（锚定核心专利/算法）<br>• 按季度披露《技术资产价值简报》 | • 使用公开模板量化基础 IP 资产<br>• 资本化判定会议（半年度） | • 中型企业：PatentSight+ 自研模型<br>• 小微初企业：Excel 评估模板 + Incopat 免费版 | • 资本化覆盖率 >70% |
| NRC 智能风控 | 关键风险秒级拦截 | • RPA 自动监控五大资金流风险指标<br>• 搭建 L1 级应急策略库（覆盖至少 15 个场景） | • 设置现金流天数手动报警线<br>• 人工触发 Zapier 紧急应对流程 | • 中型企业：UiPath+ServiceNow 风险模块<br>• 小微初企业：腾讯云微搭低代码 + 企业微信群告警 | • 流动性风险预警 ≥14 天 |
| DIH 决策中枢 | 数据穿透式决策 | • 构建精简版战略推演沙盘（季度更新）<br>• 执行管理层 KPI 仪表盘（周更新） | • 生成月度经营快报（核心 ROI/现金流）<br>• 执行钉钉 KYT（Know Your Trade，了解你的行业）日报 | • 中型企业：Power BI 内置推演模块<br>• 小微初企业：Google Sheets + Data Studio | • 战略执行偏差率 <5% |

## 1. 分阶实施路径与成本控制

中小微初企业需要分阶段实施 FIND 体系，并做好成本控制，一般中型企业宜制订 180 天计划，小微初企业宜制订 90 天计划，具体如表 7-21 所示。

表 7-21　分阶实施路径与成本控制表

| 阶段 | 核心目标 | 中型企业（180 天） | 小微初企业（90 天） |
|---|---|---|---|
| 数据筑基 | 核心财务数据在线化 | • 对接三大业务系统（ERP/MES/CRM）<br>• 建立基本对账机制 | • 完成银行流水 API 接入<br>• 统一电子发票台账 |
| 规则嵌入 | 自动化执行关键流程 | • 部署 5 项预算联动规则<br>• 预设技术资产判定算法 | • 绑定 3 个支出超标预警<br>• 设立资本化判定清单 |
| 价值闭环 | 财务驱动战略校准 | • 生成首份技术资产价值报告<br>• 战略沙盘推演落地 | • 实施首次技术资产入表<br>• 完成经营快报体系验证 |

## 2. 分级工具链成本 –ROI 对比

中小微初企业需要按照 FIND 体系选择工具，做好年成本控制，并拟定 ROI 基准，具体如表 7-22 所示。

表 7-22　分级工具链成本 –ROI 对比表

| 模块 | 中型企业年成本 | 小微初企业年成本 | 中型企业 ROI 基准 | 小微初企业 ROI 基准 |
|---|---|---|---|---|
| FBP | 50 万～80 万元（系统许可 + 定制） | 0.3 万～1 万元（云工具订阅） | 每投入 1 元收回 3 元（错配减少） | 每投入 1 元收回 5 元（现金流优化） |
| ICM | 20 万元（模型开发 + 数据订阅） | 零成本（模板工具） | 技术资产融资提升 50% | 税盾效应增加 17% |
| NRC | 15 万元（RPA+ 监控平台） | 0.8 万元（低代码工具） | 风险损失减少 > 60% | 避免单次破产概率 > 80% |
| DIH | 30 万元（BI 系统 + 沙盘模块） | 零成本（开源工具链） | 战略达标率提升 38% | 决策速效提升 3 倍 |

## 3. 关键实施基准

动态预算轻量化的落地基准如下。

（1）**中型企业**：需覆盖 70% 以上的核心部门预算，联动指标不少于 10 项。

（2）**小微初企业**：聚焦现金流预测准确率大于 85%，关键指标不多于 5 项。

技术资产判定底线

（1）**强制资本化门槛**：专利 CFC≥0.5 或年许可收入大于研发成本的 30%。

（2）**小微初企业豁免条款**：先行资本化单项价值大于 50 万元。

中小微初企业要善于"活着"，因此必须按照现金流和客户坏账率设置生存级风险阈值，具体如表 7-23 所示。

表 7-23　生存级风险阈值表

| 风险类型 | 中型企业熔断线 | 小微初企业熔断线 |
| --- | --- | --- |
| 现金流天数 | <45 天触发 L1 级响应 | <30 天全员告警 |
| 客户坏账率 | >8% 启动账期收缩 | >5% 暂停信用销售 |

总之，通过 FIND 体系，可改变对财务部门的固有认识，构建新的财务管理思想：财务部门不是单纯的核算中心，而是资产增值中心。企业可将技术投入转化为可量化、可追踪、可增值的资产，实现从成本中心向价值引擎的转型。

## 7.4　风险闭环：构建智能风险闭环体系

人工智能既提高了风险指数，也提高了企业解决风险的能力。那么该如何构建人工智能时代的风险管理闭环呢？

我们先看一个案例。2023 年，某新能源汽车公司（化名）发布了最新的智能驾驶系统，并宣称这是"最安全的系统"。然而，事实并非如此。该系统存在多个风险漏洞，具体如下。

（1）**未建立极端天气数据训练集**：导致在暴雨场景下漏检率高达 39%。

（2）**黑客攻击**：黑客通过 API 倒推训练数据，成功盗取了用户隐私路径模型。

（3）**应急响应迟缓**：从风险识别到实际处置延时高达 14 小时。

这些风险漏洞在短短 3 个月内导致了 7 起严重事故，企业估值蒸发 120 亿元，创始人最终引咎辞职。

这个案例深刻揭示了传统风险防控体系的局限性。企业的风险防控如果还停留在"防流星雨"的传统思维层面，必然会在"伽马射线暴"级别的人工智能风险面前化为灰烬。因此，构建智能闭环风险管理体系显得尤为重要。

### 7.4.1　现状与问题

Gartner 研究报告显示，2024 年全球企业因人工智能技术风险导致的直接损失超过 1 700 亿美元。此外，87% 的 CEO 承认现有风险控制体系仅能防御 "已知风险"。这凸显了当前企业在风险闭环方面的四大不足。

（1）**不能防范未知风险**。新科技革命下的未知风险就像暗物质，超出当下的认知，人工防范在这方面几乎无能为力。

（2）**实时性不足**。风险识别滞后，平均延时超过 24 小时，导致企业无法及时应对风险。

（3）**应对机械化**。依赖标准 SOP（标准操作流程）导致新型风险失控，传统应对方式无法适应快速变化的风险环境。

（4）**成本黑洞**。被动补救多耗费企业 3～5 倍资源，增加了企业的财务负担。

## 7.4.2　构建智能风险闭环 SMART 框架

SMART 框架包括 5 个核心层级：全局感知层（Situational Awareness Layer，S）、智能研判层（Multi-Dimensional Analysis Layer，M）、自适应响应层（Adaptive Response Layer，A）、验证迭代层（Real-Time Validation Layer，R）、知识迁移层（Transformative Risk Intelligence Synthesis Kit，T）。SMART 框架的 5 个核心层级如图 7-4 所示。

图 7-4　SMART 框架图

（1）**全局感知层**：动态采集企业的全维度风险数据，包括运营、环境、供应链和用户等相关数据。主要用于解决数据孤岛问题，消灭数据盲区。这一层需要 IoT 设备与网络爬虫的支持。输出物为标准化风险数据流（一般风险信号识别延时 < 30 秒）。

（2）**智能研判层**：通过机器学习将风险定为高危、中危、低危三级，并预测演进路径。主要用于将模糊的"风险直觉"转化为可量化的决策依据。这一层需要使用深度学习模型（如 CNN-LSTM 架构）。输出物为风险热力图（分为红、橙、黄、蓝 4 色预警），包含发生概率、损失预估、跨部门影响值等。

（3）**自适应响应层**：根据风险等级动态匹配处置策略，分为自动执行、人机协同、管理层决策等。主要用于将传统"人工救火"模式升级为精准靶向处理。这一层需要使用 RPA+ 规则引擎。这一层的目标是将风险处置时效压缩至分钟级，输出物为防御动作执行报告（包括拦截成功率、误杀率、响应时效等，一般自动拦截成功率≥97%）。

（4）**验证迭代层**：效果量化与策略校准。将对比防御措施实际效果生成优化策略。主要用于通过数据闭环持续提升防御有效性。需要 AB 测试平台的支持。输出物为模型优化补丁包（平均 14 天 / 次迭代频率）。

（5）**知识迁移层**：沉淀各领域风险知识并实现跨场景转移学习。主要用于建立风险防御的"可进化认知体系"，需要使用联邦学习和知识图谱技术。输出物为企业级风险知识图谱。年新增风险条目≥5 000 条，风险预测准确率提升年基准 25%。

### 7.4.3 企业风险失效与 SMART 应对方案

一般来说，企业风险失效主要来自两个方面，一是数据感知失效，二是应急响应迟滞。下面通过两个典型场景案例来看 SMART 应对方案。

#### 1. 数据感知失效——信息孤岛的致命代价

某制造业企业的采购系统显示某供应商过去的交付率为 100%，但实际上该供应商因环保问题在 13 天前被停业整改，导致企业原材料断供 9 天。假设产值为 0.3 亿元 / 天，合同违约金为 0.2 亿元。损失计算如下。

$$停工损失 = 断供时长 \times 单位时间产值 + 合同违约金$$
$$= 9 天 \times 0.3 亿元 / 天 + 0.2 亿元 = 2.9 亿元$$

SMART 应对方案：

（1）**数据治理**：强制对接工商、司法、环保等 15 个政府数据源，确保数据的全面性和准确性。

（2）**动态感知**：部署人工智能爬虫实时抓取供应商关联舆情，及时发现潜在风险。

（3）**实时看板**：建立采购风险指数，当指数达到阈值时自动触发备选方案，确保供应链稳定。

### 2. 应急响应迟滞——流程冗长的隐形惩罚

某知名互联网金融平台由于按照传统的"IT 值守 + 人工值守"机制进行防御，导致 4 800 万元的损失，这昭示了互联网金融平台传统风险防范机制在智能时代不堪一击的尴尬。

在这个事件中，攻击时间为凌晨（人工麻痹期），对方利用人工智能生成虚拟手机号注册 2.7 万个账户，技术团队在攻击发生 30 分钟后才响应。

SMART 响应机制：当出现新注册账号数突增 300%、设备指纹重复率大于 80% 时，自动执行三级响应。

响应措施：

（1）冻结可疑账户提现权限，防止资金进一步流失。

（2）触发验证码智能升级，动态对抗 OCR（光学字符识别）破解，提高攻击难度。

（3）发送安全警报至值班负责人手机，确保及时响应。

响应时效：从攻击开始到处置生效不超过 200ms，大大缩短了响应时间。

## 7.4.4　五层防御体系实施路径

为了确保全局感知层的有效运行，需要采集多个维度的数据，包括内部运营、供应链、客户终端和公共环境等维度。

（1）**内部运营**：核心系统日志全量采集，时间戳记录颗粒度不超过 1 分钟，采集频度要求轮询扫描全量日志文件每分钟 1 次，确保数据的实时性和准确性。使用 ELK 日志分析平台进行处理。

（2）**供应链**：实时对接供应商的工商、舆情、交付数据，通过企查查 API 和行业数据库实现。

（3）**客户终端**：通过埋点监测异常操作，如非工时高频访问等，使用神策用户行为分析系统进行分析。

（4）**公共环境**：动态抓取政策法规、经济指数、行业趋势等信息，使用智慧芽合规预警系统提供支持。

自适应响应层包容如下核心模块。

### 1. 风险分级矩阵

根据风险等级的不同，采取相应的响应模式和权限归属。

（1）**L1级**：高频常规风险（日均发生≥50次）。全自动处置（无人工干预），人工智能系统自动执行。

（2）**L2级**：新型变异风险（规则库无匹配项）。人工智能生成3套方案，人工选择执行，由部门负责人审批。

（3）**L3级**：系统性风险（可能引发连锁反应）。以"自动熔断＋高管组紧急会议"的形式进行决策，由董事会风险委员会授权执行。

### 2. 动态权益管理

以某电商平台为例。在电商平台上，人工智能可以检测促销活动中的异常行为，如单个IP领券过多等。一旦发现异常，将自动执行以下防御措施。

（1）**限制异常账号权益使用**：防止恶意刷单等行为。

（2）**调整活动规则**：如增加人脸识别验证，提高参与门槛。

（3）**追溯攻击路径**：更新防守策略，防止类似攻击再次发生。

## 7.4.5　实证案例

下面以某跨国零售集团风险应对的案例来解构SMART的实施。危机概况如下。

（1）**风险类型**：汇率波动导致跨境采购成本失控。

（2）**数据表现**：3个月内外汇波动超过9%，8个品类进价上涨，毛利空间被压缩。

SMART实施路径如下。

（1）风险感知强化。

● **接入数据源**：该集团接入全球15家央行汇率API，实时监测47种货币对<sup>⊖</sup>。

---

⊖　"货币对"是外汇交易的基础单位，监测多组货币对可全面反映全球汇率波动。

- **模型预测**：训练 LSTM 模型预测未来 7 天汇率走势，准确率高达 89%。

（2）自适应响应方案。根据预测的汇率走势，动态调整锁汇比例，确保采购成本稳定。锁汇比例 $= \dfrac{预测波动率}{合约费率} \times$ 安全系数。最终，该集团减少汇损 1.7 亿元，资金使用效率提升 35%。

## 7.4.6 企业实施路线图

大型企业宜制订 180 天速赢的详细计划，分解核心动作，明晰关键验收标准，分阶段推进实施，具体如表 7-24 所示。

**表 7-24 大型企业 180 天速赢计划表**

| 阶段 | 核心动作 | 关键验收标准 |
| --- | --- | --- |
| 第 0—30 天 | 建立基础数据管道（至少消灭 2 个信息孤岛） | 风险识别时效≤1 小时 |
| 第 31—60 天 | 部署 3 个核心业务（如供应链、资金流、客诉）风险模型 | 模型预测准确率≥85% |
| 第 61—90 天 | 上线自动响应引擎，覆盖高频风险场景 | 人工干预率下降≥60% |
| 第 91—120 天 | 完成首次风险知识迁移（跨业务线模型复用） | 新场景模型冷启动准确率≥70% |
| 第 121—180 天 | 全体系压力测试与合规审查 | 通过 ISO 27001 认证 |

针对数据中台、人工智能算法平台和应急预案仿真等模块，做好预算和国产替代方案，实施最优资源配置，具体如表 7-25 所示。

**表 7-25 资源配置建议表**

| 模块 | 必要投入 | 国产替代方案 |
| --- | --- | --- |
| 数据中台 | 300 万～500 万元 | 阿里 DataWorks、腾讯云 TBase |
| 人工智能算法平台 | 200 万～300 万元 / 年 | 百度 PaddlePaddle、讯飞星火 |
| 应急预案仿真 | 150 万元（首期） | 神州数码数字孪生解决方案 |

## 7.4.7 中小微初企业 SMART 解决方案

按照 SMART 框架，针对中小微初企业特性，我提出了下列"轻量化智能解决风险能力体系表"（见表 7-26）。三类企业在核心架构上具有共通性，但在实施路径、技术选型和投入层级存在差异。

表 7-26 轻量化智能解决风险能力体系表

| 层级 | 核心能力 | 实施要点 | 中型企业方案 | 小微企业／初创企业方案 | 验收标准 |
|---|---|---|---|---|---|
| S 全局感知层 | 多源数据采集<br>实时采集能力 | ● 数据源选择<br>● 自动化采集能力 | ● 集成 ERP、CRM 系统日志<br>● 部署 IoT 边缘计算节点<br>● 订阅行业数据库 API（工具示例：ELK＋自建爬虫） | ● 使用 SaaS 化运营分析工具<br>● 对接免费政府开放数据平台<br>● 基础埋点监测（工具示例：Google Analytics＋轻量爬虫） | ● ＞80％核心业务数据在线化；风险信号识别＜2 小时 |
| M 智能研判层 | 风险分级<br>与预测 | ● 人工智能模型部署<br>● 风险可视化 | ● 部署 CNN-LSTM 预测模型<br>● 生成动态风险热力图（工具示例：百度 PaddlePaddle＋Tableau） | ● 使用标准化风险评估模板<br>● 接入第三方风控 API（工具示例：阿里云风险大脑＋Excel 插件） | ● 关键风险预测准确率≥75％ |
| A 自适应响应层 | 动态匹配<br>处置策略 | ● 自动化策略库<br>● 人机协同机制 | ● RPA 自动执行高频任务<br>● 人工智能生成三级响应方案（工具示例：金蝶云・苍穹＋自研规则引擎） | ● 预设 Zapier 自动化流程<br>● 人工核验关键动作（工具示例：腾讯微领低代码平台） | ● 高频风险响应＜30 分钟；人工干预率≤40％ |
| R 验证迭代层 | 效果量化<br>校准 | ● 多维度评估<br>● 快速迭代 | ● AB 测试平台验证<br>● 双周模型升级（工具示例：火山引擎 AB 测试） | ● 月度复盘会议<br>● 手动调整响应阈值（工具示例：GrowingIO 数据分析） | ● 防御策略季度优化≥1 次 |
| T-RISK 知识迁移层 | 风险认知<br>迁移 | ● 知识沉淀<br>● 跨域学习 | ● 构建企业知识图谱<br>● 联邦学习跨部门复用（工具示例：Neo4j＋华为 ModelArts） | ● 建立风险案例库<br>● 订阅行业风险白皮书（工具示例：Notion 知识库＋第三方智库） | ● 年新增风险模式≥500 条 |

中小微初企业宜分基建期、赋能期和进化期 3 个阶段锁定核心目标，明确核心任务，实施 180 天速赢计划，具体如表 7-27 所示。

表 7-27　中小微初企业 180 天速赢计划表

| 阶段 | 核心目标 | 中型企业周期 | 小微初企业周期 |
|---|---|---|---|
| 基建期<br>（第 0—45 天） | 打通核心数据流 | ● 部署数据中台<br>● 接入不少于 3 种外部数据源 | ● 上线 SaaS 监控工具<br>● 完成基础埋点 |
| 赋能期<br>（第 46—90 天） | 实现关键风险人工智能决策 | ● 上线 L1 级自动响应<br>● 建立风险预警看板 | ● 制定风险评估模板<br>● 配置 5 条以上自动化规则 |
| 进化期<br>（第 91—180 天） | 形成风险认知资产 | ● 构建行业知识图谱<br>● 完成首次跨部门迁移 | ● 归档 100 个以上风险案例<br>● 建立月度复盘机制 |

中小微初企业需要做好成本控制，具体如表 7-28 所示。

表 7-28　中小微初企业成本控制表

| 模块 | 中型企业投入 | 小微初企业投入 |
|---|---|---|
| 数据采集 | 30 万～50 万元 / 年（自建 + 订阅） | 0.5 万～3 万元 / 年（SaaS 订阅） |
| 人工智能分析 | 20 万元 / 年（算力 + 算法） | 1 万元 / 年（API 调用） |
| 响应执行 | 10 万元 / 年（RPA 许可） | 0.3 万元 / 年（低代码工具） |

上述解决方案通过技术选型分级（自建或 SaaS 化）、实施周期压缩（中型企业 ≤180 天，小微初企业 ≤90 天）和成本控制（小微企业 / 初创企业投入降至中型企业 1/20），实现架构统一但配置差异化的轻量化部署，满足 3 类企业"低预算、快见效、可扩展"的需求。

总之，智能时代的风险闭环不是"铁壁防守"，而是构建自主感知—动态应对—持续进化的生长型免疫系统，这将成为企业真正的竞争护城河。通过 SMART 体系，企业可实现风险防御投入 ROI 可量化、风险数据驱动战略制定，以及得到来自消费者和供应链伙伴的信任资产。SMART 体系的终极价值不是为防范而防范，而是让风险与安全成为增长动力。

## 7.5　小结

客户是中心，业务是基本，财务是关键，风险是盲点。"客户—业务—财务—风险"四大闭环虽然看起来较为复杂，但它们是企业全面智能化的检验闭环，在技术上通过算法都可以实现，不需要经营者劳神费力。大型央国企和大型民企需要从技术开发上实现它，中型企业、小微企业和初创企业要利用轻量化的技术工具来检验它。唯有如此，智能时代的企业才能真正成为一个健康、安全、正向自循环的企业。

# 第 8 章

# "人工智能 +" 五大典型案例解读

"人工智能 +"是要 + 什么呢？小米集团创始人雷军认为"人工智能 +"应该"+"各行各业和各种应用场景。他认为，"人工智能 +"就是将人工智能技术有效应用到国民经济的方方面面，推动各行各业的深度赋能和转型升级。

具体来说，"人工智能 +"是通过将人工智能技术深度融合到制造、医疗、教育、交通、农业等多个领域，创造出新的产品、服务和商业模式，从而推动传统行业的转型升级和社会经济结构的变革。

本章选取了一些知名企业的行业应用案例。在具体做法上，这些企业均注重数据采集与处理，确保数据的质量和完整性，为人工智能模型提供可靠的基础。同时，它们还创新性地应用了多种算法和技术，如深度学习、自适应优化等，提高了模型的准确性和适应性。此外，这些企业在实施人工智能转型过程中，均注重技术与管理并重，通过建立健全的管理体系和技术支持体系，确保了人工智能技术的顺利实施和有效应用。从经验与启发来看，数据整合是人工智能应用的关键，技术创新与业务融合是实现业务价值提升的重要途径，而人才培养和团队建设则为人工智能技术的应用提供了有力的人才保障。这些成功案例不仅为其他企业提供了有益的借鉴，也为人工智能技术在更广泛领域的应用和发展提供了有益的启示。

## 8.1 人工智能赋能农业企业：艾米集团的案例

### 8.1.1 农业企业人工智能应用的现状与问题

随着科技的持续进步，人工智能在农业领域的应用已经变得日益广泛。人工智能技术为农业生产带来了前所未有的便利与高效率，然而在实际应用中，农业企业仍面临着诸多挑战。

（1）**农业数据的收集和处理相对复杂且困难。**由于农业生产环境的多样性和不可控性，如天气变化、土壤差异等，导致数据质量参差不齐，这直接影响了人工智能模型的准确性和可靠性。此外，农业数据的处理也面临技术难题，如数据清洗、特征提取和模型训练等，这些都需要专业的技术支持和人才储备。

（2）**农业企业在对人工智能技术的认知和理解上也存在不足。**许多企业对于人工智能能够带来的变革和效益缺乏深刻的认识，导致在引入人工智能技术时犹豫不决或投入不足。另外，由于缺乏专业的人才和技术支持，即使引入了人工智能技术，也难以充分发挥其效用。这些问题都限制了人工智能在农业领域的进一步推广和应用。

为了解决上述问题，农业企业需要加强对人工智能技术的了解和学习，提升对数据的处理和分析能力。同时，政府和相关机构也应加大对农业人工智能技术的研发和推广力度，为农业企业提供更多的技术支持和人才培训机会。只有这样，人工智能技术才能更好地服务于农业生产，推动农业产业的持续发展和创新。

尽管人工智能在农业领域的应用面临诸多挑战，但其带来的潜力和效益仍是不可忽视的。通过智能化的数据分析和管理，农业企业可以更加精准地进行种植、养殖等生产活动，提高产量和质量的同时降低成本和风险。因此，应积极探索和解决人工智能在农业应用中的问题，推动其更广泛、深入地服务于农业生产。

虽然目前农业企业在应用人工智能技术时面临数据采集和处理困难、认知不足等挑战，但通过加强学习、提升技术能力和寻求外部支持等措施，我们可以克服这些难题并充分发挥人工智能在农业生产中的潜力。展望未来，随着技术的不断进步和应用场景的不断拓展人工智能将成为推动农业新质生产力的重要力量。

## 8.1.2　艾米集团人工智能应用的背景、现状与问题

艾米集团作为农业行业的领军企业，一直面临着传统农业生产效率低下和资源消耗大的挑战。为了提升企业的竞争力并响应国家关于农业现代化的号召，艾米集团决定引入人工智能技术，以期推动农业生产的全面智能化转型。

在应用人工智能技术的背景下，艾米集团致力于通过智能化的手段解决农业生产中的痛点问题。企业希望通过精准的数据分析和智能决策，提高农作物的产量和质量，同时降低生产成本和资源消耗。这一举措不仅有助于提升艾米集团自身的市场竞争力，还能为整个农业行业的可持续发展做出贡献。

在实施过程中，艾米集团也遇到了一些问题和挑战。首先，数据整合难度大是一个突出的问题。农业生产涉及的数据种类繁多，包括土壤、气候、作物生长情况等多个方面。这些数据不仅来源广泛，而且存在格式不统一、质量参差不齐等问题，这给数据整合和分析带来了极大的困难。

模型适应性差也是艾米集团在人工智能应用中面临的一个难题。由于农业生产环境的复杂性和多变性，人工智能模型在实际应用中的表现往往难尽人意。模型需要不断地进行调整和优化，以适应不同环境和条件下的农业生产需求。这不仅增加了企业的研发成本和时间成本，也对企业的技术实力提出了更高的要求。

针对这些问题和挑战，艾米集团积极寻求解决方案。一方面，企业加强与科研机构和高校的合作，引进先进的人工智能技术和人才，以提升自身的数据整合和模型开发能力。另一方面，艾米集团也在探索更加灵活和高效的农业生产模式，以适应人工智能技术的应用需求。

## 8.1.3　艾米集团实施"人工智能 +"

艾米集团在实施"人工智能 +"的过程中，采取了一系列具体措施，以推动人工智能技术与农业生产的深度融合和创新发展。

### 1. 具体做法

首先，艾米集团加强了数据基础设施建设，构建了统一的数据平台和数据中心。通过在农田、加工车间、仓库等关键节点部署大量的传感器、摄像头和智能设备，实现了对农业生产全过程数据的实时采集和传输。同时，建立了完

善的数据标准化体系和共享机制，统一了数据格式和接口标准，确保了数据的准确性和一致性，为人工智能模型的训练和应用提供了坚实的数据基础。

其次，艾米集团加大了对智能设备和技术的研发投入，不断提升生产过程的智能化水平。与多家科研机构和高科技企业合作，共同研发适用于农业生产的智能无人机、机器人、农机设备等。例如，与大疆农业合作开发的植保无人机，具备高精度的自主飞行和喷洒功能，能够根据农田地形和作物生长情况自动调整作业参数，实现了精准施肥和病虫害防治。同时，集团还自主研发了智能农田管理系统，通过整合物联网、大数据、人工智能等技术，实现了对农田的远程监控、智能决策和自动化管理，提高了生产效率和管理水平。

在人才培养和引进方面，艾米集团采取了多元化的人才战略，打造了一支高素质的农业人工智能人才队伍。一方面，积极引进具有人工智能、数据分析、农业工程等专业背景的高端人才，充实企业的技术研发和管理团队。另一方面，加强与高校、科研机构的合作，建立实习基地和人才培养项目，为在校学生和科研人员提供实践机会和平台，培养了一批既懂农业又懂技术的复合型人才。同时，企业内部还定期组织培训和技术交流活动，提升员工的专业技能和创新意识，为企业的持续发展提供了人才保障。

### 2. 创新点

艾米集团在人工智能赋能农业的实践中，展现出多个创新点，为行业发展提供了新的思路和借鉴。

首先，集团构建了"天空地一体化"的智能监测体系。通过卫星遥感、无人机航拍、地面传感器等多种技术手段，实现了对农田的全方位、多层次、实时动态监测。这种多源数据融合的方式，能够更加全面准确地获取农田信息，为精准农业决策提供有力支持。例如，在病虫害监测方面，人工智能算法利用无人机获取的高分辨率图像和地面传感器的实时数据进行分析，能够提前发现病虫害的迹象，并精准定位发病区域，及时采取防治措施，有效降低病虫害对农作物的危害。

其次，艾米集团创新了农业经营模式，打造了"农业＋旅游＋教育"的多元化产业融合模式。借助从化艾米稻香小镇的生态优势和智能农业基础，开发了农业观光、农事体验、科普教育等多种旅游产品和服务，吸引了大量游客前来参观和体验。这种产业融合模式不仅增加了企业的收入来源，还提升了农业的附加值和品牌影响力，促进了当地农村经济的发展和乡村振兴。

### 3. 经验与启发

艾米集团的成功实践为我们提供了宝贵的经验和启示。首先，数据作为人工智能应用的基础和核心，其质量和完整性至关重要。艾米集团通过构建完善的数据采集、处理和分析体系，确保了数据的有效性和可靠性，为人工智能技术的成功应用奠定了坚实基础。

技术与管理并重是艾米集团实施人工智能转型的关键原则。在推进技术创新的同时，艾米集团也注重管理体系的完善和技术支持体系的建立。这种双管齐下的策略确保了人工智能技术在企业内部的顺利实施和高效运转。

模式创新是艾米集团保持竞争力和持续发展的不竭动力。通过不断探索人工智能技术在农业生产中的新应用和新模式，同时结合商业模式创新，艾米集团将人工智能打造成商业模式的新引擎，这为整个农业行业的全面智能化转型提供了有益的借鉴和启示。

## 8.2 人工智能赋能工业企业：美的制冷公司的案例

### 8.2.1 工业企业人工智能应用的现状与问题

工业企业在应用人工智能技术时仍面临一些挑战。这些挑战主要来自 3 个方面。

（1）**工业数据采集和处理相对复杂**。由于工业环境的特殊性，数据的获取往往需要借助专业的传感器和设备，而这些数据的预处理、清洗和整合则需要高度专业化的技术支持。此外，工业数据的维度多样、量级巨大，对处理速度和存储能力也提出了更高的要求。这些因素共同导致了工业企业在应用人工智能技术时面临着数据处理的难题。

（2）**工业企业对人工智能技术的认知和理解尚显不足**。尽管人工智能技术已在其他领域取得了显著的成效，但在工业领域的应用仍处在探索阶段。许多企业对人工智能的潜力和应用前景缺乏深入地了解，导致在应用过程中难以充分发挥其优势。同时，由于缺乏成熟的应用场景和商业模式，企业在引入人工智能技术时往往持谨慎态度，这也在一定程度上限制了人工智能在工业领域的推广和应用。

（3）**工业企业还面临着人工智能人才短缺问题**。人工智能技术的实施和维护需要专业的技术团队进行支持，而目前市场上具备相关技能和经验的人才相对匮乏。这导致了许多企业在应用人工智能技术时，难以找到合适的人才进行支持，从而影响了技术的实施效果。

尽管工业企业面临诸多挑战，但人工智能技术的巨大潜力仍不容忽视。通过克服现有难题，积极推动人工智能在工业领域的应用，企业有望实现生产效率的提升、成本的降低以及产品质量的优化。因此，工业企业需要不断探索和创新，充分发挥人工智能技术的优势，以应对日益激烈的市场竞争。

工业企业在应用人工智能技术时，还需要关注数据安全和隐私保护的问题。随着数据量的不断增加和数据处理复杂性的提升，如何确保数据的安全性和隐私性成为一个亟待解决的问题。企业需要建立完善的数据保护机制，以确保在享受人工智能技术带来的便利的同时，也能够有效保护自身的核心数据和商业秘密。

## 8.2.2　美的制冷公司人工智能应用的背景、现状与问题

美的制冷公司作为工业制冷领域的领军企业，长期以来面临着传统制造效率不高、成本难以降低的问题。随着全球市场竞争的加剧和客户需求的多样化，提升生产效率和产品质量成为公司迫切需要解决的问题。在此背景下，美的制冷公司决定引入人工智能技术，以期通过全面智能化转型来优化生产流程、降低成本并提升市场竞争力。

在实际应用人工智能技术的过程中，美的制冷公司遇到了一系列挑战。首先，工业数据的采集和处理相对复杂，涉及来自多种设备、多个环节的数据的整合，需要专业的人才和技术支持。数据的准确性和实时性对于人工智能模型的训练至关重要，但现实中数据的质量往往难以保证，这直接影响到了人工智能技术的应用效果。

美的制冷公司在对人工智能技术的认知和理解上也存在一定的不足。尽管公司高层对全面智能化转型有着坚定的决心，但中层管理者和基层员工对于如何实施人工智能技术、如何将其与日常业务相结合仍存在诸多困惑。这种认知上的差距导致了在实际操作过程中出现了不少问题和摩擦。

　　美的制冷公司在人工智能技术的应用场景和商业模式上也缺乏成熟的经验。尽管市场上已经有一些成功的人工智能应用案例，但每个企业的实际情况和需求都有所不同，如何找到适合自身发展的人工智能应用场景和商业模式成为美的制冷公司需要深入思考的问题。

　　针对上述问题，美的制冷公司开始积极寻求解决方案。一方面，公司加大了对人工智能专业人才的引进和培养力度，通过与高校、科研机构的合作来提升自身的技术实力和数据处理能力。另一方面，公司也开始加强对员工的培训和宣导工作，提升全员对人工智能技术的认知和理解水平。

　　美的制冷公司还在不断探索和尝试新的人工智能应用场景和商业模式。通过与实际业务场景的结合来不断优化和完善人工智能技术在实际操作中的应用效果。这种持续的创新和探索精神为美的制冷公司在人工智能领域的发展注入了新的活力和动力。

### 8.2.3　美的制冷公司实施"人工智能 +"

　　美的制冷公司在推进人工智能应用方面采取了以下具体做法。

　　（1）公司开发了智能生产调度系统。这个系统能够根据实时的订单需求和产能情况，智能地调整生产计划。通过这种方式，公司能够更高效地响应市场变化，从而提高生产效率，确保产品按时交付。

　　（2）美的制冷公司借助人工智能技术实现了智能质量检测。这意味着，制冷产品的质量检测过程不再完全依赖人工，而是通过智能化的系统来自动识别和判断产品质量，进而提高了产品合格率和客户满意度。公司率先将高精度图像识别、缺陷知识库构建等人工智能技术用在智能检测方面，这也反映了公司在这方面的技术积累。

　　（3）公司还利用人工智能技术优化了供应链管理流程。通过智能系统对物料采购、库存管理和物流配送进行智能化和自动化的管理，美的制冷公司因此能够更有效地控制成本，提高运营效率。

　　美的制冷公司在人工智能应用方面的创新点主要体现在以下几个方面。

　　（1）多源数据融合。公司不仅关注生产数据，还将质量数据、供应链数据等进行整合，为智能制造提供了全面的数据支持。公司在经济发展态势放缓和传统家电领域竞争加剧的背景下，依然能够保持创新发展，多源数据融合的技术无疑发挥了重要作用。

（2）**深度学习算法的应用**。针对工业数据的复杂性和多样性，美的制冷公司引入了深度学习算法，从而提高了模型的准确性和适应性。这种算法的应用使得公司能够更精确地分析数据，优化生产流程。

（3）**人机协同作业模式的实现**。通过人工智能技术，美的制冷公司成功实现了人机协同作业，既发挥了机器的高效性和准确性，又保留了人类的灵活性和判断力，从而大大提高了生产效率和作业质量。

从美的制冷公司的人工智能应用中，我们可以得出以下经验和启发。

（1）**数据整合是关键**。只有确保数据的准确性和完整性，才能为人工智能模型提供可靠的基础。同时，基于数据驱动的精准决策是智能化转型的重要引擎。

（2）**技术创新与业务融合是成功的关键**。美的制冷公司通过将人工智能技术深度应用于实际业务场景中，实现了业务价值的提升。这种技术创新与业务融合的思路值得其他企业借鉴。

（3）**人才培养和团队建设不可忽视**。美的制冷公司通过引进专业人才和加强内部培训提高了员工对人工智能技术的认知和理解水平，这为人工智能技术的应用提供了有力的人才保障。美的制冷公司的"揭榜挂帅"机制也为企业吸引和培养人才提供了新的思路。

## 8.3 人工智能赋能零售企业：宝洁公司的案例

### 8.3.1 零售企业人工智能应用的现状与问题

在激烈的竞争中，零售企业正逐渐认识到人工智能技术对于提升业务效率和客户满意度的重要性。然而，在实际应用中，零售企业面临着诸多挑战和问题。

（1）**零售数据的采集和处理是一个相对复杂的过程**。零售业务涉及大量的商品、客户和交易数据，这些数据来自不同的渠道和平台，格式和标准各异。为了有效利用这些数据，零售企业需要投入大量资源进行数据清洗、整合和标准化工作。同时，随着业务的不断扩展和数据的持续增长，数据处理的难度和成本也在不断增加。因此，专业的人才和技术支持显得尤为重要。

（2）**零售企业对人工智能技术的认知和理解尚显不足**。尽管人工智能技术已经在其他行业取得了显著的成效，但在零售行业中的应用仍处于初级阶段。许多零售企业对于如何将人工智能技术与自身业务相结合缺乏明确的思路和策略。这导致一些企业盲目跟风，引入了不适合自身业务需求的人工智能技术，最终无法实现预期的效果。

（3）**零售企业还面临着缺乏成熟的应用场景和商业模式的问题**。尽管人工智能技术具有广泛的应用前景，但在零售行业中的具体应用场景和商业模式仍需进一步探索和完善。这需要零售企业具备创新思维和市场洞察力，结合自身业务特点和客户需求，开发出具有实际价值的人工智能应用。

## 8.3.2 宝洁公司人工智能应用的背景、现状与问题

宝洁公司作为全球知名的零售企业，一直在寻求用创新的方式来提升销售效率和客户体验。在传统零售模式下，宝洁公司面临着诸多挑战，如销售数据处理效率低下、市场趋势预测不准确等。这些问题不仅影响了企业的运营效率，还限制了宝洁公司在激烈的市场竞争中的进一步发展。

为了应对这些挑战，宝洁公司决定引入人工智能技术，以期通过全面智能化转型来提升企业的竞争力。宝洁公司希望通过人工智能技术，实现对销售数据的实时分析和处理，提高对市场趋势预测的准确性，从而优化产品库存管理和销售策略。

在实施人工智能技术的过程中，宝洁公司也遇到了一些问题。首先，数据整合难度较大。由于宝洁公司的销售数据分散在各个渠道和部门，数据的格式和标准不统一，导致数据整合过程中出现了诸多困难。其次，模型的适应性有待提高。由于零售市场的复杂性和多变性，宝洁公司发现部分人工智能模型在实际应用中的表现并不如预期，需要进一步优化和调整。

面对这些问题，宝洁公司积极寻求解决方案。一方面，宝洁公司加强与数据科学家和人工智能专家的合作，共同研发适合零售业务的人工智能技术和算法。另一方面，宝洁公司加大对内部员工的培训力度，提升他们对人工智能技术的认知和理解水平，以便更好地将人工智能技术应用于实际业务场景中。

虽然宝洁公司在应用人工智能技术的过程中遇到了一些问题和挑战，但公司依然坚定地认为人工智能技术是未来零售行业发展的重要方向。公司将持续

投入资源和精力，推动人工智能技术在零售业务中的深入应用和发展。

### 8.3.3　宝洁公司实施"人工智能＋"

#### 1.具体做法

（1）**构建智能客户画像**：宝洁公司首先通过大数据技术整合了来自线上线下多渠道的客户数据，包括购买记录、浏览行为、社交媒体互动等，构建了全面而细致的客户画像。这使得公司能够更深入理解客户需求，为后续的个性化推荐和服务奠定基础。

（2）**智能库存预测与优化**：利用人工智能技术，宝洁公司对历史销售数据进行了深度分析，建立了精准的库存预测模型。这使得公司能够提前预测产品需求，合理安排生产和采购计划，从而避免了库存积压和缺货现象，确保了供应链的稳定性。

（3）**智能营销自动化**：宝洁公司引入了营销自动化工具，结合人工智能技术，实现了营销活动的智能化和自动化。从目标客户筛选、营销内容生成到营销效果评估，全过程都由智能系统自动完成，大大提高了营销效率和精准度。

#### 2.创新点

（1）**人工智能与物联网的结合**：宝洁公司在零售领域率先尝试了人工智能与物联网的结合。通过在实体店铺部署智能传感器和设备，公司能够实时收集店铺运营数据，如客流量、顾客行为等，为后续的决策提供更加丰富的数据支持。

（2）**实时数据驱动的决策流程**：宝洁公司创新性地建立了实时数据驱动的决策流程。通过实时收集和分析客户反馈数据、销售数据等，公司能够及时调整产品策略、营销策略等，以便更好地满足市场需求。

（3）**基于社交媒体的情感分析**：宝洁公司充分利用了社交媒体平台，通过人工智能技术对客户在社交媒体上的评论和情感倾向进行了深入分析。这使得公司能够更及时地了解客户对产品和服务的感受，为后续的产品改进和客户服务提供有力支持。

#### 3.经验与启发

（1）**以客户需求为中心**：用算法诱导甚至算计客户是智能时代一些企业的

小伎俩，但宝洁公司的成功经验表明，在应用人工智能技术时，必须始终坚持以客户需求为中心。只有深入了解客户，才能为客户提供真正有价值的产品和服务。

（2）**持续的技术投入与创新**：宝洁公司注重在人工智能技术上的持续投入和创新。通过不断引入新技术、优化现有技术，公司确保了自身在零售领域的领先地位。

（3）**跨部门协作与数据共享**：在实施人工智能转型的过程中，宝洁公司强调了跨部门协作与数据共享。通过打破部门壁垒，实现数据互通，公司确保了各项工作的顺利推进和资源的有效利用。

（4）**重视人才培养与引进**：宝洁公司认识到人才是推动企业发展的关键。因此，在实施人工智能转型的过程中，公司不仅加强了对内部员工的培训和教育，还积极从外部引进优秀人才，为企业的持续发展提供了有力的人才保障。

## 8.4　人工智能赋能消费品企业：绝味食品公司的案例

### 8.4.1　消费品企业人工智能应用的现状与问题

在消费品行业，人工智能技术的应用正逐渐变得重要，但同时也面临着一系列的挑战。这些挑战主要体现在数据的采集与处理，以及对人工智能技术的理解和应用上。

（1）**消费品数据的采集和处理是一个复杂且烦琐的过程**。消费品行业涉及的产品种类繁多，从生产、销售到客户反馈，每一个环节都会产生大量的数据。这些数据不仅包括结构化数据，如销售额、库存量等，还包括非结构化数据，如客户评价、社交媒体上的讨论等。要有效地利用这些数据，企业需要具备强大的数据处理能力，包括数据清洗、整合和分析等。然而，目前许多消费品企业在这方面存在人才和技术支持不足的问题。

（2）**消费品企业对人工智能技术的认知和理解也有待提高**。尽管人工智能技术已经在其他行业取得了显著的成效，但在消费品行业，许多企业仍然对这项技术持观望态度。这主要是因为企业对人工智能技术的了解不够深入，不知道如何将其应用到自身的业务中。此外，由于缺乏成熟的应用场景和商业模式，企业往往难以评估人工智能技术带来的实际效益。

（3）**为了克服这些挑战，消费品企业需要采取一系列措施**。首先，企业应加大对数据处理和人工智能技术的投入，引进和培养相关的人才。通过建立专业的数据处理团队，企业可以更好地挖掘和利用数据，为人工智能技术的应用提供有力支持。其次，企业应积极了解和学习人工智能技术的最新发展，探索适合自身的应用场景和商业模式。通过与行业内外的专家交流，企业可以拓宽视野，发现更多的人工智能技术应用的可能性。

## 8.4.2　绝味食品公司人工智能应用的背景、现状与问题

绝味食品公司作为消费品行业的佼佼者，一直以其独特的产品和口味吸引着广大客户。然而，随着市场竞争的日益激烈，传统销售模式已逐渐无法满足企业快速发展的需求。销售效率低下、客户体验不佳等问题逐渐凸显，成为制约企业进一步发展的瓶颈。

为了应对这些挑战，绝味食品公司决定积极拥抱新技术，引入人工智能技术来推动销售模式的全面智能化转型。公司开始尝试将人工智能技术融入销售管理的各个环节中。从客户需求分析、产品推荐、库存管理到营销策略制定，公司都希望通过引入人工智能技术，让决策更加精准和高效。

在实施过程中，绝味食品公司也遇到了一些问题和挑战。首先，数据整合难度较大。由于公司之前并未建立完善的数据管理系统，导致销售数据、客户数据等分散在各个部门和系统中，难以实现有效整合。这为后续的数据分析和模型训练带来了不小的困难。

模型适应性差也是一大问题。由于消费品市场具有高复杂性和多变性，之前构建的模型往往难以适应新的市场环境和客户需求。这导致模型在实际应用中的效果并不理想，甚至可能产生具有误导性的决策。

针对这些问题，绝味食品公司意识到，要想成功实施人工智能转型，必须从根本上解决数据整合和模型适应性的问题。因此，公司决定加大在数据管理和技术研发方面的投入，建立完善的数据管理体系和先进的技术支持体系，以确保人工智能技术的顺利实施和有效应用。同时，公司也积极寻求与行业内外的合作伙伴进行交流和合作，共同推动人工智能技术在消费品行业的应用和发展。

### 8.4.3 绝味食品公司实施 "人工智能＋"

#### 1. 具体做法

绝味食品公司的 "人工智能＋" 落地紧紧围绕着品牌、渠道与运营等零售经营核心三要素展开，进行了许多行业领先的探索。

**焕新品牌形象，激活年轻消费者**

2024 年 7 月，绝味食品公司在长沙举办品牌战略升级发布会，推出 "绝味 2.0" 战略，目标是赋予品牌年轻化、在线化、数智化和全球化特性，焕发品牌活力。

同年，绝味食品公司与腾讯元梦之星合作开设虚拟门店，并将线下高铁店改造为元梦之星主题店，实现了数实融合，激活了年轻群体。

**构建全渠道数智增长势能，形成 "爆款效应"**

绝味食品公司实现对线下门店、外卖，以及小程序、抖音、小红书等互联网主流平台的全覆盖，打通平台数据，精准洞察消费者需求。

基于精准的消费者洞察，绝味食品公司在 2024 年成功打造爆好翅、爆大腿、绝弹龙虾尾等多款爆品，全渠道整体数智增长业绩超 50 亿元。

**共创人工智能垂直大模型，构建智能化竞争壁垒**

绝味食品公司打造内部超级人工智能应用 "绝知"，赋能万店店长，用大模型学习优秀店长的知识和经验，并打造智能体 "小火鸭"，实现门店效率和服务提升超 39%。

2024 年 11 月，绝味食品公司与腾讯联合共创零售连锁人工智能垂直大模型，赋能超 55 000 家零售门店。未来，绝味门店将打造数智门店，借助人工智能分析数据并实时调整策略，提升资源利用效率。同时，面向消费者搭建 "AI 数智营销平台"，与会员体系打通，实现精准营销和服务。

此外，绝味食品公司携手腾讯智慧零售及其他 5 家企业共同推动人工智能技术在零售连锁领域的深度应用，引领行业数实融合新发展。

绝味食品公司的案例印证了传统消费品企业通过人工智能技术实行转型的可行性，也为行业树立了标杆。（部分内容参考《河北青年报》）

#### 2. 创新点

绝味食品公司的 "人工智能＋" 有三大创新点。

（1）**多元场景应用**。人工智能是通用技术，"人工智能＋"的场景多姿多彩，绝味食品公司的"人工智能＋品牌""人工智能＋渠道""人工智能＋运营"等非常值得借鉴。

（2）**人工智能技术与其他新一代信息技术的多元融合**。绝味食品公司通过多方合作，创造性地将人工智能技术与大数据技术、物联网技术、元宇宙技术等融合，创造了零售新体验与新模式。

（3）**与利益攸关者共创共生、共荣共进**。与人工智能技术公司、互联网平台公司、供应商、员工、消费者等形成利益共同体，共同探索人工智能新技术应用，共同创造商业新范式，这是绝味食品公司的点睛之笔。

### 3. 经验与启发

消费品公司"人工智能＋"应用的三板斧是数据洞察、技术驱动和个性化营销，绝味食品公司在这三方面的做法堪称"他山之石"。

（1）**数据洞察驱动精准决策**：绝味食品公司通过零售连锁垂直大模型技术赋能超 55 000 家零售门店的精髓在于敏捷的数据洞察。精准预测消费者需求和销售趋势，可以更好地制定产、供、销、存等运营环节的精细化策略，从而提高运营效率、降低成本，提升利润率。

（2）**算法提升个性化营销**：绝味食品公司利用智能推荐算法提供个性化的产品推荐，从而有效提高了销售效率和客户满意度。这个策略的成功实施证明了用算法提升个性化营销在现代零售业务中的关键性作用。

（3）**人工智能驱动品牌升级**：通过引入人工智能技术，绝味食品公司成功提升了客户服务的质量和效率。这不仅增强了客户满意度，还进一步巩固了品牌形象，生动展示了人工智能驱动品牌升级新范式在零售行业的应用。

绝味食品公司的创新精神和开放态度也值得我们学习。在人工智能技术的快速发展下，企业应保持敏锐的市场洞察力和创新思维，不断探索新的应用场景和商业模式。同时，企业也应积极寻求与行业内外的合作伙伴进行交流和合作，共同推动人工智能技术的应用和发展。

绝味食品公司的案例也提醒我们，人工智能技术的应用并非一蹴而就，而是需要持续地投入和探索。企业在引入人工智能技术时，应充分考虑自身的业务需求和资源条件，制定合理的应用策略，以确保技术的有效实施和业务的持续发展。

## 8.5 人工智能赋能机器人企业：Avidbots 的案例

与李淳风与袁天罡的《推背图》类似，我有一个关于机器人的"推背图"，主要包括两个预言：第一，未来 50% 左右的机器都会变成机器人，甚至汽车也会变成汽车人；第二，未来 50% 左右的机器生产商都会变成机器人生产商。

中国是制造业大国，随着机器人技术的成熟与成本降低，将会产生很多机器人公司。无论是 ToB 还是 ToC，在中国都是超大规模的市场。所以，研究机器人公司的商业模式具有非常重要的意义。

过去，企业购买工业机器人需要一次性投入数百万元，餐厅或者家庭购买服务机器人也需要一次性投入数万元或者数十万元，而且需要承担较高的维护成本。如今，机器人即服务（Robot as a Service，RaaS）模式正在颠覆传统——客户无须购买机器人，而是按使用时长、任务量或效果付费。数据显示，到 2027 年，全球 RaaS 市场规模将突破 450 亿美元，其中人工智能技术会贡献 40% 的增速。

从本质上讲，机器人即服务是产品即服务（PaaS）中的一种，但它也有自身行业的特点。Avidbots 是一家专注于提供机器人清洁服务的公司，其采用的机器人即服务模式是一个非常经典的案例。通过这种模式，Avidbots 为客户提供高效、灵活、低成本的清洁机器人服务，解决了传统清洁服务中的诸多痛点。

### 8.5.1 Avidbots 的 RaaS 模式的特点

#### 1. 按需付费，降低客户门槛

Avidbots 提供的清洁机器人服务采用按需付费模式，客户无须购买昂贵的机器人设备，只须根据实际使用时间或清洁面积支付费用。这种模式大大降低了客户的初始投资成本，使得更多企业能够轻松采用机器人清洁服务。

启示：对于许多中小企业来说，高昂的设备购置成本是一个制约其产品推广的巨大障碍。按需付费模式通过降低初始投资门槛，使更多客户能够享受到先进的技术和服务，从而扩大了市场覆盖面。

### 2. 资源共享，提高资源利用率

Avidbots 的机器人设备在多个客户之间共享，通过优化调度和管理，确保设备的高效利用。这种资源共享模式不仅提高了设备的利用率，还降低了客户的使用成本。

启示：资源共享是 RaaS 模式的核心优势之一。通过合理分配和共享资源，企业可以实现规模经济，提高资源利用效率，同时为客户提供更具性价比的服务。

### 3. 灵活定制，满足多样化需求

Avidbots 提供的清洁机器人服务支持灵活定制，客户可以根据自身的清洁需求（如清洁面积、频率、时间等）选择合适的机器人配置和服务计划。这种灵活性使得 Avidbots 能够满足不同客户的需求，提高客户满意度。

启示：客户的需求是多样化的，提供灵活定制的服务能够更好地满足客户的个性化需求，增强客户黏性和市场竞争力。

### 4. 技术支持与维护，提升服务可靠性

Avidbots 负责清洁机器人的日常维护、软件升级和技术支持，确保机器人设备的稳定运行。客户无须担心设备的维护和升级问题，可以专注于核心业务。

启示：技术支持和维护是 RaaS 模式的重要组成部分。通过提供专业的技术支持和维护服务，企业可以确保客户获得高质量的服务体验，减少客户的后顾之忧。

### 5. 数据驱动的优化，提升服务效率

Avidbots 利用物联网技术实时监控机器人的运行状态，并通过人工智能与大数据技术收集和分析清洁数据，优化机器人的清洁路径和效率。通过数据驱动的优化，Avidbots 不断提升服务质量和效率。

启示：数据是智能化服务的核心。通过收集和分析数据，企业可以实现服务的持续优化，提高运营效率和客户满意度。

### 6. 快速部署与扩展，适应市场变化

Avidbots 的 RaaS 模式允许客户快速部署清洁机器人服务，并根据业务需求灵活扩展。这种模式使得客户能够快速响应市场变化，调整清洁服务的规模和范围。

启示：市场环境是动态变化的，企业需要具备快速响应和适应市场变化的能力。RaaS 模式可帮助企业更好地应对市场波动和业务需求的变化。

## 8.5.2 从 Avidbots 案例中可以借鉴的经验

### 1. 以客户为中心的服务理念

Avidbots 的成功在于始终以客户为中心，通过降低客户门槛、提供灵活定制的服务和专业的技术支持，满足客户的多样化需求。企业应始终关注客户的需求和体验，不断优化服务。

无论是在产品设计还是服务提供上，企业都应以客户需求为导向，提供个性化、高质量的服务。

### 2. 技术与服务的深度融合

Avidbots 通过将人工智能技术、机器人技术与服务化模式相结合，实现了技术与服务的深度融合。这种模式不仅提升了服务的效率和质量，还降低了客户的使用成本。

企业应积极探索技术与服务的结合点，通过技术创新提升服务的附加值，增强市场竞争力。

### 3. 数据驱动的决策与优化

Avidbots 利用物联网和大数据技术，实时监控和优化机器人的运行状态，提升服务效率和质量。数据驱动的决策和优化是智能化服务的关键。

企业应重视数据的收集和分析，通过数据驱动的决策和优化，提升运营效率和服务质量。

### 4. 灵活的商业模式与市场适应性

Avidbots 的 RaaS 模式具有高度的灵活性和市场适应性，能够快速响应客户需求和市场变化。这种灵活性是企业成功的关键。

企业应设计灵活的商业模式，能够快速调整和优化服务内容，以适应市场变化和客户需求。

### 5. 持续创新与改进

Avidbots 通过持续的技术创新和服务改进，不断提升客户体验和市场竞争力。持续创新是企业保持领先地位的关键。

企业应注重持续创新，不断优化产品和服务，提升客户满意度和市场竞争力。

如果中国的机器人公司采取 RaaS 模式来提供服务，将成就一个万亿级的市场。希望中国机器人公司能从 Avidbots 公司的商业模式中得到一些启发。

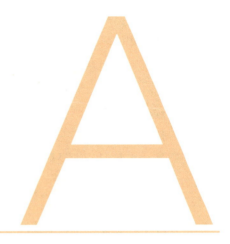

## 附录A

# AIQ 计算问答题库

计分规则：每组限时 8 分钟，总计 32 分钟；每组 10 题，每题答对得 1 分，总分 40 分。

## A.1 题目

### 第一部分：跨学科知识储备指数（K）

（1）计算机网络中，HTTP 协议默认端口号是多少？

（2）统计学中用于衡量数据分布离散程度的指标是什么？

（3）人机交互设计遵循的"尼尔森十大可用性原则"中，"系统状态可见性"原则具体指什么？

（4）全球首个提出人工智能伦理准则的国际组织是哪一个？

（5）商业领域的"蓝海战略"核心是避免哪种竞争？

（6）物联网中的 RFID 技术全称是什么？

（7）量子力学中描述粒子状态的数学工具是什么？

（8）社会学中"马太效应"指什么现象？

（9）设计思维方法论中的"同理心地图"用于什么？

（10）生物信息学中常用的基因组数据库是哪一个？

## 第二部分：创新思维指数（I）

（1）列举铅笔的三种非书写用途。（例：搅拌咖啡）

（2）如何用塑料袋解决雨天手机屏幕触控失灵问题？

（3）现有自行车存在哪些痛点？提出一个改进方案。

（4）如何用人工智能优化垃圾分类流程？

（5）给"时间管理"设计一个新颖的比喻。（如：时间像沙漏）

（6）如何改造电梯按钮以提升用户体验？

（7）现有门锁系统的缺陷及改进方案。

（8）如何用太阳能改造传统背包？

（9）如何创新解决校园食堂排队问题？

（10）为盲人设计一款智能手杖的功能。

## 第三部分：AI 应用能力指数（A）

（1）Python 中用于数据清洗的常用库是什么？

（2）TensorFlow 主要用于什么类型的计算？

（3）图像识别任务通常使用哪种神经网络？

（4）监督学习与无监督学习的核心区别是什么？

（5）深度学习中"过拟合"的解决方法有哪些？（答出一项即可）

（6）自然语言处理中，BERT 模型的核心技术是什么？

（7）OpenCV 库主要用于什么领域？

（8）GPT 模型的英文全称是什么？

（9）Scikit-learn 库适合处理什么类型的任务？

（10）什么是"迁移学习"？

## 第四部分：伦理责任意识指数（E）

（1）基于个人同意处理个人信息的，个人是否有权撤回其同意？

（2）算法偏见可能加剧哪些社会问题？（答出一项即可）

（3）人脸识别系统在公共场合部署需符合哪部中国法律法规？

（4）如何避免人工智能生成虚假新闻？（答出一项技术手段）

（5）自动驾驶事故中责任归属的伦理原则是什么？

（6）医疗人工智能误诊时应如何处理患者数据？

（7）推荐系统"信息茧房"的破解方法是什么？

（8）人工智能武器化违反哪些国际公约？

（9）训练人工智能模型时使用盗版数据的法律风险是什么？

（10）算法可解释性的核心目的是什么？

## A.2　参考答案

### 第一部分（K）

（1）80

（2）标准差

（3）用户能清晰感知系统当前的状态

（4）欧盟

（5）价格战、同质化竞争

（6）射频识别

（7）波函数

（8）强者愈强、两极分化

（9）理解用户需求

（10）GenBank

### 第二部分（I）

（1）书签、测量工具、玩具部件（其他合理答案也可）

（2）包裹手机防雨水干扰（其他合理方案也可）

（3）增加防盗定位模块（其他合理方案也可）

（4）智能识别垃圾桶

（5）时间如同可编程的 API（其他合理比喻也可）

（6）语音控制、手势识别

（7）生物识别替代钥匙

（8）内置充电板

（9）线上预约取餐

（10）障碍物震动提醒

### 第三部分（A）

（1）Pandas

（2）深度学习 / 神经网络

（3）卷积神经网络（CNN）

（4）是否使用标签数据

（5）增加数据、正则化、早停法（答一项即可）

（6）Transformer 架构

（7）计算机视觉

（8）Generative Pre-trained Transformer（一种基于人工智能技术的自然语言处理模型）

（9）传统机器学习

（10）复用预训练模型解决新任务

### 第四部分（E）

（1）个人有权撤回其同意

（2）性别歧视、种族歧视（答一项即可）

（3）《中华人民共和国个人信息保护法》

（4）添加数字水印

（5）技术可控性优先

（6）匿名化处理并用于模型改进

（7）增加多样性推荐

（8）《特定常规武器公约》（全称《禁止或限制使用某些可被认为具有过分伤害力或滥杀滥伤作用的常规武器公约》）

（9）侵犯知识产权

（10）确保决策透明可信

## A.3　使用说明

适用场景：企业招聘笔试、个人能力自评、教育机构考核等。